佛满洲家谱精选

吕萍　总主编

黑龙江卷

何晓芳　吕萍　张德玉　主编

人民出版社

章取仕，虽重视门阀制度有所改变，但统治者仍凭据家谱以定宗族三代是否清白。在宗法制度的社会里，定昭穆，别嫡庶，分长幼，直接关系到人的社会分工、政治地位和财产继承，家谱则是重要的凭证。』[①]在中国历史上，统治者稽阅家谱，倡导修纂，其例不鲜。宋淳熙十五年左丞相周必太序《陈氏家谱》说：开贞观之治的李世民，曾下旨『奏天下谱牒，退新门，进旧望。左膏粱，右寒微，合一百九十三姓，三千六百一家』。明初，皇帝朱元璋为了『尊祖敬宗，昭穆不乱，使后代子孙知其木有本、水有源』，也曾下旨修纂《朱氏家谱》。皇帝的首倡，各王公贵族大姓自然积极响应，热烈相随。

满族家谱产生缘由既有中国史的共同性，也有满族历史的特殊性。满族家谱源起于『结绳记事』，『结绳记事』是在创制文字之前的人们记事的一种手段和一种方式。满族的先人从何时开始『结绳记事』没有文字记载，不得而知。在清太祖努尔哈赤创制老满文之前，女真人就已有『结绳记事』了，满族家庭中世代祖传的『子孙绳』即是其一。子孙绳俗称『索绳』，据《索绰罗氏宗谱书》载，『索绳长三丈二尺或二丈八尺』，索绳上『拴五色绸条』，一个绸条或布条代表生育一口人，男性是红布条，女性用其他彩色布条。有的生男拴小弓箭，生女拴嘎拉哈，有的一宗支人拴一嘟噜布条，一支支往下拴，一嘟噜是一代人，这就是『结绳记事』，记的是一个氏族人口繁衍、宗支分蘖的历史。

满族有文字的谱书自努尔哈赤时期的《满文老档》开始。老满文创制后，努尔哈赤命令将他的政治、军事、生产、生活、外交等一切事务记载档子里，集成为《满文老档》，这就是满族谱书修纂的开山鼻祖之作。清入关后，即沿袭明制于顺治九年（1652）设置了宗人府，掌皇族属籍，纂修皇族谱系的《玉牒》。有清一代，八旗满洲尤其贵族受汉族传统文化的深刻影响，门第观念日益受到重视。康熙《圣谕》16条，其中第2条就是：『笃宗族以昭雍睦。』雍正则在《圣谕广训》中要求『修族谱以联疏远』。雍正五年（1727），管理旗务大臣等奏准：『凡系世职官员，令其预先缮造家谱，存贮都统衙门；其后若有应行增入者，令于岁底俱保增入』，经八旗都统核实，上奏皇帝批准，官员才可袭职，谱书成为袭职的凭证，北京、辽宁等地图书馆、档案馆收藏的《八旗佐领承袭缘由谱》，就是为袭职而抄录的家谱世系。

① 张德玉：《满族发源地历史研究》，辽宁民族出版社2001年版，第264页。

清太祖举兵辽左后，将其属下女真人编为牛录军政组织，仍然沿袭爱新觉罗家族统治，所有被征服或归附的女真人皆被编隶于牛录组织之中，其军政首领就是牛录（清入关后改称佐领，正四品武职衔）。清代把佐领分为勋旧佐领、世管佐领、公中佐领，勋旧佐领是勋旧功臣带家奴仆人或因有功赏予的奴仆被编为勋旧佐领，其佐领之职子孙可以世袭；将所属之人带来归附编为佐领的，令其酋任佐领管理，沿任数世，遂为世管佐领，其子孙也可以世袭佐领之职；公中佐领不得世袭。勋旧佐领和世管佐领其子孙世袭，强调了氏族关系的重要性，而世袭佐领时，必呈家谱作为首要凭证，因而也促成八旗满洲人的修谱热。

满族谱书集大成者《八旗满洲氏族通谱》的问世，更推动了八旗满洲各氏族的修谱热情。清代作为中国封建社会的最后一个王朝，可是作为宗法『血脉文献』的家谱编修之风却达到封建社会的顶峰。满洲各氏族的修谱热忱，一是受到了汉族文化强烈影响，吸收了汉族的谱牒文化，二是八旗全国各地驻防人口分散需要收族，三是官职承袭必具家谱核实凭证，四是皇帝与清政府的提倡，五是满洲入关后各氏族对其始祖及先世功名人物的缅怀追念，六是婚姻联谊重内亲的需要，等等因由，促使清代修谱出现过三次热潮。第一次是在康雍乾三朝，出现了『盛世修谱』热，尤其在乾隆朝，国家安定，经济繁荣，人民乐业，出现修谱热潮理所自然。第二次是在嘉庆年间，国内战乱已基本平定，满洲各氏族祈盼大清中兴而掀起修谱热潮。第三次是清代晚期，尤其光绪年间，满族编修家谱进入又一个繁盛时期。此阶段八旗人口大量增长，而八旗制度管理却由于清政府摇摇欲坠而日益松弛，八旗人丁流落各处，旗档记载不全，或旗档完全散轶，满族人已经不能依靠清政府旗档登记造册记载世系，所以，往日依靠八旗官府的满族人只有各家各族自行编修家谱，以免本家族世系源流失传。另有，面对清王朝衰亡，满族怀旧的民族心态和民族意识发挥作用，也增加了修纂家谱的动因。目前，除乾隆时期告竣的官修满族家谱《八旗满洲氏族通谱》存世之外，绝大多数现存的满族民间家谱皆为清光绪年间续修或初修。由于这时期的印刷业在民间逐渐普及，为满族谱书修纂印刷提供条件，使满族谱书修编盛行。一些满洲大姓豪族或参照原有谱单、官府旗档抄录后，按照谱书体例加以完善，编撰成为谱书；或者聚集族众，遍访先人古迹，查询支脉，初立新谱；或者将原修谱书再版刊印，广发族众收藏。这些满族谱书体例完备、内容丰富详实，记载该姓氏历史源流清楚。本书所收录的满族家谱诸如《索绰罗氏宗谱书》（岫岩）、《洪氏宗谱》（岫岩）、《福陵觉尔察氏谱书》（新宾）、《伊尔根觉罗氏谱书》（新宾）、《那氏宗谱》（清原）、《永陵喜塔腊氏谱书》（新宾）、《赫舍里王氏族谱全书》（抚顺）、《京都吉林宁古塔三姓等处厢黄旗陈满洲关姓宗谱书》（长春）、《讷音富察氏增修支谱》及《富察氏增修支谱溯源记》（宁安市）等，有数百部之多，可以说是谱书精品，是清史及满族源流研究的重要民间资料。这几部谱书同其他所有满族谱书一样，都无一例外的追述姓氏起源以及清入关后驻防迁移地址，其中追述清入关后一家一姓的满族驻防迁移地址，对研究清代满族分布的来源以及地方区域性的人口民族结构提供了详实的参考资料。例如《马氏宗谱》记载：『原为盛京满洲镶黄旗人，顺治元年（1644）由盛京迁居蒲辉，继而移至和气堡，最终迁居乌拉街，加入打牲乌拉采珠镶黄旗档案』。嗣因征兵出征，拨入乌拉驻防协领管下镶黄旗。《打魚楼屯谱书》记载：『自前明时，即与我太祖皇上同居于长白山北分水岭西，旋又迁居于挥发川内呼兰哈达山下。』后金建都盛京后，该伊尔根觉罗氏『始祖安公兄弟三人随征，西迁居于沈阳南依吉福屯。清入关后，顺治二年（1645）设打牲乌拉，安定满洲，本氏长始祖遂北迁至于斯焉。其二弟随龙进京，三弟安于沈阳，此我始祖三位之所由来。居于打魚楼的长始祖赵安耐，生二世兄弟三人，其长子占据关屯，仲子占据打魚楼屯，季子占据石家屯，由此分为三大支。此后，三支人所当之差屡有变动，于此迄今二百余年以来，流传十二辈矣』。

除谱书外，还有大量谱单。因为，民国时期八旗制度解体，因谋生需要，许多满族后裔大批从原八旗驻防地徙迁各地，各氏族宗支有条件的续修重修增补谱书，而那些小门小户为了不忘先祖，年节供祭，也只好从原族谱上抄录续接简单的支系谱单或三代宗亲以代之。因此，许多满族人后裔大多都有世系谱，也就是谱单。谱单有大有小、有繁有简、有早有近。例如乌苏氏族谱，目前所能见到保存的共有5份，其中之一乌苏氏（汉姓为穆氏）族谱，修于嘉庆十八年（1813），长7.8米，宽1.3米，这是该族最早修撰的族谱，而清晚期到民国以来所标世系，皆为新宾本地世系；其中之二乌苏氏（汉姓为吴氏）谱单长13.5米，宽1.36米，嘉庆十八年以前所记世系皆抄录同祖异宗的穆氏谱。续接了本支吴氏各支系世系为满汉文合璧谱，其他各支谱皆为从清晚期以后抄录续增本支人口世系，没有任何文字标注。但这种谱单与总族谱合并之后，将各支人口繁衍、迁徙分布等状况勾勒出完整框架，具有一定资料价值。另外，从人口优生优育角度看，谱书的主要内容是世系谱图，记自一世至修谱之时各世的人口繁衍，目的是为避免同姓婚姻，『其种不繁』，因此，可作为人口基因遗传、先天疾病预防等问题研究的现实资料依据。

清代著名学者章学诚在《文史通义》中说：『且有天下之史，有一国之史，有一家之史，有一人之史。传状志述，一人之史也；家乘谱牒，一家之史也；部府县志，一国之史也；综记一朝，天下之史也。』家谱即『一家之史』，是关于某一家庭、家族的历史书籍。国家有史，地方有志，家族有谱，这是中国历史的三大支柱，三大要素。国史难以巨细无遗，而家史则可细致入微，正可补国史、方志之不足。所以谓之『补』，即是将一家一族的源流世系详叙，尤其是对地方有影响力的势家豪族阐述其来源根脉，更为必要。因此，满族家谱是研究满族历史源流及世系的必备民间参考资料。

二、记载满族定姓命名的起源

姓氏在特定的社会历史条件下有特殊的历史价值，保持满族姓氏，不与汉姓同化，是传承这一族群的基因血统。所以，清代将其与『国语骑射』并列视为『满洲旧习』，确保不能丢失。乾隆皇帝就八旗改汉姓问题曾严厉指出：『八旗满洲、蒙古皆各有姓氏，乃历年既久，多有弃置本姓、沿汉习者。即如牛呼鲁氏，或妄称为郎姓。即使指上一字为称，亦当曰「牛」，岂可直称为「郎」，同于汉姓乎？姓氏者，乃满洲之根本所关，甚为紧要。今若不行整饬，因循日久，必致各将本姓遗忘，不复有知者。』①在防止满族丢失本民族姓氏的危机感促动下，乾隆皇帝承接其父雍正皇帝未竟事业，完成《八旗满洲氏族通谱》的编修。该书以姓氏为线索，记载了满洲姓氏679个，将每一个满洲姓氏的来源和祖居地一一介绍清楚。乾隆皇帝以此来警示满族人，不能忘记本姓，表达出一种强烈的民族自我保护意识。与乾隆皇帝在位期间完成《八旗满洲氏族通谱》同时，还完成《满洲源流考》的编修，将满族源流追溯至肃慎。

乾隆所完成的《八旗满洲氏族通谱》只是对当时已经形成的满族姓氏起源都一一做了说明，或有因官为姓氏者、或有因居住地为姓氏者等，起到了对满族姓氏辨源流、清本源的作用。但遗憾有三：一是没能遍及满族姓氏，没能涵盖从原有的满族旧姓中分化出来的满族子姓氏；二是乾隆朝以后，尤其是清晚期至民国，满族姓氏发生巨变，越接近近代，满族几乎全部改为汉姓，这些汉姓对应的满族旧姓是什么？姓氏源流起源于何姓？只有民间所修纂的满族家谱起到印证作用。三是还有遗漏。以本书所收录的满族

①［清］长善等纂：《驻粤八旗志》，载马协弟主编：《清代八旗驻防志丛书》，辽宁大学出版社1992年版，第15页。

家谱姓氏变化为例：《沙济富察氏宗谱》与《京都吉林宁古塔三姓等处厢黄旗陈满洲关姓宗谱书》现今的汉字姓为『富』和『关』，《辉发沙克达氏家谱》的现今汉字姓为『沙』，《马氏宗谱》原满族姓为马希哈拉，冠汉字『马』为姓。这些姓都是取满族姓的第一个字母音译而成，比较容易清楚。但有许多满族姓氏所取的汉字姓如果没有家谱说明，就不容易说清楚。例如，本书收录的《赫舍里氏康族世谱》，该赫舍里氏的汉字姓依据谱书上记载的世系追溯，就有『张』『康』『赫』三个姓氏，《索绰罗氏谱书》冠汉字『曹』『索』为姓，《依尔根觉罗氏家谱》冠汉字姓为『赵』，《永陵喜塔腊氏谱书》冠汉字姓为『图』。如若没有家谱为印证，这些满族所冠汉字姓就无法识别。

而满族谱书大多的重要内容之一即是皆将本氏族定姓因由记入家谱之中，或写在序中，或专题说明，为我们今日掌握及了解满族姓氏变化提供了可靠的历史文献资料。以上所谈本书收录的满族家谱汉字姓氏的变化，其实代表了满族姓氏变化的普遍现象。例如，众所熟知的爱新觉罗氏，其所冠汉字姓竟达20余个，多以满语汉意、以父祖名首音汉字、以官定姓、谐音定姓、原姓不变等方式命定汉字姓。另如乌苏氏，居住新宾的分别如爱新觉罗氏冠汉字姓方式冠姓为穆、吴、柏、黄、邵、包，居辽阳的除穆姓外，还有代姓等。取消原满洲多音复字老姓，冠以汉字单字姓，这是清晚期的普遍现象，甚至满族谱书中明确记载满语姓与名，傍注汉字姓与名，这就为研究满族定姓命名提供了最好的民间史料。

满洲旗人自金、明以来皆称名不称姓，清代中后期才姓与名联称，这在满族谱书载记的历世历代人名上，皆有清晰记录。其人名无论命名方式、命名规律、命名习俗，自明至清数百年，都有着明显的随意性，但研究起来还是有规律可循。明初有王山赤下、沈时里哈、童尼求里、猛哥帖木儿、孟特穆之类人名，而至明代晚期则出现了努尔哈齐、舒尔哈齐、穆尔哈齐、雅尔哈齐这样有规范的人名，到清代前期，命名就有点汉俗名的味道了。如《福陵觉尔察氏谱书》十二世六格之六子名富昌、富得、永禄、福礼、五福、鲁库，6人中有4人是汉俗名。

满族家谱对满族旧姓的记载，不仅使我们掌握和了解满族姓氏向汉字姓的变化情况，还可以搞清楚姓氏的支系脉络。例如清永陵在东红墙外葬有一坟，查遍史籍，不知为谁。但本书收录的《福陵觉尔察氏谱书》却有准确记载。其七世班布理因谏阻太祖被马尔墩人诱杀救了太祖一命，太祖在修筑赫图阿拉城时，凡臂能擎鹰的人皆分派修城，而免除班布理一家的劳役。班布理因『闲逸』而请求守护太祖祖陵，死后允葬陵内。又《满洲实录》等记载，太祖之祖『六王』时期，女真社会正处于各部蜂起，皆称王争长，互相战杀，强凌弱，众暴寡，甚且骨肉相残。该谱记载，觉尔察氏本爱新觉罗氏，与太祖同祖异宗，其长伯祖德世库之五世孙加虎并其七子与硕色纳并其九子皆强悍，欺凌诸部，终被太祖之祖觉昌安与其长子礼敦所灭，谱记加虎七子『七位祖绝嗣』，觉昌安自『骨肉相残』灭了强悍的加虎父子及硕色纳父子之后，才『尽收五岭东，苏苏河西二百里地方之内诸部，并有其地，由此遂盛』。但为什么改姓觉尔察了呢？根据《福陵觉尔察氏谱书》记载，觉尔察氏某祖因一诸申惹怒，持刀追杀至太祖院内，被太祖隐匿，讨要不予，怒砍廊柱。次日，太祖召开家族会议，讨论处置办法，太祖说，『理应从重惩办，仍姑念同宗之情』，以其居山寨名而降为陈满洲觉尔察氏。

三、记载满族社会生活情事

满族谱书的重要史料价值除记载源流与世系外，通过序言、家规、人物传记、祭祀规矩等内容记载或反映了该家族及地方的社会、经济、文化、风俗、宗教信仰等各个方面的社会生活变迁的历史叙事，生动展现出一个地方、一个满族家族的风土人情画卷，林林总总，曲折婉转。就我们本书所收录的满族家谱而言主要有如下方面：

书写满族艰苦卓绝的开拓经历。建州女真努尔哈赤起兵后由小到大，由弱到强，统一女真各部，打胜萨尔浒之战，进军辽沈，整个一部满族崛起的英雄史，在官方的史籍文献中的记载，往往从宏观着笔，勾勒事件框架，难以细致入微，更遑论士兵士气等彰显精神的叙事描述，但满族家谱却有详实记载，使今人一窥内情。如万历三十一年（1603）清太祖努尔哈赤修筑后金首府赫图阿拉城，在当时建州女真经济贫困、人力财力匮乏、内外矛盾重重、敌对势力夹击形势下，那么短的时间内如此庞大的土木城池工程是怎样完成的？各种《老档》仅只几笔代过，难解详情但满族家谱却有描述。如《福陵觉尔察氏谱书》记载，『救驾有功』者班布理，在修筑赫图阿拉城安排人力、布置分担任务时说：『太祖皇帝家法，驾鹰站立起来者，从虎栏哈达山下，即烟筒山山下赫图阿拉地，即旧老城地方迁移兴京筑城（赫图阿拉城），把人一概算者修城，班布理户中别算。』一个鹰也只500多克重，十岁小孩即可独臂擎鹰站立，按此标准，凡少年男性必去筑城，可见筑城之艰难，『家法』之严厉，即使是班布理的家族也难免。

辽东地区由于清初八旗大军入关，土地荒芜，人烟稀少，原始林海莽莽，杂草丛生。而今天已经成为青山绿水农林牧全面发展的新农村。这与满族八旗从京师回派辽东驻防，开垦戍边，有直接联系。康熙年间，有鉴于辽宁之地空虚，先后三批从京城派兵回驻，前两批基本安排在盛京（包括今日沈阳、铁岭、抚顺等地区）一带，康熙二十六年（1687）派遣八旗数量较大，皆安排在辽东地方，主要为岫岩、凤城（包括今日本溪）等地，乾隆年间又陆续向辽宁包括辽东地区派遣八旗驻防。因而，现今保存的满族家谱对八旗回驻辽宁后，对辽东土地开发情境有鲜活的记载。本书收录的满族家谱几乎都对此类内容有涉及，比如，《那氏宗谱》、《索绰罗氏谱书》、《白氏源流族谱》、《洪氏谱书》等，都明确记载回辽东驻防的满洲八旗以开垦土地为生，其中最生动者为《洪氏谱书》。该谱书记载洪氏迁来辽东岫岩时，『彼时田尚未辟，山林蓊翳，禽兽犹繁』，经过洪氏开拓『田亦渐次开垦，乃讲农功』，由此发展繁衍。洪氏依靠双手创造了自己家园，经过200多年，到民国时期，洪氏已经繁衍成以岫岩为中心广布于各地的大姓家族。洪氏也由原来『读书者颇少』变成为当地熟读诗书有名望的满族大家族。

记载满洲八旗人当时的社会经济生产情况。满族家谱不仅是记世次、别亲疏，当官承袭世职的凭证，也是继承家族财产的根据。因之，有许多满族人家都将土地田产的数量和管理办法记诸于家谱之中，作为家谱的主要内容，与世系一样一代一代传承。例如，《洪氏谱书》中有《规则十一条》，即将氏族公产、义田、义仓、祭田、学田、义塾等条条列出，规定管理办法，甚至报呈县长存案监督。再如正黄旗满洲《凌云堂白氏事宜录》，即对清代家族房地田林财产的出售购入和租赁典当等有较详细的记载，甚至对丧葬礼仪婚娶嫁女的金钱使用定例都有详细规定。《马氏谱书》其中的家规十条中，对此也有类似的记载。《依尔根觉罗氏家谱》记有祭田、茔墓图（附坟墓位置图）等。家谱中的家规不仅仅局限于对田产的管理，而且还对治理和环境保护提出规则，《洪氏谱书》中，在开荒垦田、维护生态环境上总结了一定的生产经验，将其落实为家规，记载关于山林种植与经管、学堂的创办与管理；《凌云堂白氏事宜录》中有关治理洪灾、沙地的办法措施等等。我们可以注意到，凡有这方面记载的家谱皆为康熙二十六年（1687）派回辽吉驻防，『跑马圈地』的普通满族八旗人家。原本这些土地是用来顶替旗人当兵的俸禄，产权归清朝国家所有。但历经年久，百余年之后，尽管产权未变，但管理与分配已经与民田别无二致了。更由于天下承平，战事不多，辽吉两地满族八旗被抽丁的人员日益减少，比例极低，使得亦兵亦农的八旗兵与依靠种田为生的民户几无区别。因而，家谱中该记载对研究清代满洲旗人的经济状况和生产生活，提供了正史所不载的微观资料。

反映满族社会的道德风尚及民风民俗。一部家族谱书，记录的是一个家族的氏族源流、历史沿革、世系繁衍、人口变迁、居地迁徙、婚丧嫁娶、族规家训、族产管理、文化遗存、人物事迹、科举功名以及宗教信仰等。这些内容一一真实地反映家族历史面貌、时代精神和社会风尚，蕴藏了一个家族丰富的有关宗法思想、家族制度、生产生活、人口问题、人物传记、科学教育、地方史志等鲜活资料，是研究一个地方的社会历史问题的巨大资料宝库，具有史和志不可替代的文献价值。因而俗语说『我辈今世不修谱，三代之后知尔谁？』满族谱书，吸收和借鉴了汉族谱书颁布家规族法的功能与作用特点，将原来仅仅续世系、述源流的形式增加了家训的内容，清后期所修纂的满族谱书该特点尤为显著。满族谱书将族规家训作为首列的重要内容，尽管形式各异，繁简自由，宽严不同，但大抵都是忠国家、孝父母、敬师长、睦宗族、隆孝养、和乡邻、敦礼义、谋生理、勤职业、笃耕耘、课诵读、端教诲、正婚姻、慎交游、急税、守本分、效忍耐、尚节俭、从宽恕、息争讼、洁盗贼、杜奸淫、戒赌博、防伪诈、重友谊、谨言行等。例如《索绰罗氏谱书》，其中记载的满汉文合璧家训，是至今仅见的内容完整的满文家训，其内容为《十亲》、《十用》、《十勿》、《十戒》，从家庭伦理、个人品德、社会公德，多角度、多侧面，进行全方位的道德规范。

满族谱书除上述道德规范性质的家规家训外，重要内容还包括祭祀及丧葬规矩记载，这也属于家规家训的重要组成部分，需要全族人共同遵守。例如祭祀规矩，《依尔根觉罗氏家谱》专门有『祭祀程序』规定，即是将祭祀从春节大年三十儿开始一直到初五，如何祭祀，详细注明，例如：领牲程序如何，祭俱摆放如何，换索如何，祭星神如何等，一节一举规定无余。还有《索绰罗氏谱书》也有同样祭祖内容，体现于《安祖宗方位章程》、《祭祀应用器具》、《一年四大季上坟祭祀》、《春节礼仪》等。满族家谱记载祭祀程序最全的应当属《富察氏谱书》，该谱书关于此方面的记载有：《祭祀仪注序》、《七月小祭祀即磕饽饽头仪注》、《十月大祭祀用猪仪注》、《晚祭背灯用猪仪注》、《第二日祭天用猪仪注》、《第三日祭星用猪仪注》、《祭祀仪注摘要解释》、《兹详供祖宗之根原》。

满族人一向重视大年祭祀，以上家谱所载主要以大年祭祀为主，祭祀主要是祭祖。满族人不同于有些民族有共同的祭祀祖先，而是每个氏族以及每个宗族都有自己的祭祀祖先。祭祀祖先的象征物一般是谱单。谱单平日放在祖宗板上的匣子里，不能随意拿下让人看，只有在过年祭祖时才取下来祭祀跪拜。还有许多宗族对自己祖先有动人的传说，依照这个动人的传说制成神偶，例如辽东的那氏神偶是两匹木雕青马，据说这是祖先英勇善战的坐骑；另一个那氏神偶是七只鹅，据传该祖先带领本家族躲避敌兵追赶，到了一条大河边上时无法渡过，正在着急之时，飞过来七只天鹅，驼着该家族人安全渡河，从此这个家族每逢过大年祭祖时，同时祭祀七只神鹅。祭祖是大事，因而作为族规写在家谱中，使每一个同宗族人共同遵守。

丧葬规矩也是家规中的重要内容。满族人贵生重死，对于丧葬礼仪极其重视，因之写在家谱之中，以为宗族人遵守不替。《索绰罗氏谱书》中涉及这一方面的记载有《斩衰三年》、《大功九月》、《小功五月》、《缌麻三月》、《袒免》。对于守丧，从嫡子孙一直记到五服之内。重死守丧，这是满族人孝道的最好体现，作为一种家庭伦理属于家规内容，因之也必写入家谱之中。

以上满族谱书中关于家规家训的记载，充分体现清代满族的社会道德风尚以及民风民俗，可以说是满族的习惯法，具有家族的法效能，因为其来源于家族全体的公权力。满族家谱修纂定稿一般多是由宗族会议确定，公布，确定之后，即成为这个氏族的『家法』，由族长监督执行。不但记载于谱书之中，而且有的还甚至呈送知县衙门存档监督。例如，《京都吉林宁古塔三姓等处厢黄旗陈满洲关姓宗谱书》中记有《关姓亲族规约》，制定之后，由族长拟定《关族规约申请备案文》呈宁安县政府主席。

满族的族规家法有一个发展过程。最初只以『口头法』形式在氏族中实行，以爱新觉罗氏为例，至明代晚期，爱新觉罗家族崛起于女真社会，尤其在努尔哈赤任氏族『穆昆达』后，为了管理氏族，他『吐口唾沫就是钉』，对犯有过错的族人及阿哈可以『划地为牢』圈禁几日，可以将人绑在杆上爆晒，可以让其穿女人衣服示众羞辱，可以令人煽其嘴巴惩罚，可以绑于树上三天三夜不许吃喝，可以用骲箭射人背，甚至开除族籍降为诸申，等等项项，都是以『口头法』实行处罚。后金建国实行家族统治后，才逐渐制定『成文法』颁布实行，仅举一例，努尔哈赤甚至禁止其妻妾一人入厕，必须两人以上入厕，沾河姑与夫分居15年，却不允另嫁，因为未经『法律』批准解除婚姻，这种种家法就明确记入《满文老档》之中。

清进关后，满洲各氏族多随军出征，驻防各地，对于家族的约束，相对较为松散。而八旗制度所形成的佐领制仍多为世袭，佐领就是族长，军政一齐管。大多数家族族长任有职司，最低还是领催，没有官职的族长也在家族中有一定权威及经济实力。族长由全族公议推举，有的族长氏族选定后，甚至呈报上级下文任命批准，因此可以说，族长是半官身份。

民间法律的贯彻实行，是在氏族人公议确定为基本条件，其经济基础是氏族公产。若有不屑子孙屡教不改，最严重的可以拘至祖茔『杖毙』，另一处罚就是『除籍』。被开除族籍之人，即不准入录家谱，凡族中公产（坟田、茔木、山林、学田等的收益）一律不准享受，如鳏寡孤独疾患丧葬的困难救济，子孙上学、婚嫁等补助，这在封建社会时代是一项很吸引人的待遇。因此，被开除族籍是一项很重的处罚。

家族法规的监督执行人是族长，而族长的推举任用要根据家法规定执行，担任族长的条件也必须是年长有威望权势，办事公开公平公正，家境殷实，是全族中的『模范家庭』，起表率作用，这样的族长，才令全族人信服。族长有任期，届期重新选任，若处事不公正等，可罢免新选，关于族长的选任、任期、职权及对族长的约束，在《族规家法》中列有明确的条款。

四、记载满洲八旗崇尚建功立业的民族心态

家谱承载着一个氏族的文化与民族精神。著名历史学家、红学大师周汝昌老先生在《丰润曹氏宗谱》《序（一）》中说：『中华文化大领域中，有一项分目，可以称之为「氏族文化」。晋代的王谢风流，北朝的崔卢声望，诗文称道，人所共闻。如果对这一类文化缺乏研究评述，那必然造成全面认识中华大文化的一种空白或阙漏。』氏族文化，是民族文化的具体反映，是民族文化的组成细胞。因此，家谱中往往在谱注中简略记述先人生卒葬地、功名和业绩，甚至专为氏族名人列传，将先人中历史名人、能工巧匠、技术专长加以载录，有的仅只记录先人的一两件事，更有将先人的诗赋文章、著作论述、艺术作品等，一一载录入谱。新编重续的家谱，甚至将族人的各种证书、奖状、协会学会证书等图文入谱。上述种种，记录氏族先祖和族人的功德业绩，记述的是这个氏族的文化，反映的是这个氏族的精神。如《洪氏谱书》中，将洪氏祖母『生成贤德，秉性温良』，相夫教子，茹苦含辛，教育子女『喜读书，知勤俭，尚忠实』

的优秀品质如实含情地记录谱中，读之而生感佩。《洪氏谱书》还记其三世祖佐领山林保退役居家后，如何亲率子孙开荒种地，植树造林，兴办学堂，热心公益等事迹功德，强烈地反映了满洲旗人的爱家爱乡爱国精神。又如讷音富察氏，其家谱记载其氏族历世历代都有多位族人战死疆场，但凡征调出战，族中年轻人仍然义无返顾地跨马执戈，为国为民喋血奋斗，浴血鏖战，虽屡有战死仍前仆后继，奋勇向前。清中期以后，国家战事渐少，富察氏先祖即殷殷教育子孙，苦学文化，考取功名，为家为国争光，氏族『人才蔚起，担圭列爵，代有传人，谟烈昭垂，可谓盛矣！』这种种，正反映了满族的开拓进取、奋勇保国、自强不息、善于学习、文武并进的民族精神，这种民族精神，正是我们今天社会所应传承与弘扬的。《扈什哈理氏家谱》记载，其先祖岳乐顺时任领队官，在攻旅顺城时，久攻不下，伤亡甚多。岳乐顺愤而跃起，迭落士兵尸体，强行登城，终于打开缺口，后金八旗兵随后冒死强攻，终于破城。岳乐顺战亡，『因功赠拜他拉布勒哈番世职，无嗣，弟代之』。其弟雅吗善又因战功升三等阿达哈哈番，立新功又升二等阿达哈哈番。其子赫塞承袭世职后，因功授一等阿达哈哈番。其后，本氏族世袭直至清末，其间又有三代人战场捐躯而献身牺牲，其谱称本氏为『国之干城』，死亦光荣，全氏族都以为国战死而自豪。这就是氏族精神，热爱国家、热爱民族、仇视外寇的民族精神。满洲家谱，都洋溢着对祖先创造的功德业绩的崇尚，例如《沙济富察氏宗谱》说，该姓氏为『固本朝之一大阀阅也。』沙济城，位于今新宾满族自治县西的古楼村，与抚顺县毗邻。『国初率族属来归，编镶黄旗佐领』。

综上所述，满族家谱是重要的民间史料。当前，在史学研究上，史学家们已逐渐重视『三料结合』的研究方法，这『三料』就是文献史料、民间资料和田野调查资料。『三料结合』的史学研究，其论证既有内容丰富、三种资料互相佐证，同时，又使理论文章具有丰富性，可读性、趣味性和亲切性。这『三料』中的民间史料，主要指的就是各氏家族保存珍藏的谱书、墓碑和私家著述等文字资料，而田野调查资料主要指亲访、亲见、亲历的口述资料和历史文化遗存。中国社会科学院刘正爱研究员著作的《孰言吾非满族》一书，就是将调查资料以人类学理论而研究著作的。另有张德玉、张其卓的一些论著，就是充分利用了『三料』资料写就的。

满族谱书在史学研究中既然有着如此的史料性、重要性、珍贵性，社会各界就理当积极挖掘、抢救、整理、研究和保存。各地图书馆、档案馆等皆应积极收藏，使家谱资料面向社会。只有如此，才能真正地充分地发挥谱书应起的『资治、存史、教化』的作用。然而，令人焦虑的是，有些修纂时间早、内容丰富的八旗满洲望姓豪族的家谱，不是被文物贩子收购，就是被国外人士攫取，流失严重，着实可叹！

长春师范大学满族文化研究所立项，编辑影印出版《佛满洲家谱精选》，包括《吉林卷》、《辽宁卷》、《黑龙江卷》，可以说是功德之举，既保存了满族民间资料，更使谱书面向社会，其结果，必然是既满足了史学研究的迫切需求、社会各界的期待，更展现了民族文化的精彩。因此，应予祝贺。

《佛满洲家谱精选》三卷，共影印满族家谱18部，其中有瓜尔佳氏、富察氏、那拉氏、萨克达氏、赫舍里氏、索绰罗氏、觉尔察氏、喜塔腊氏、巴雅喇氏、萨嘛喇氏、洪雅氏等。这些谱书不仅体式完备，内容丰富，史料翔实，修纂时间早，延续时间长，修谱人文化水平高，多有名人序言，原谱保存完好，特别是有些内容佐证历史，可补史书的缺漏和不足，而对版本学、古文字等研究尤具史料价值，可以说是不可多得的弥足珍贵的民间史料。

《佛满洲家谱精选》的出版，能为史学家们重视和应用，将是我们所希冀所盼望的，本书也是一部高质量的民间历史资料。

编者

2016年11月30日

序

黑龙江省满族的主要来源，一是清初自北京拨调而来的驻防八旗，二是自北京拨来闲散『京旗』，三是清晚期自由迁来的满洲人户，四是满洲罪臣流人等。

黑龙江的满族，主要是清代驻军官兵与家属构成。最早的驻军始于天命十年（1625）镶蓝旗人兴佳驻防宁古塔开始。康熙元年（1662），清政府改宁古塔昂帮章京为镇守宁古塔等处将军。二十三年（1684），设黑龙江将军，并于齐齐哈尔、墨尔根、黑龙江、呼伦布雨尔、呼兰城、布特哈等地派驻八旗官兵，此外，还设有水师营、卡伦、驿站等兵，共约万人，连带家属约达60000余人。『京旗满洲』，主要是乾隆九年（1744）自北京拨至拉林、阿勒楚喀的『京旗苏拉』1000户，二十一年（1756）至二十四年（1759），又相继拨『京旗苏拉』2000户，仍至拉林、阿勒楚喀地区『屯垦戍边』，共建立32个『京旗满洲』屯落。这『京旗苏拉』3000户，约18000至20000人。据调查，首批拨的京旗满洲人『均属清朝朝廷重臣的后裔』，其中有皇族爱新觉罗氏赵氏家族，有清初辅政大臣索尼、保和殿大学士索额图赫舍里氏后裔何氏，有清初开国功臣、征南大将军、吏部尚书谭泰的后裔关氏，有盛京将军赫舍里氏富升的后裔，有乾隆朝重臣和珅的后裔，有清初重臣鳌拜的后裔，有吉林将军富俊的后裔，有雍乾两朝重臣鄂尔泰、鄂尔达的后裔，还有清初一等大臣额亦都的后裔，再就是先祖任一等侍卫、御史、协领、佐领等各级文武大员的后裔。此外，就是清代晚期至民国时期因各种原由迁入的满洲零散人户。

乾隆年间北京闲散八旗满洲人调拨移驻黑龙江，是有清一代的一件大事，他们又分屯部落聚居，因而形成清代东北边陲京都色彩浓郁的『京旗文化』。

黑龙江『京旗满洲』的『京旗文化』，其重要内容就是『京旗谱书』。或许有人认为，满洲文化在其产生、发展、扬弃、融合的历史进程中，其显著的民族特征已渐趋消失，民族色彩已不甚鲜明了。然而，尽管今天的满族其民族特征几近于汉族，但其民族的发展历史、风俗习惯、观念信仰以及文化构成的民族性，仍然有其存在的必然性与长期性，有其顽强的生命力，强烈的民族印记。诸如满族谱书，就具有着独特的民族文化特征。如：拉林镶白旗满洲满文《爵罗哈拉赵氏谱书》、正白旗《他塔腊氏谱书》、正蓝旗关氏谱单、镶白旗满文《赫舍里氏谱册》、正蓝旗《乌扎拉氏谱书》、正蓝旗《计氏谱册》等。这些满族谱书除用满文或满汉文合璧特点外，其民族特征文化就是记录『京都佛满洲』的鲜明印记，在世系记录上，以满文书写的则以满文书写格式左长右次，以满汉文合璧对照或汉文书写的则以汉文书写格式右长左次，在拟定『范』字上，乾隆前立谱者无范字，乾隆朝及以后立谱者，则『立谱书历代相传，按字命名填续，永示不朽』，反映满洲旗人吸纳汉文化的情形。据调查，现存京旗谱书 19 部，谱单 41 份，体例完备，内容翔实，源流有序，支脉分明，是八旗满洲『京旗文化』与汉族文化融合的见证。

《佛满洲家谱精选·黑龙江卷》在诸多满族谱书中，选编了《讷音富察氏增修支谱》、《富察氏增修支谱溯源记》《瓜尔佳纳音关氏谱书》《关氏宗谱》四部，皆为满洲大姓望族，功勋豪门，其谱书不仅体例完备，内容丰富，尤其谱书中所记载有关家族史和清前史资料，对史学研究和满洲姓氏研究等，具有珍贵的学术价值。读者既可用以收藏，一睹满族谱牒芳容，更可用于满族文化探讨，既益于己，更利于社会，是为编者良苦用心者也。

是为序。

编　者

2016 年 12 月 26 日

编辑说明

一、收录标准

1. 佛满洲家谱

2. 品相完好，页面整洁，字迹清晰

3. 修纂于清代及民国年间

4. 体式完备、内容丰富、有史料价值

二、编纂体例

1. 原谱全部影印，以保存原貌

2. 影印谱前加简介，以备说明

三、排序与分卷

1. 按收录家谱的修谱时间先后

2. 各卷归类按家谱现今收藏人所在地为准

目录

《讷音富察氏增修支谱》内容简介

《讷音富察氏增修支谱》现收藏于黑龙江省宁安市富姓族人家中。

该谱书初修于清代『国初』，乾隆初年再修，至嘉庆十二年（1807）第三次纂修，至光绪十五年（1889）已阅80余年，于是又第四次增修。增修谱世次厘然，昭穆秩然，亲疏有别，长幼有序，使富察氏谱系『卓有可传』，以俾后世子孙知箕裘勿坠。本卷选用光绪十五年本。

讷音富察氏，镶红旗佛满洲人，祖居长白山讷音地方。讷音，今吉林省抚松县松花江上游流域，包括桦甸、靖宇等县。

谱书序言中说，富察氏『原无汉姓，各指其地而姓之』。『曰富察，地名也。姓以地名，亦以国为姓、以邑为姓之遗意，不忘本也。』富察氏，冠以『富』『付』等汉字姓。

谱书保存完好，无残无损，品相极佳，字字清晰，石印本。

内容主要包括德恺撰《富察谱序》、德馨撰《叙》、起居注主事辉发和舍礼氏顺照谨《序》、艺林富启谨《序》、长白敬谨《序》、西山富栋谨《序》、辅亭珠隆阿谨《序》、韬庵富彰谨《序》、讷殷富察氏谱传、世系。

讷音富察氏增脩支譜

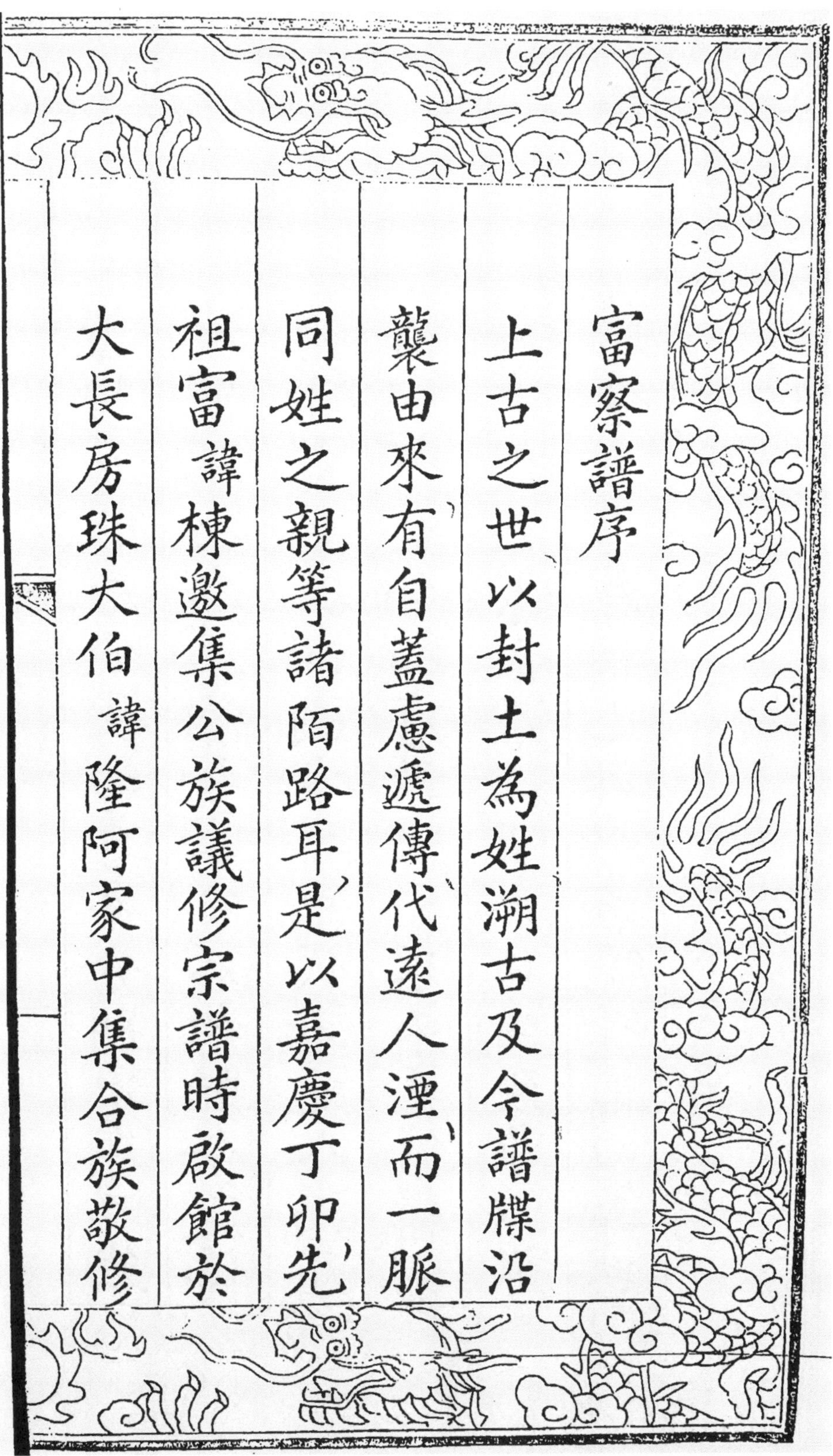

富察譜序

上古之世以封土為姓溯古及今譜牒沿
襲由來有自蓋慮遞傳代遠人湮而一脈
同姓之親等諸陌路耳是以嘉慶丁卯先
祖富諱棟邀集公族議修宗譜時啟館於
大長房珠大伯諱隆阿家中集合族敬修

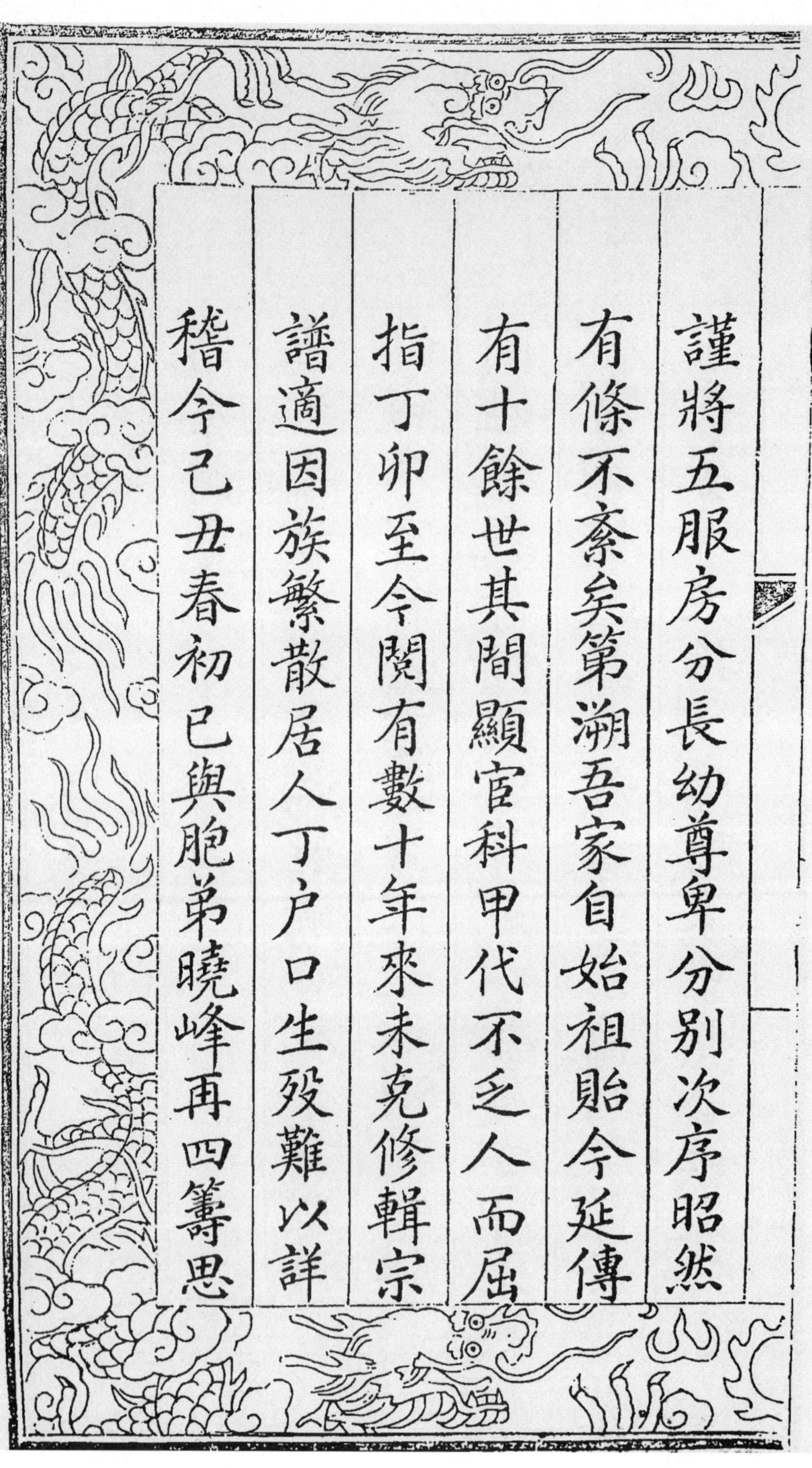

謹將五服房分長幼尊卑分別次序昭然有條不紊矣第溯吾家自始祖貽今延傳有十餘世其間顯宦科甲代不乏人而屈指丁卯至今閱有數十年來未克修輯宗譜適因族繁散居人丁户口生歿難以詳稽今己丑春初已與胞弟曉峰再四籌思

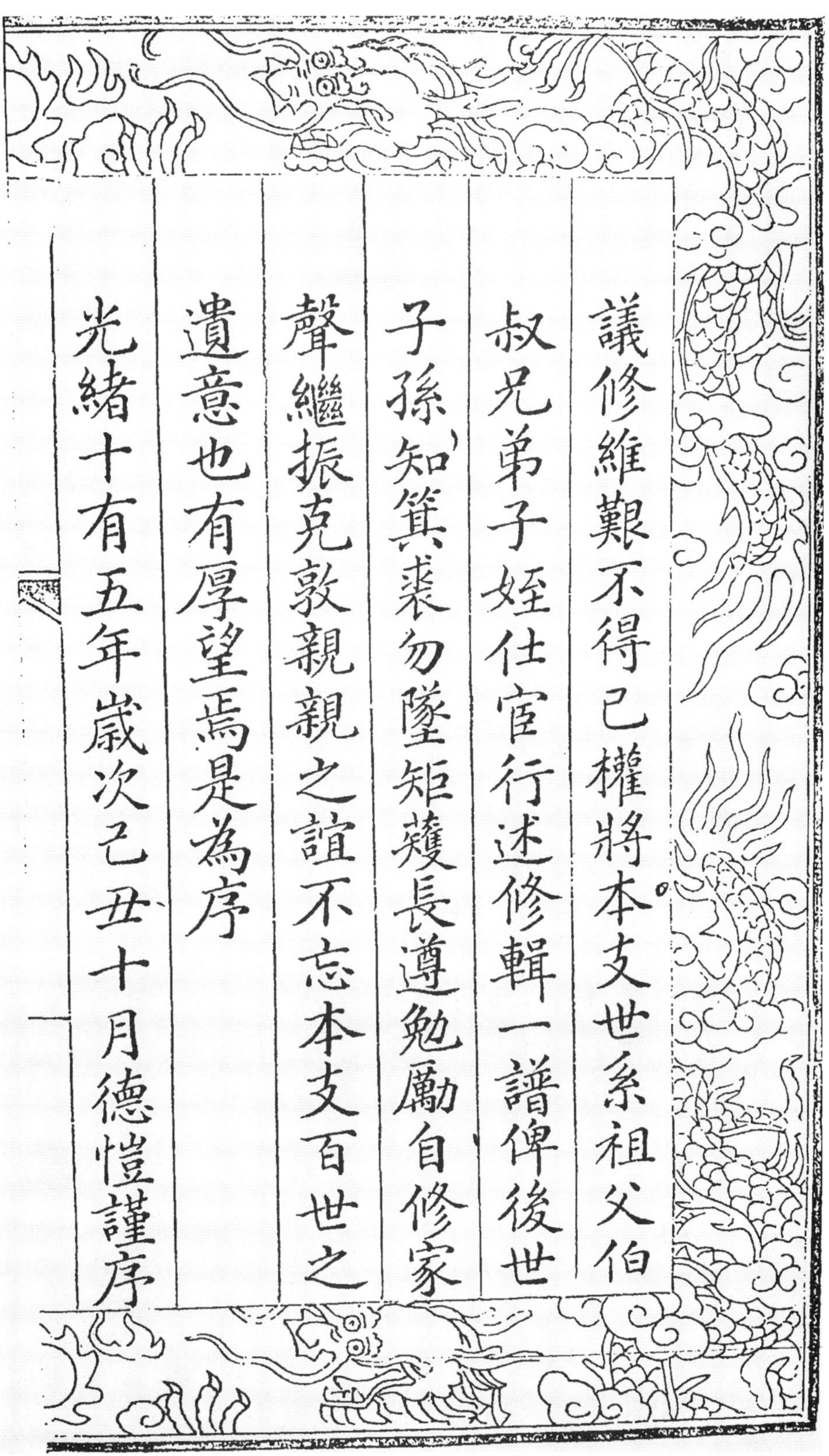

議修維艱不得已權將本支世系祖父伯
叔兄弟子姪仕宦行述修輯一譜俾後世
子孫知箕裘勿墜矩矱長遵勉勵自修家
聲繼振克敦親親之誼不忘本支百世之
遺意也有厚望焉是為序
光緒十有五年歲次己丑十月德愷謹序

敘

自周始辨姓其氏族掌之於官諸侯卿大

夫或以國為姓以邑為姓以官為姓於是

族姓始繁雖史官亦莫能悉鄭子羽能知

大夫之族姓班位所以見稱於傳也秦漢

以後此制已廢士大夫家迺各自為譜六

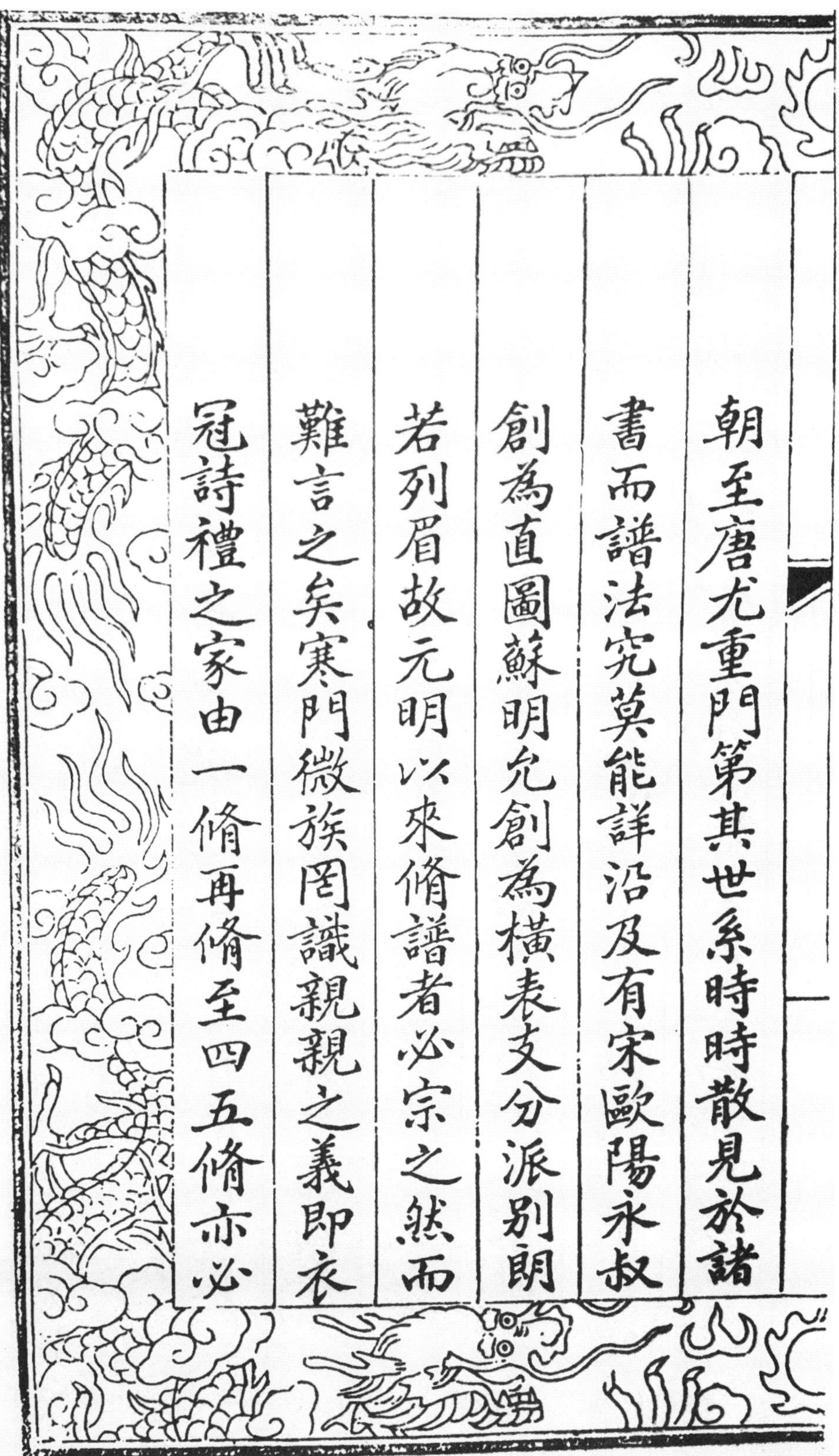

朝至唐尤重門第其世系時時散見於諸書而譜法究莫能詳沿及有宋歐陽永叔創為直圖蘇明允創為横表支分派别朗若列眉故元明以來脩譜者必宗之然而難言之矣寒門微族罔識親親之義即衣冠詩禮之家由一脩再脩至四五脩亦必

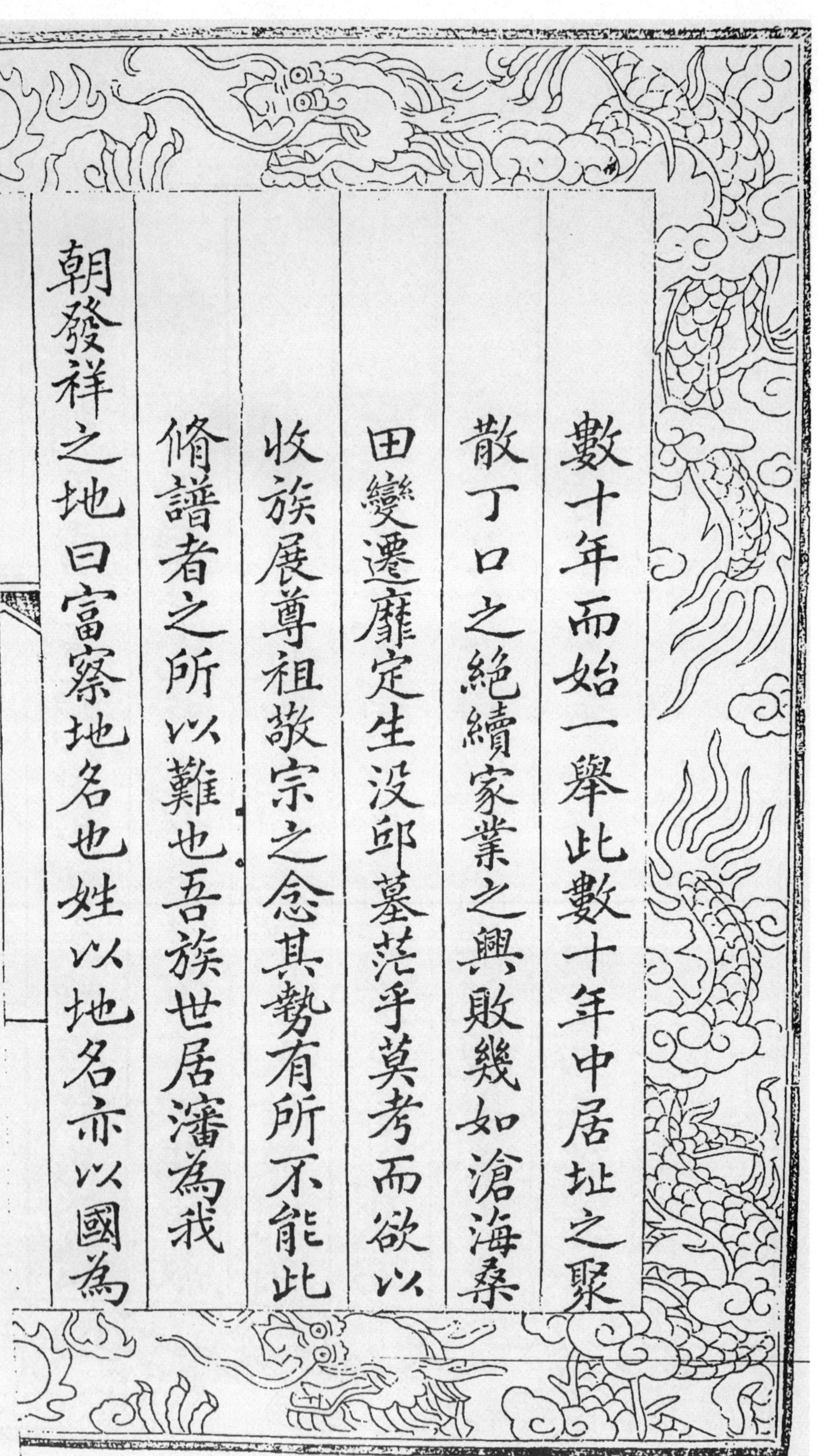

數十年而始一舉此數十年中居址之聚散丁口之絶續家業之興敗幾如滄海桑田變遷靡定生没邱墓茫乎莫考而欲以收族展尊祖敬宗之念其勢有所不能此脩譜者之所以難也吾族世居瀋爲我

朝發祥之地曰富察地名也姓以地名亦以國爲

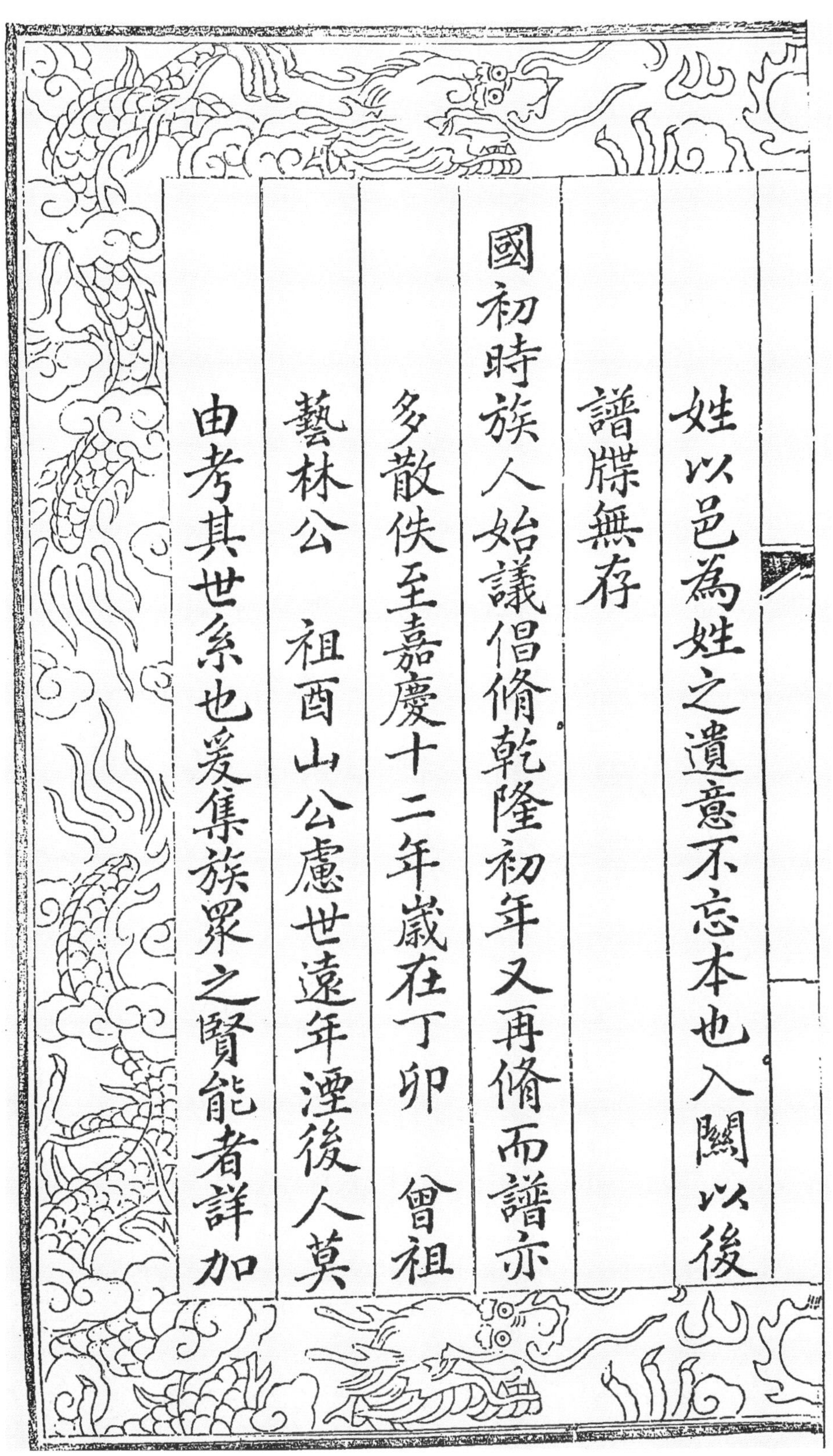

姓以邑爲姓之遺意不忘本也入關以後
譜牒無存
國初時族人始議倡脩乾隆初年又再脩而譜亦
多散佚至嘉慶十二年歲在丁卯　曾祖
藝林公　祖酉山公慮世遠年湮後人莫
由考其世系也爰集族衆之賢能者詳加

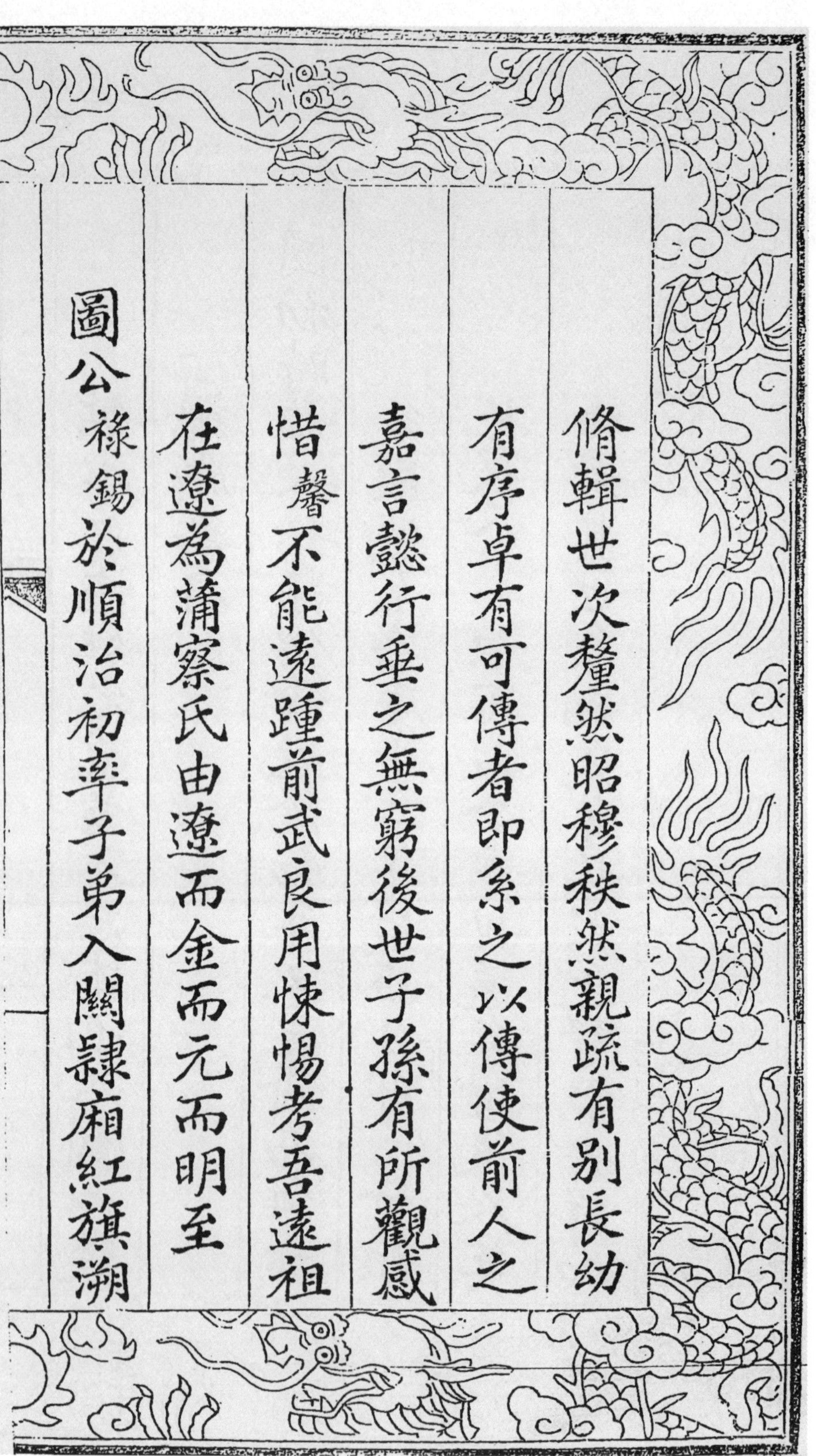

脩輯世次釐然昭穆秩然親疏有別長幼有序卓有可傳者即系之以傳使前人之嘉言懿行垂之無窮後世子孫有所觀感惜馨不能遠踵前武良用悚惕考吾遠祖在遼為蒲察氏由遼而金而元而明至

圖公禄錫於順治初率子弟入關隷廂紅旗溯

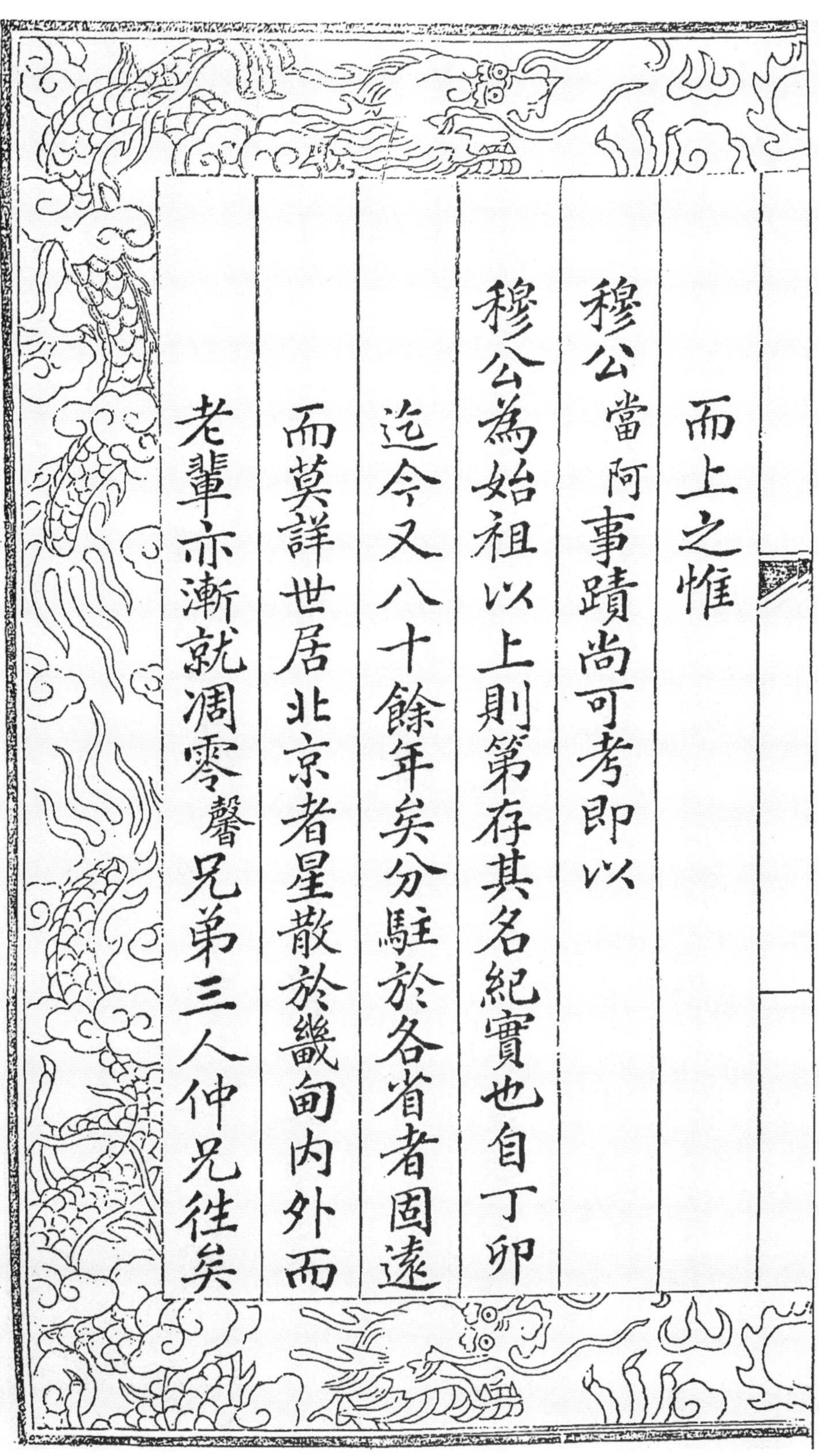

而上之惟
穆公當阿事蹟尚可考即以
穆公爲始祖以上則第存其名紀實也自丁卯
迄今又八十餘年矣分駐於各省者固遠
而莫詳世居北京者星散於畿甸内外而
老輩亦漸就凋零謦兄弟三人仲兄徃矣

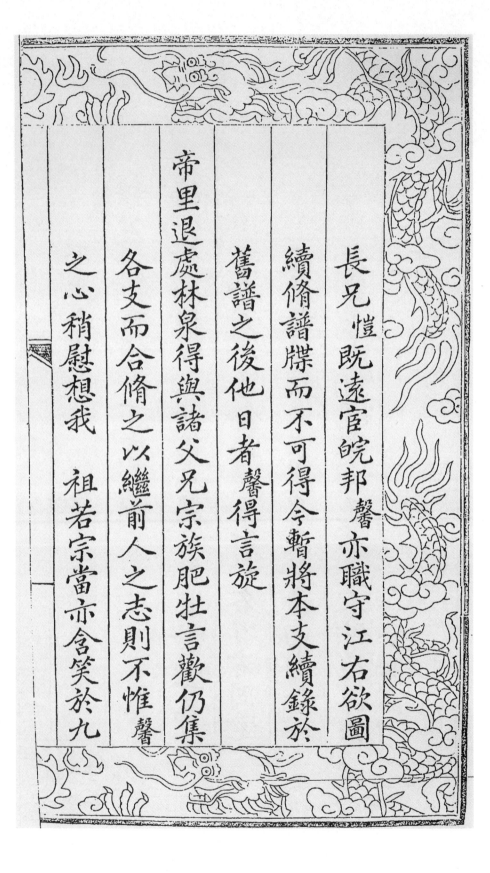

長兄愷既遠官皖邦馨亦職守江右欲圖
續脩譜牒而不可得今暫將本支續錄於
舊譜之後他日者馨得言旋
帝里退處林泉得與諸父兄宗族肥牡言歡仍集
各支而合脩之以繼前人之志則不惟馨
之心稍慰想我　祖若宗當亦含笑於九

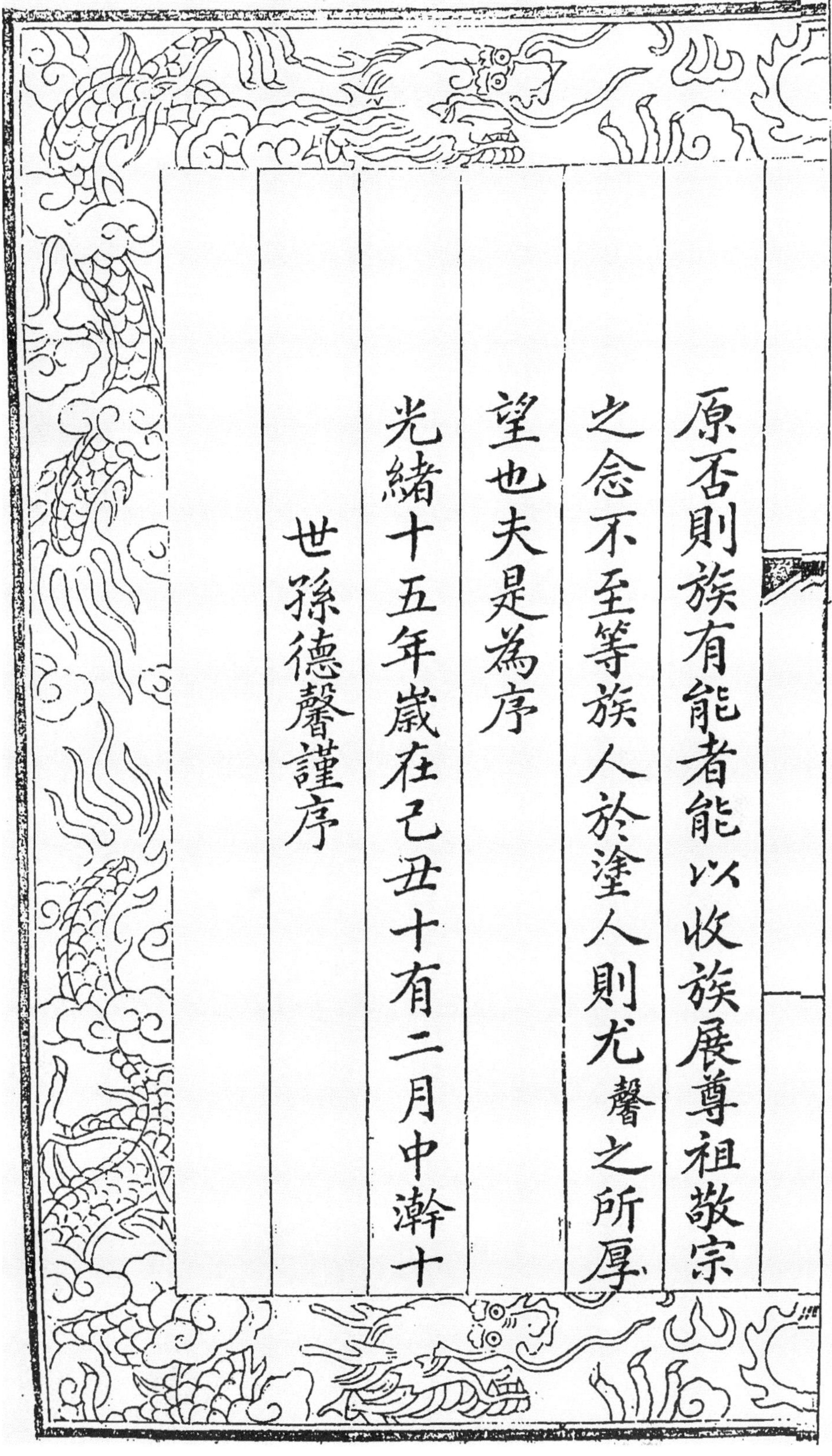
原否則族有能者能以收族展尊祖敬宗之念不至等族人於塗人則尤馨之所厚望也夫是為序

光緒十五年歲在己丑十有二月中澣十

世孫德馨謹序

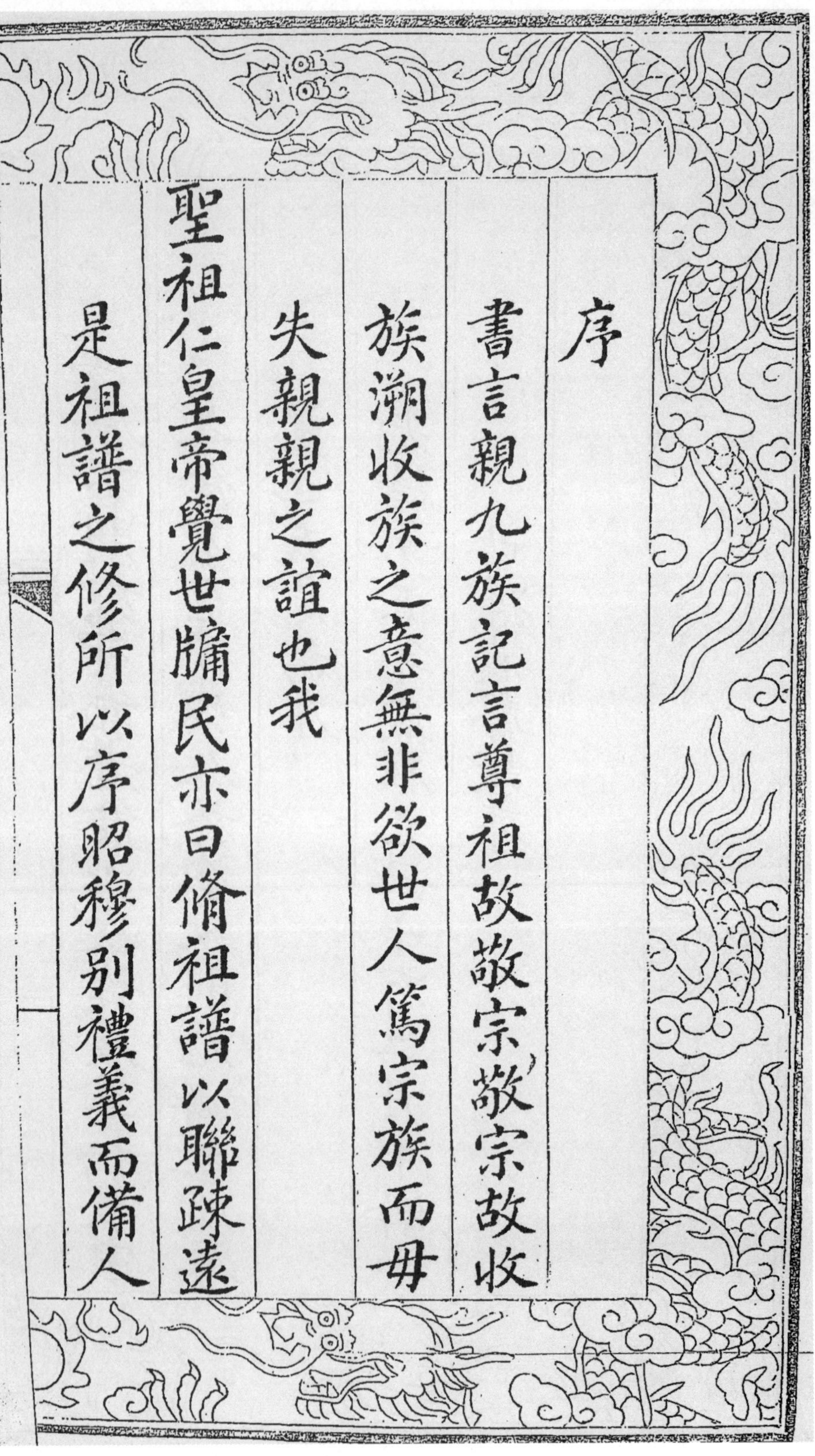

序

書言親九族記言尊祖故敬宗敬宗故收族溯收族之意無非欲世人篤宗族而毋失親親之誼也我聖祖仁皇帝覺世牖民亦曰脩祖譜以聯疎遠是祖譜之修所以序昭穆別禮義而備人

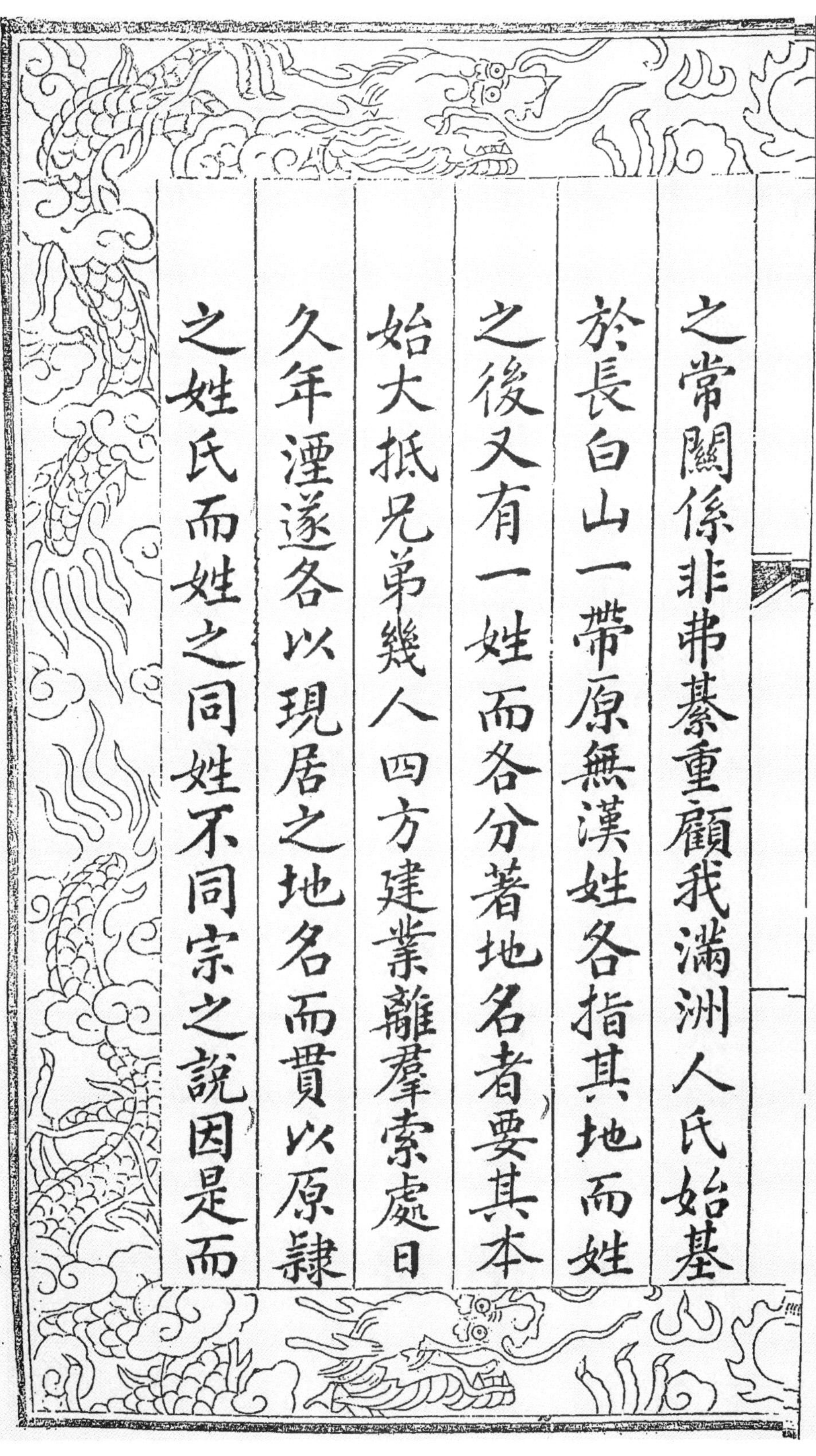

之常關係非弗綦重顧我滿洲人氏始基於長白山一帶原無漢姓各指其地而姓之後又有一姓而各分著地名者要其本始大抵兄弟幾人四方建業離羣索處日久年湮遂各以現居之地名而貫以原隸之姓氏而姓之同姓不同宗之說因是而

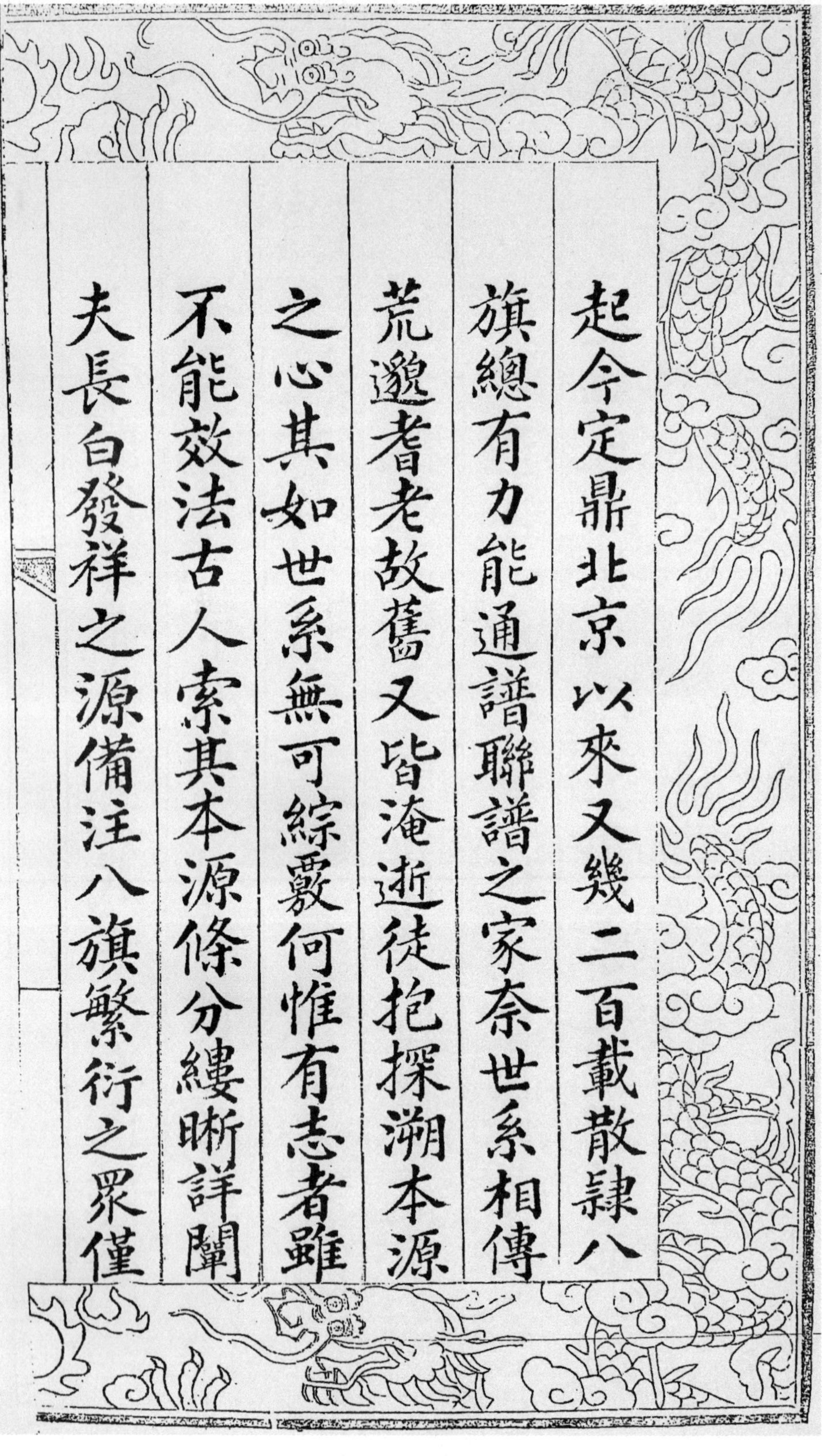

起今定鼎北京以來又幾二百載散隸八旗總有力能通譜聯譜之家奈世系相傳荒邈耆老故舊又皆淹逝徒抱探溯本源之心其如世系無可綜覈何惟有志者雖不能效法古人索其本源條分縷晰詳闡夫長白發祥之源備注八旗繁衍之衆僅

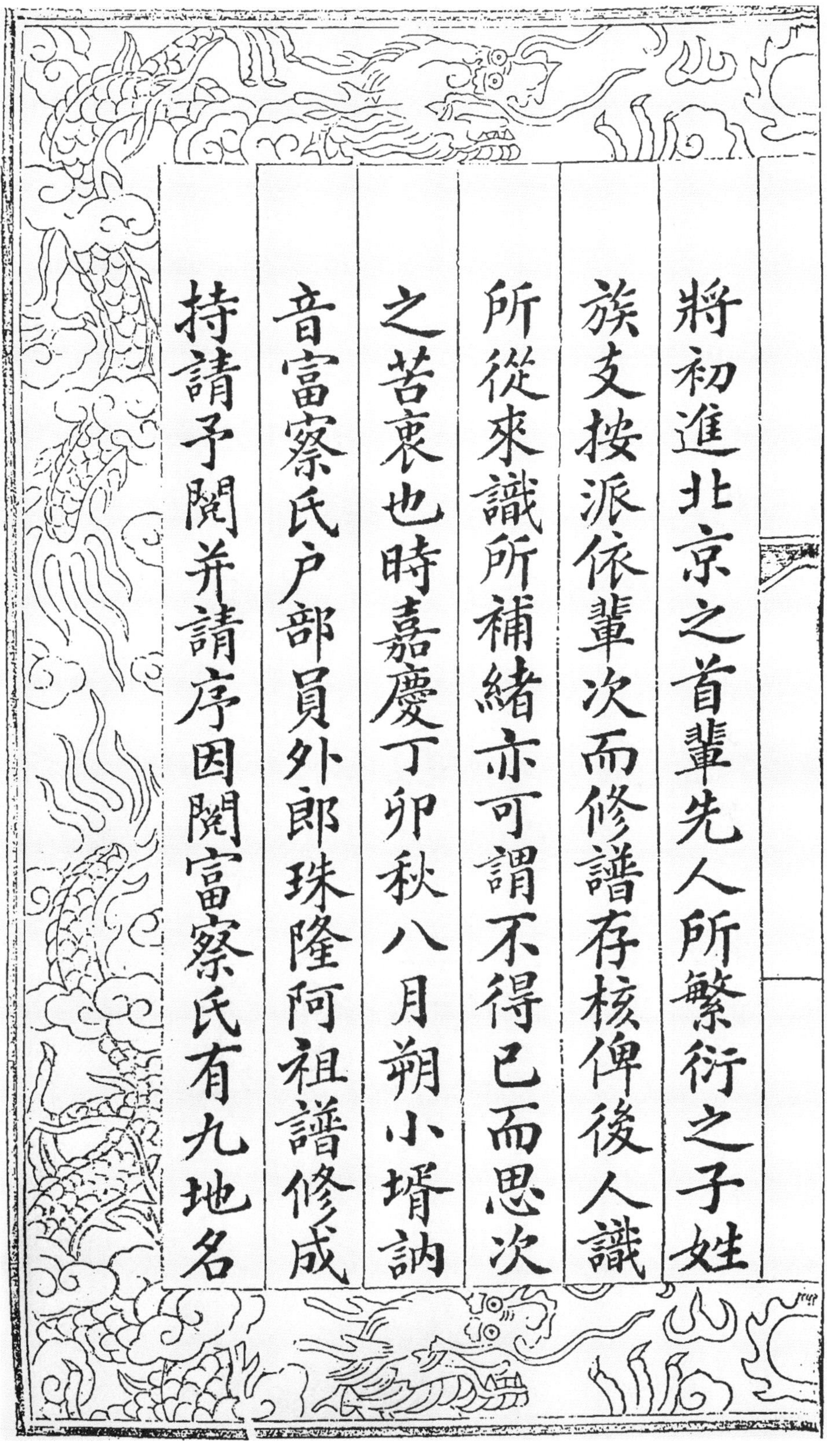

將初進北京之首輩先人所繁衍之子姓

族支按派依輩次而修譜存核俾後人識

所從來識所補緒亦可謂不得已而思次

之苦衷也時嘉慶丁卯秋八月朔小壻訥

音富察氏户部員外郎珠隆阿祖譜修成

持請予閱并請序因閱富察氏有九地名

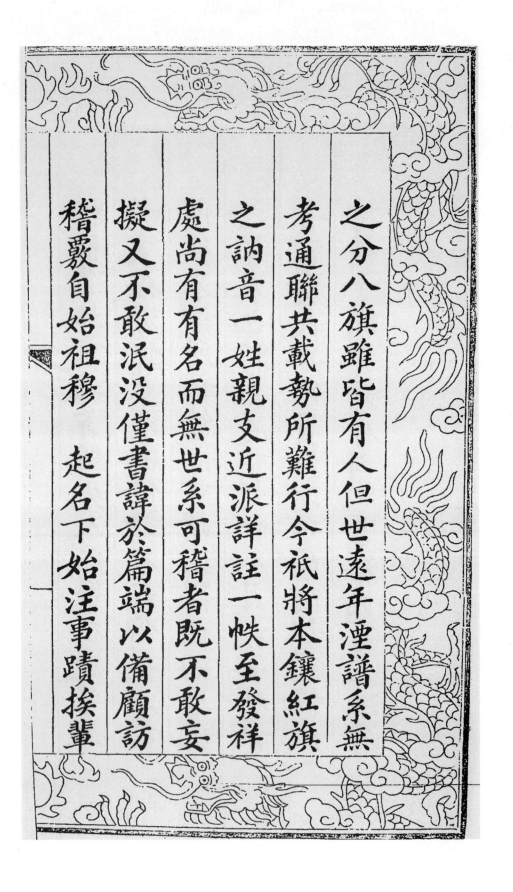

之分八旗雖皆有人但世遠年湮譜系無
考通聯共載勢所難行今祇將本鑲紅旗
之訥音一姓親支近派詳註一帙至發祥
處尚有有名而無世系可稽者既不敢妄
擬又不敢泯沒僅書諱於篇端以備顧訪
稽覈自始祖穆　起名下始注事蹟挨輩

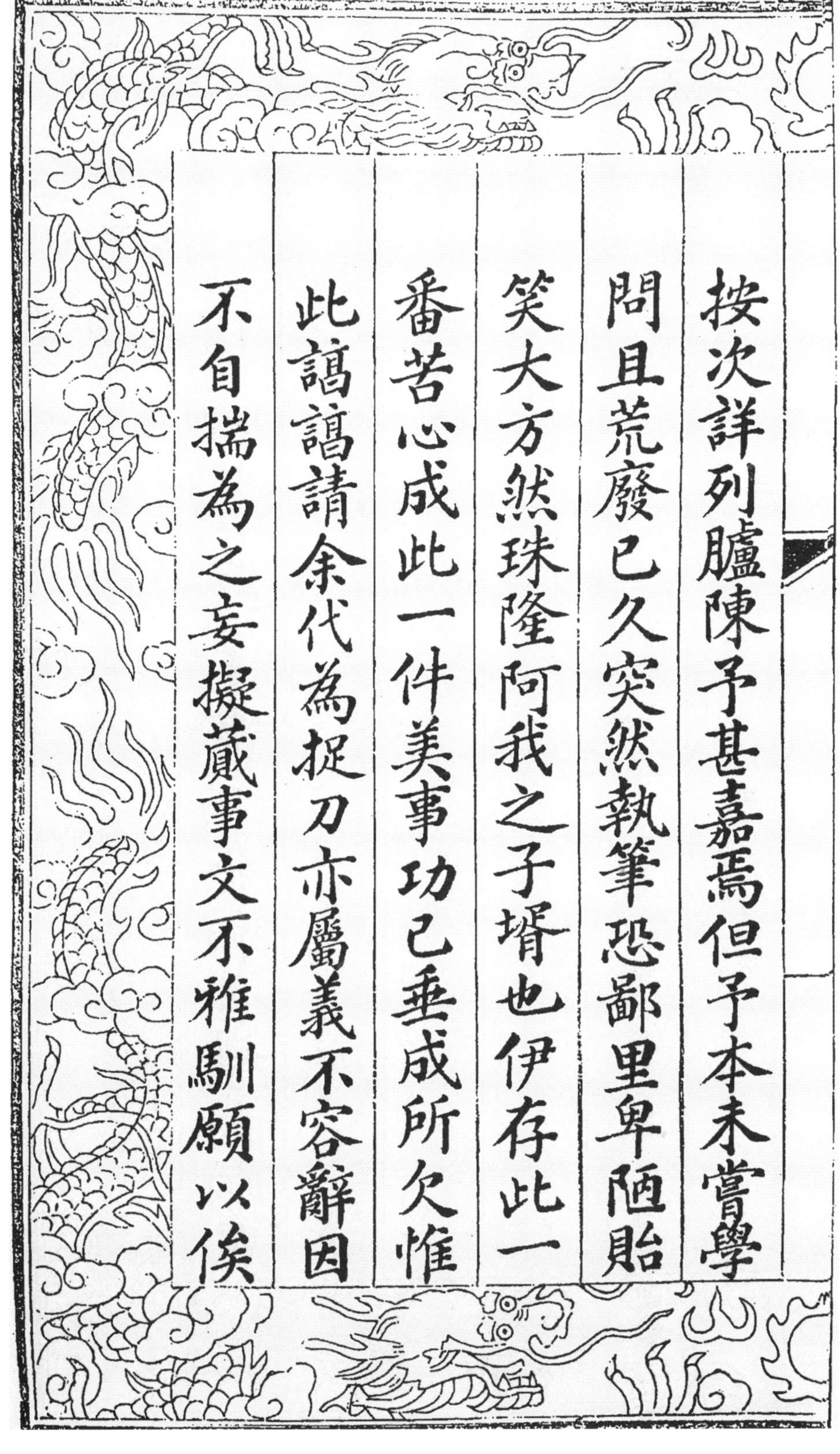

按次詳列臚陳予甚嘉焉但予本未嘗學問且荒廢已久突然執筆恐鄙里卑陋貽笑大方然珠隆阿我之子壻也伊存此一番苦心成此一件美事功已垂成所欠惟此譪譪請余代為捉刀亦屬義不容辭因不自揣為之妄擬蕆事文不雅馴願以俟

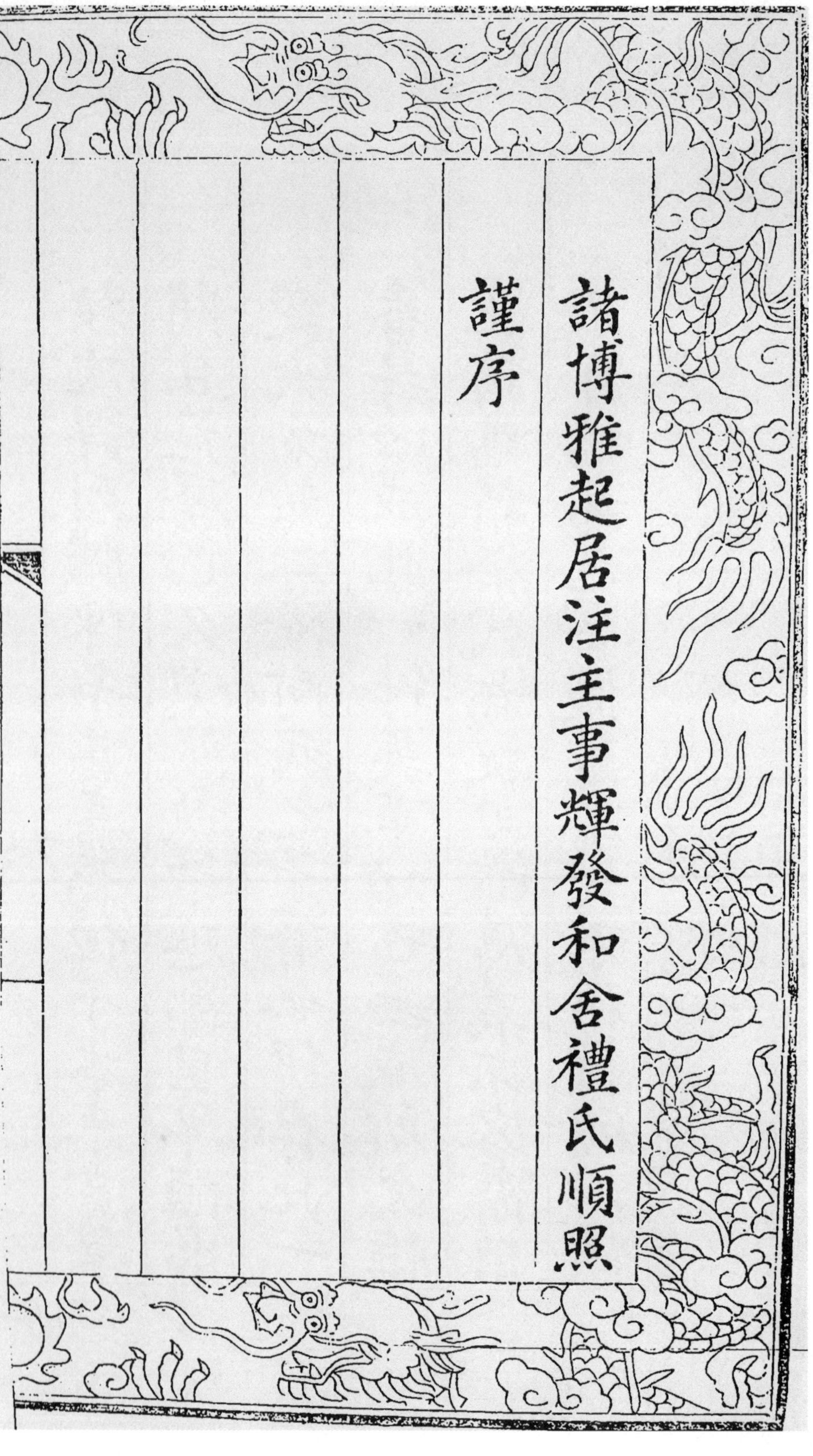

諸博雅起居注主事輝發和舍禮氏順照

謹序

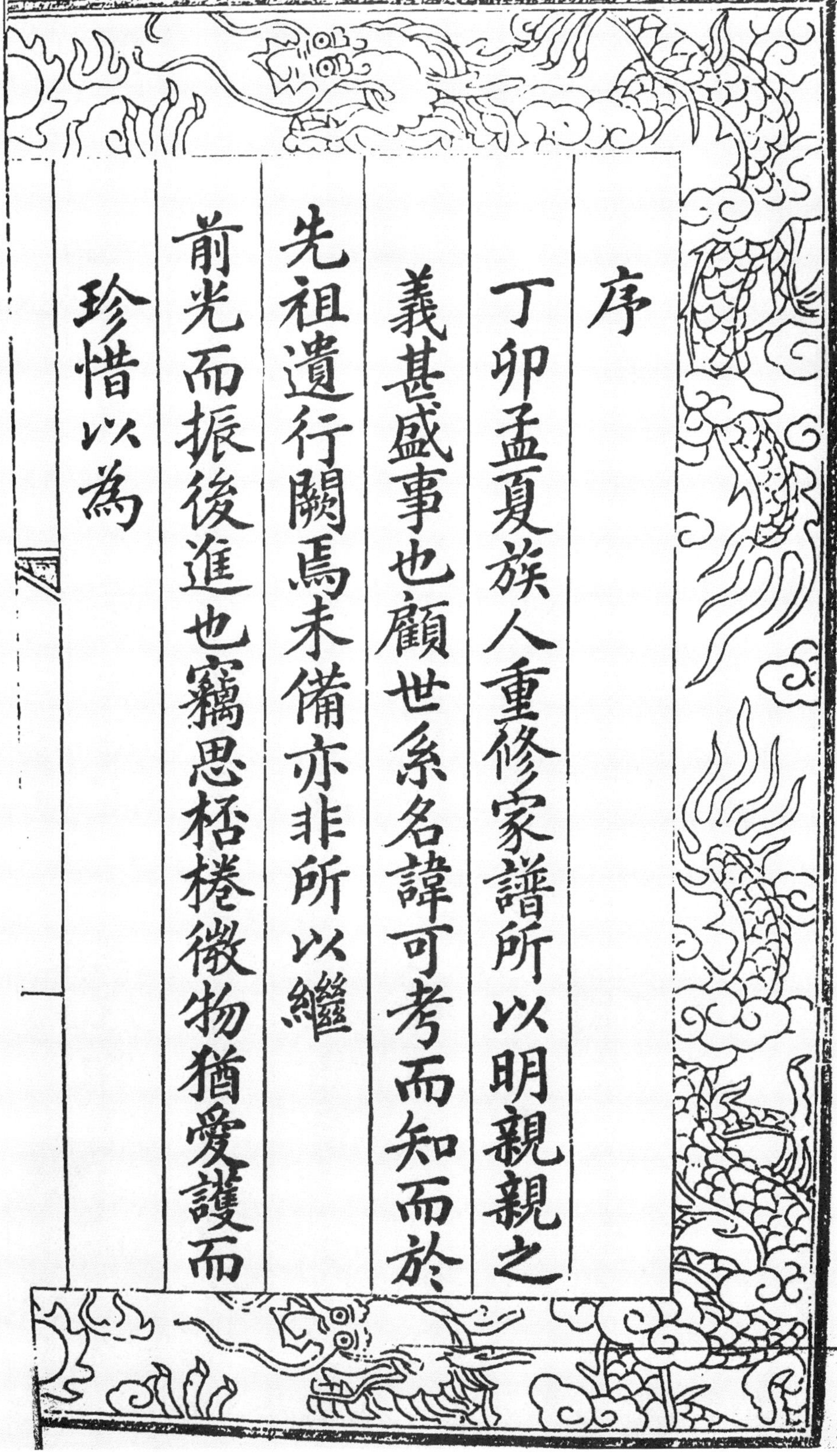

序

丁卯孟夏族人重修家譜所以明親親之義甚盛事也顧世系名諱可考而知而於

先祖遺行闕焉未備亦非所以繼

前光而振後進也竊思桮棬微物猶愛護而珍惜以為

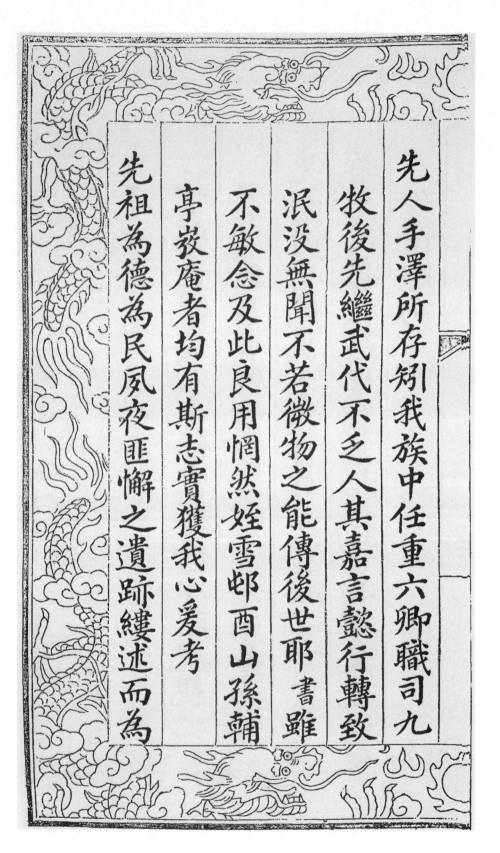

先人手澤所存矧我族中任重六卿職司九牧後先繼武代不乏人其嘉言懿行轉致泯沒無聞不若徵物之能傳後世耶書雖不敏念及此良用惘然姪雪邨酉山孫輔亭峩庵者均有斯志實獲我心爰考

先祖為德為民夙夜匪懈之遺跡縷述而為

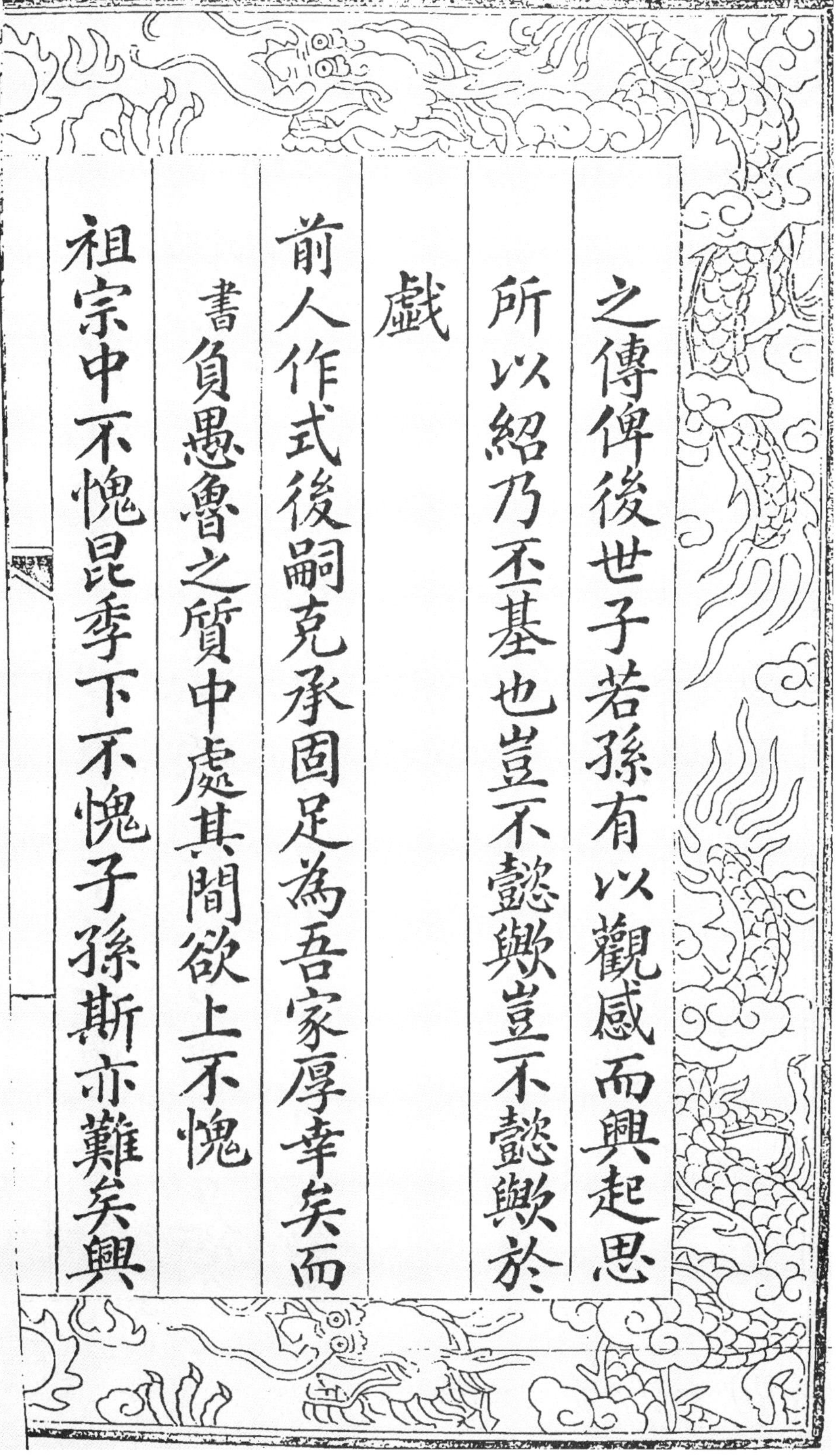

之傳俾後世子若孫有以觀感而興起思所以紹乃丕基也豈不懿歟豈不懿歟於戲

前人作式後嗣克承固足為吾家厚幸矣而書負愚魯之質中處其間欲上不愧祖宗中不愧昆季下不愧子孫斯亦難矣興

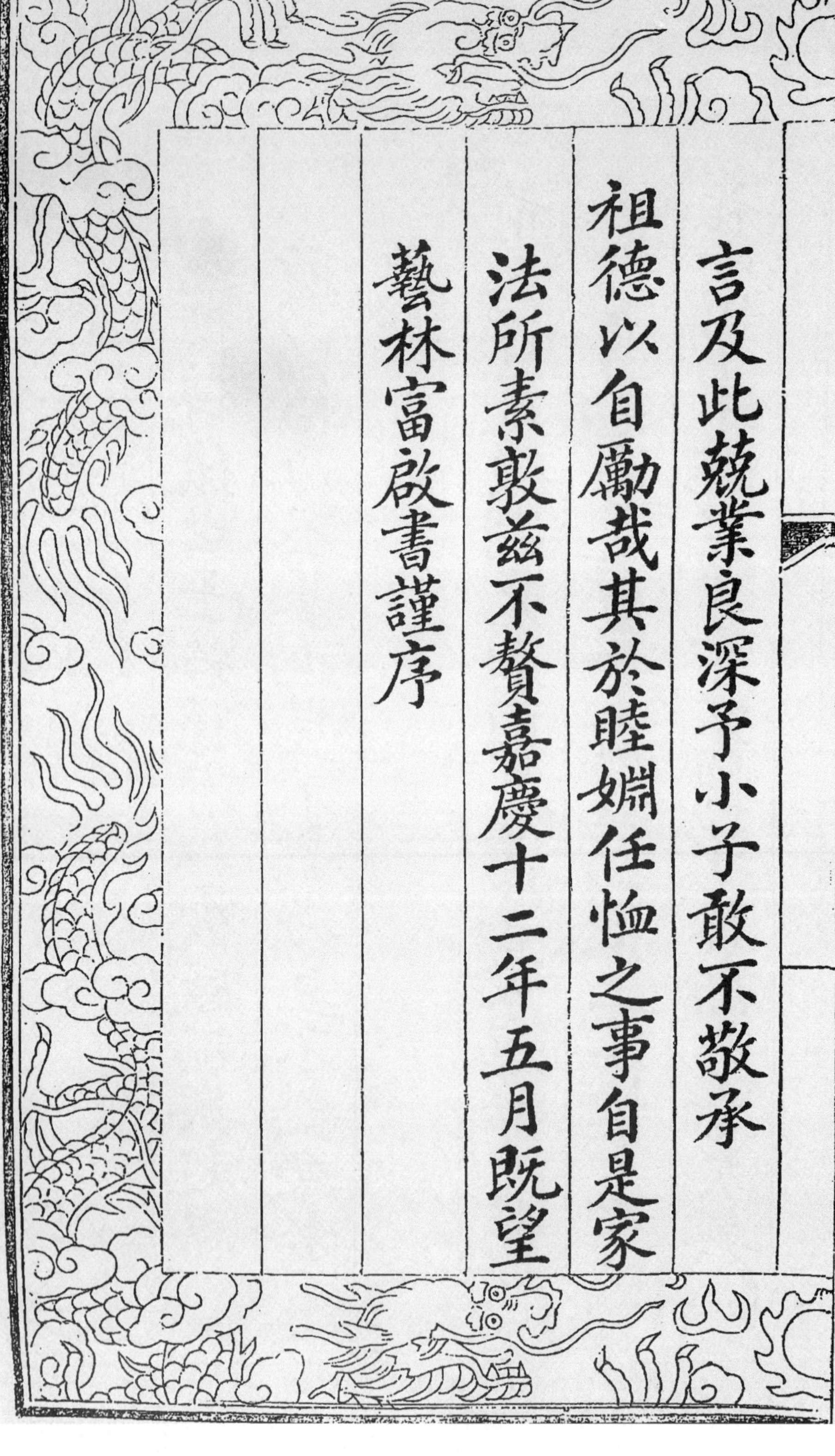

言及此兢業良深予小子敢不敬承
祖德以自勵哉其於睦婣任恤之事自是家
法所素敦兹不贅嘉慶十二年五月既望
藝林富啟書謹序

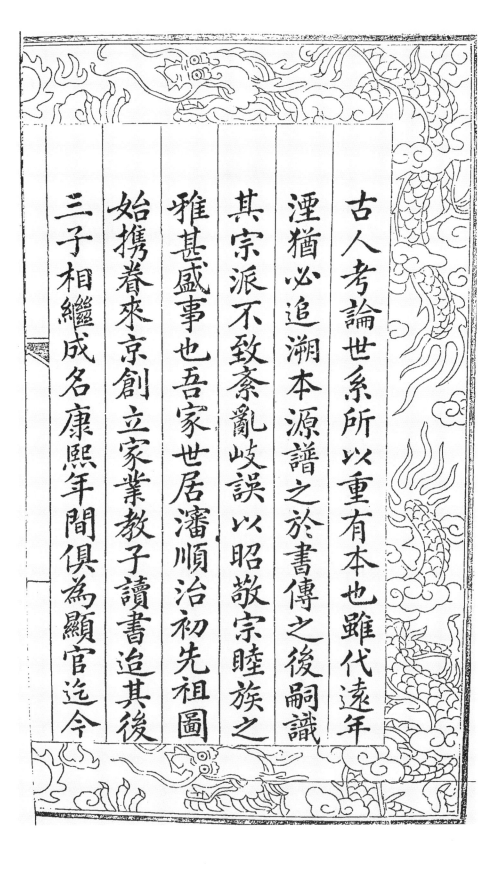

古人考論世系所以重有本也雖代遠年湮猶必追溯本源譜之於書傳之後嗣識其宗派不致紊亂歧誤以昭敬宗睦族之雅甚盛事也吾家世居瀋順治初先祖圖始携眷來京創立家業教子讀書迨其後三子相繼成名康熙年間俱爲顯官迄今

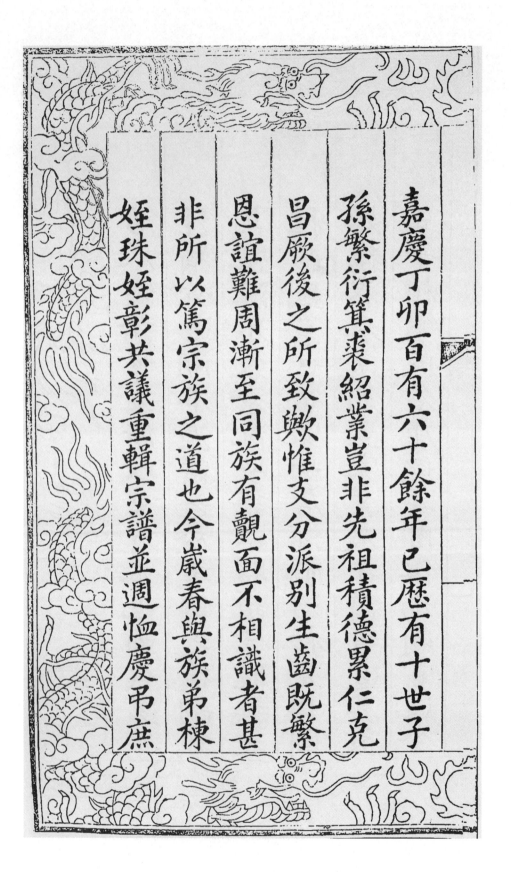

嘉慶丁卯百有六十餘年已歷有十世子孫繁衍箕裘紹業豈非先祖積德累仁克昌厥後之所致歟惟支分派別生齒既繁恩誼難周漸至同族有覿面不相識者甚非所以篤宗族之道也今歲春與族弟棟姪珠姪彰共議重輯宗譜並週恤慶弔庶

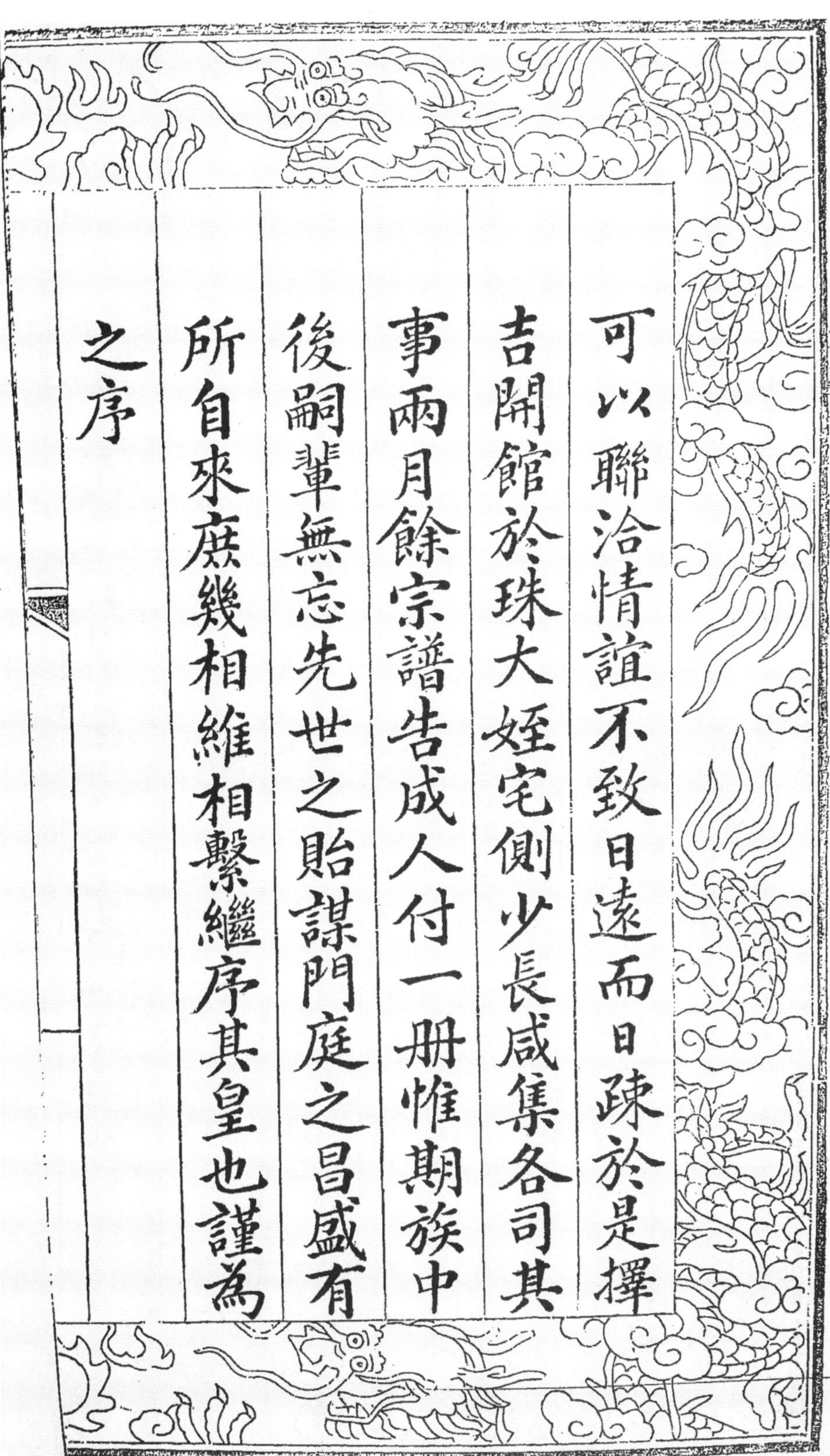

可以聯洽情誼不致日遠而日疏於是擇吉開館於珠大姪宅側少長咸集各司其事兩月餘宗譜告成人付一册惟期族中後嗣輩無忘先世之貽謀門庭之昌盛有所自來庶幾相維相繫繼序其皇也謹為之序

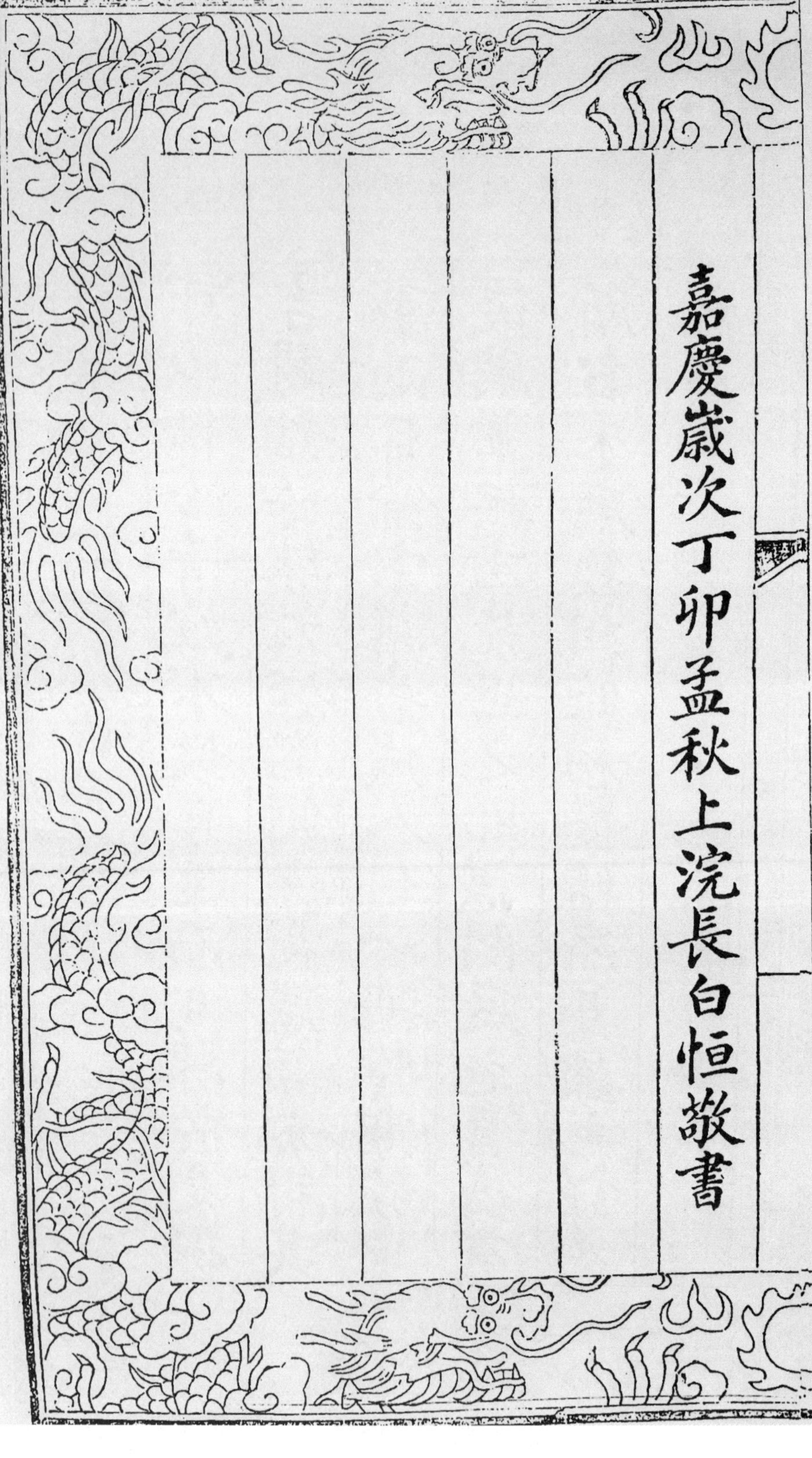
嘉慶歲次丁卯孟秋上浣長白恒敬書

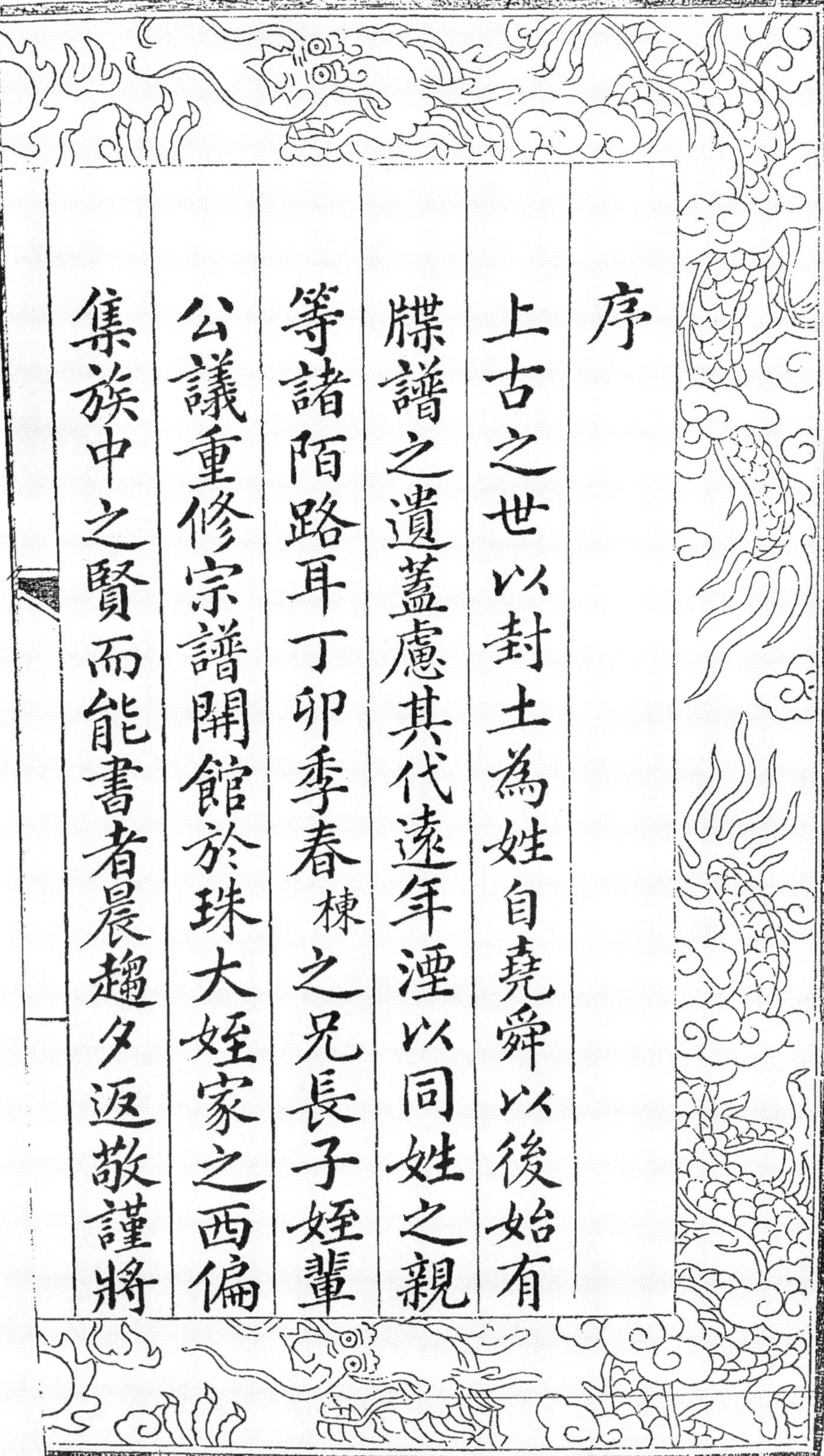

序

上古之世以封土為姓自堯舜以後始有牒譜之遺蓋慮其代遠年湮以同姓之親等諸陌路耳丁卯季春棟之兄長子姪輩公議重修宗譜開館於珠大姪家之西偏集族中之賢而能書者晨趨夕返敬謹將

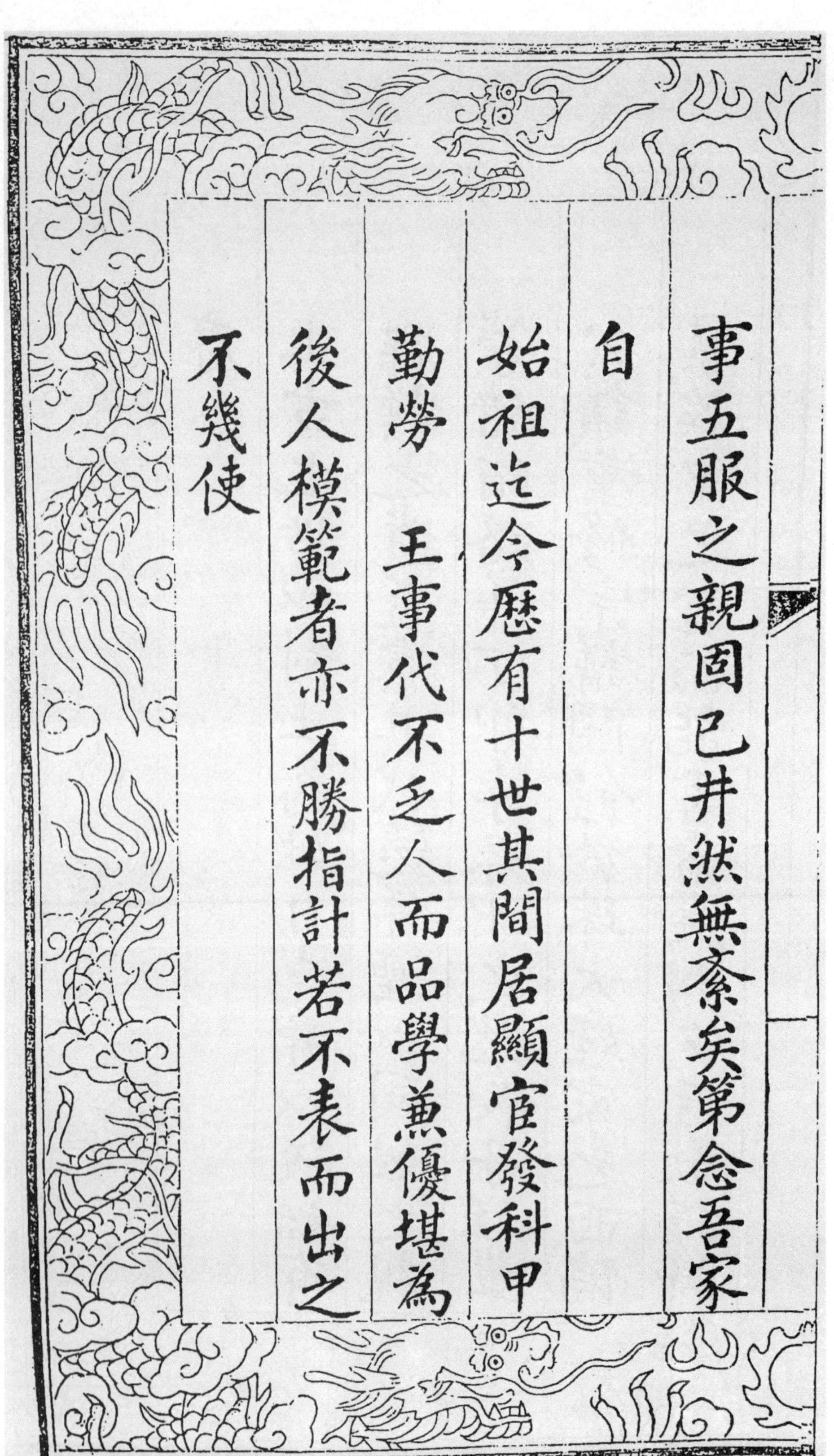
事五服之親固已井然無紊矣第念吾家

自

始祖迄今歷有十世其間居顯宦發科甲

勤勞 王事代不乏人而品學兼優堪為

後人模範者亦不勝指計若不表而出之

不幾使

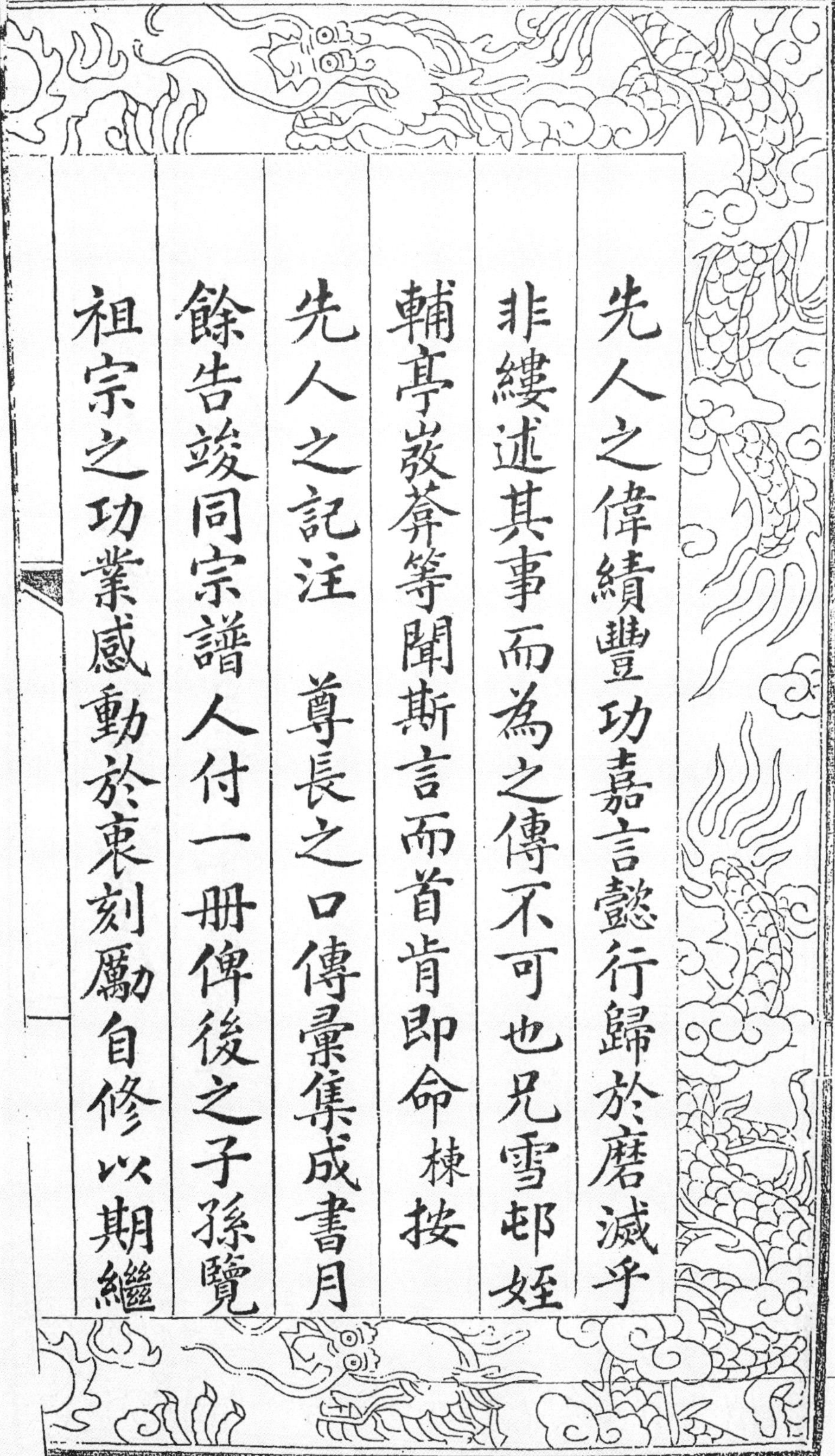

先人之偉績豐功嘉言懿行歸於磨滅乎非纘述其事而為之傳不可也兄雪邨姪輔亭崧蕣等聞斯言而首肯即命棟按先人之記注尊長之口傳彙集成書月餘告竣同宗譜人付一册俾後之子孫覽祖宗之功業感動於衷刻勵自修以期繼

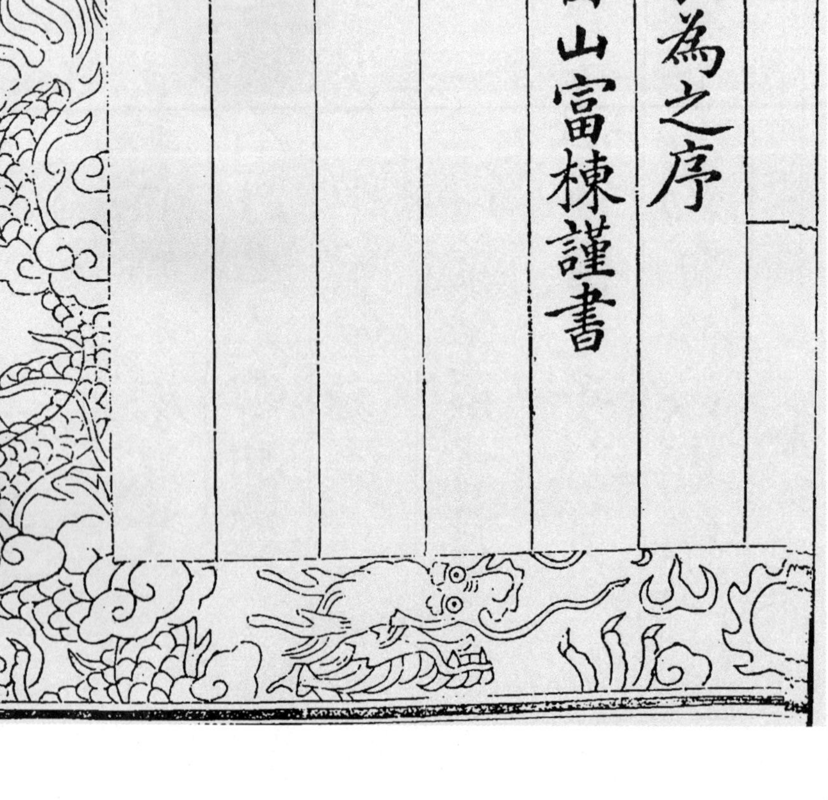

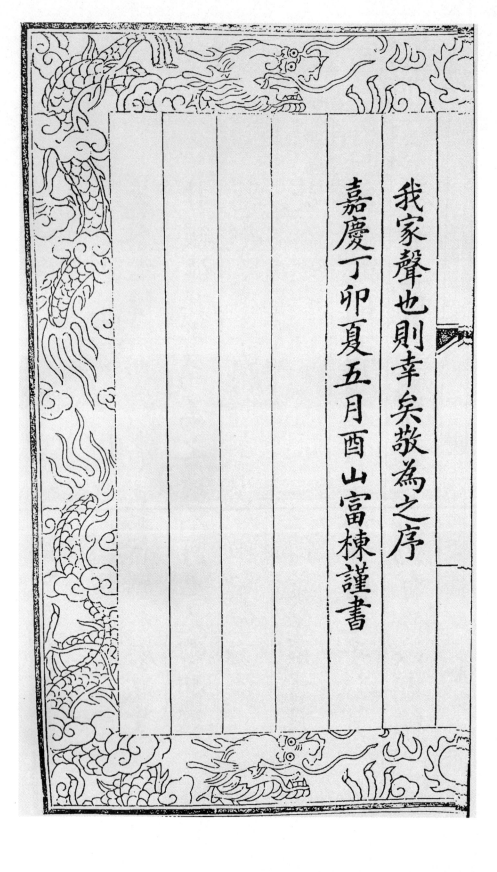

我家聲也則幸矣敬為之序

嘉慶丁卯夏五月酉山富棟謹書

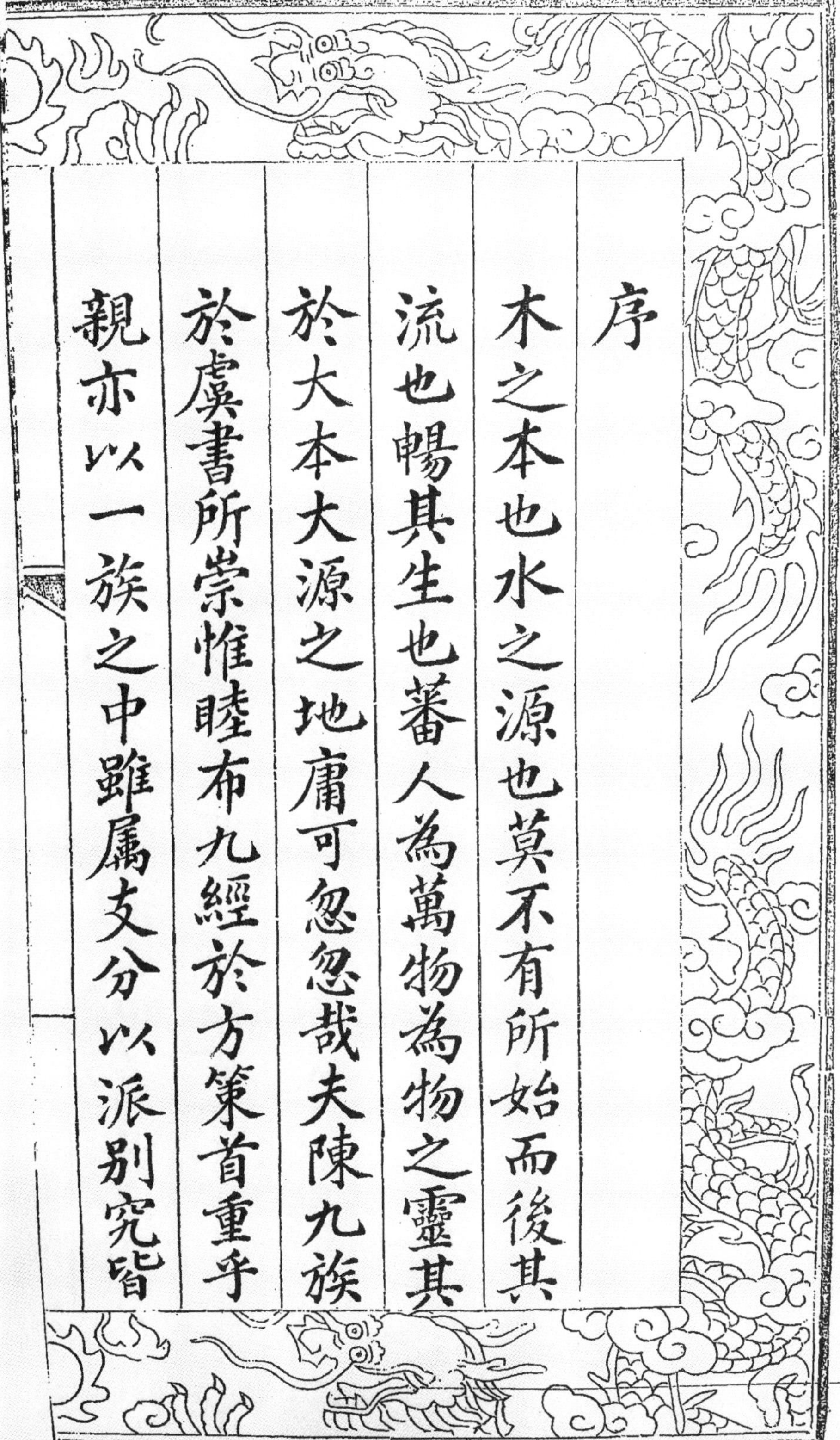

序

木之本也水之源也莫不有所始而後其流也暢其生也蕃人為萬物為物之靈其於大本大源之地庸可忽忽哉夫陳九族於虞書所崇惟睦布九經於方策首重乎親亦以一族之中雖屬支分以派别究皆

一本而同源記有之尊祖故敬宗敬宗故收族推類以觀其不可陌路視之也審矣吾富察氏世譜之脩於茲十稔矣珠隆阿素有重修之志而未之逮丁卯夏始獲與族叔雪邨酉山弟嵗庵嘯亭公同繕修宗族之親既已燦然其眉陳掌列矣噫承

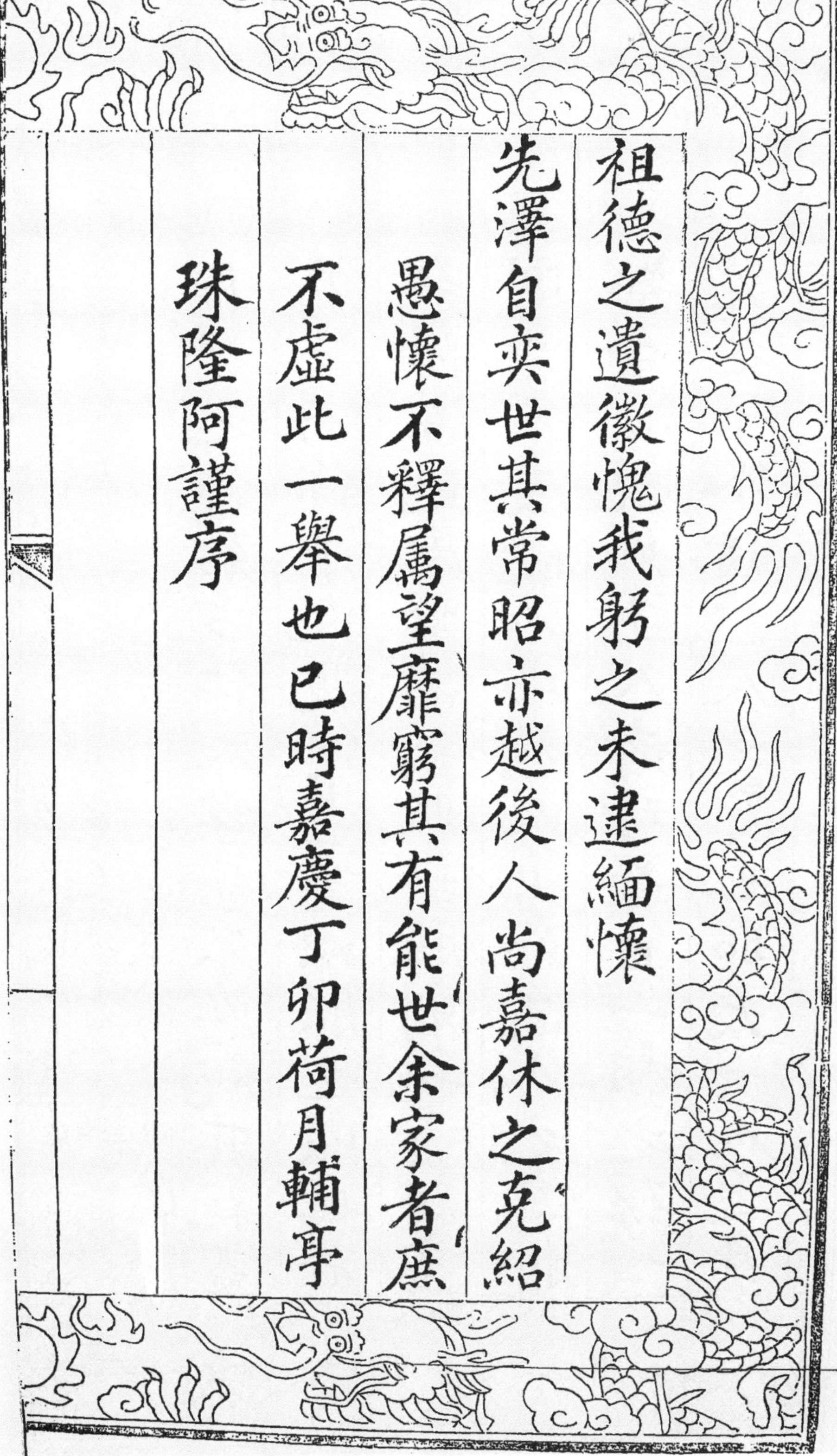

祖德之遺徽愧我躬之未逮緬懷
先澤自奕世其常昭亦越後人尚嘉休之克紹
愚懷不釋屬望靡窮其有能世余家者庶
不虛此一舉也已時嘉慶丁卯荷月輔亭
珠隆阿謹序

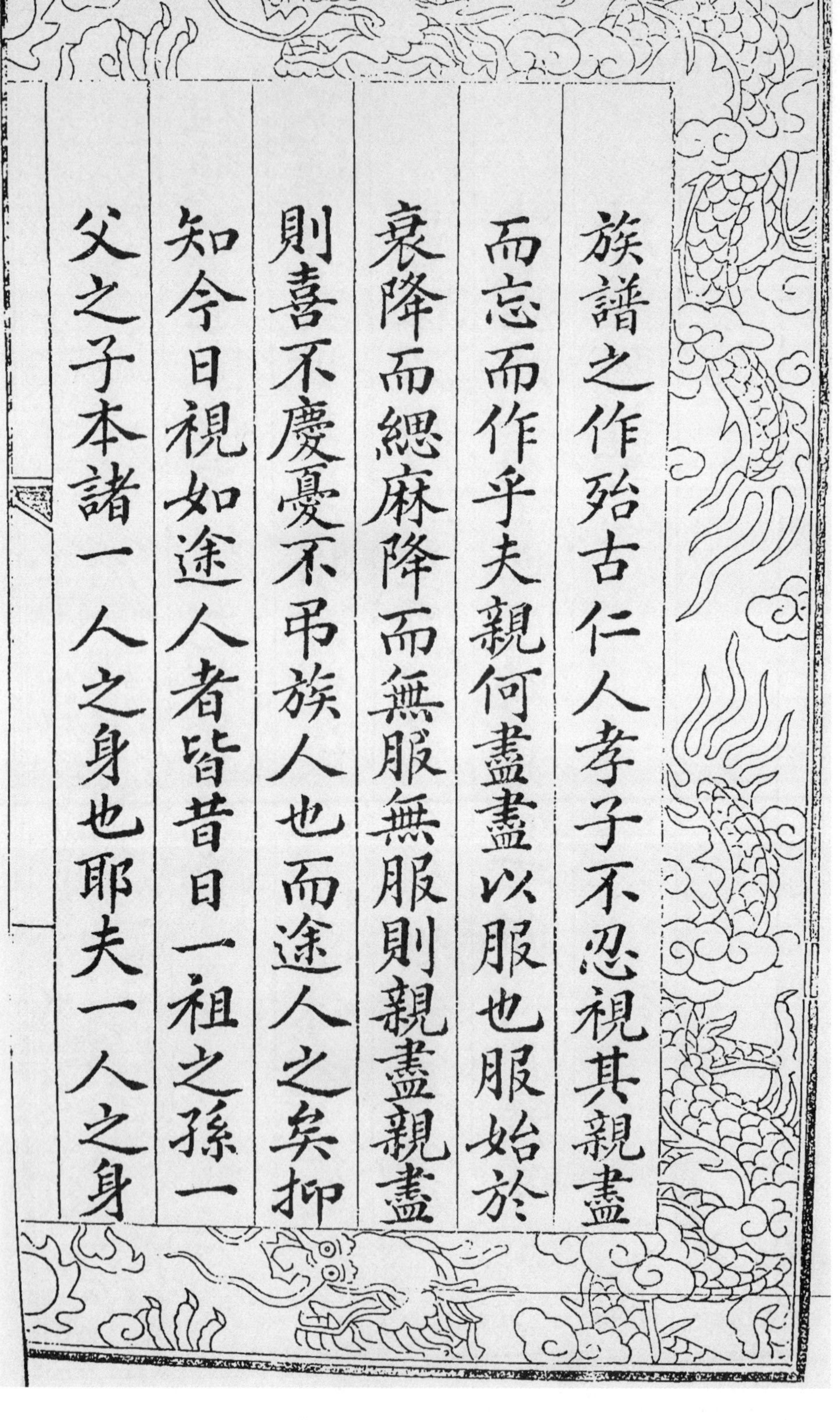

族譜之作殆古仁人孝子不忍視其親盡而忘而作乎夫親何盡盡以服也服始於衰降而緦麻降而無服無服則親盡親盡則喜不慶憂不弔族人也而途人之矣抑知今日視如途人者皆昔日一祖之孫一父之子本諸一人之身也耶夫一人之身

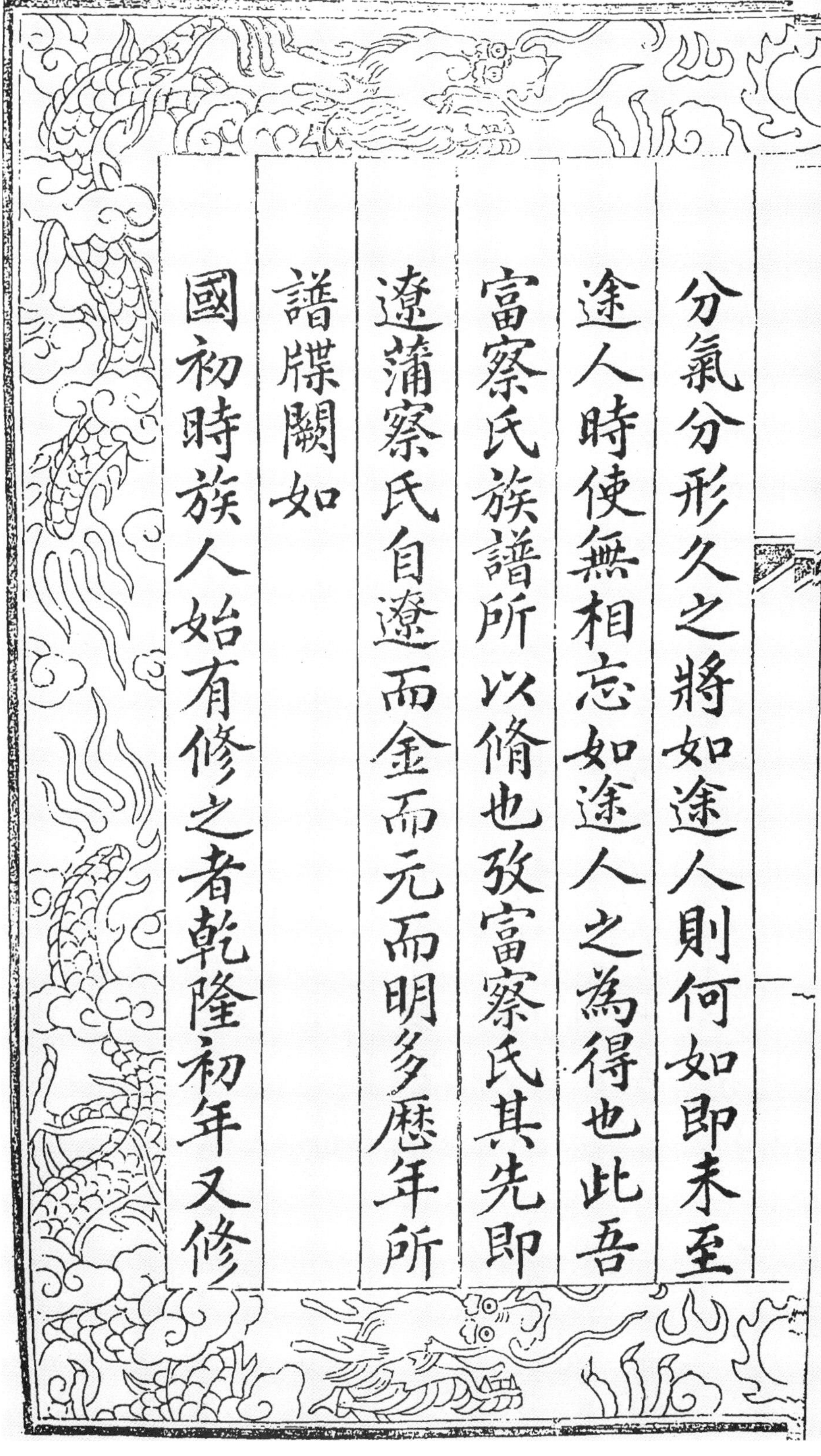

分氣分形久之將如途人則何如即未至途人時使無相忘如途人之爲得也此吾富察氏族譜所以脩也攷富察氏其先即遼蒲察氏自遼而金而元而明多歷年所譜牒闕如

國初時族人始有修之者乾隆初年又修

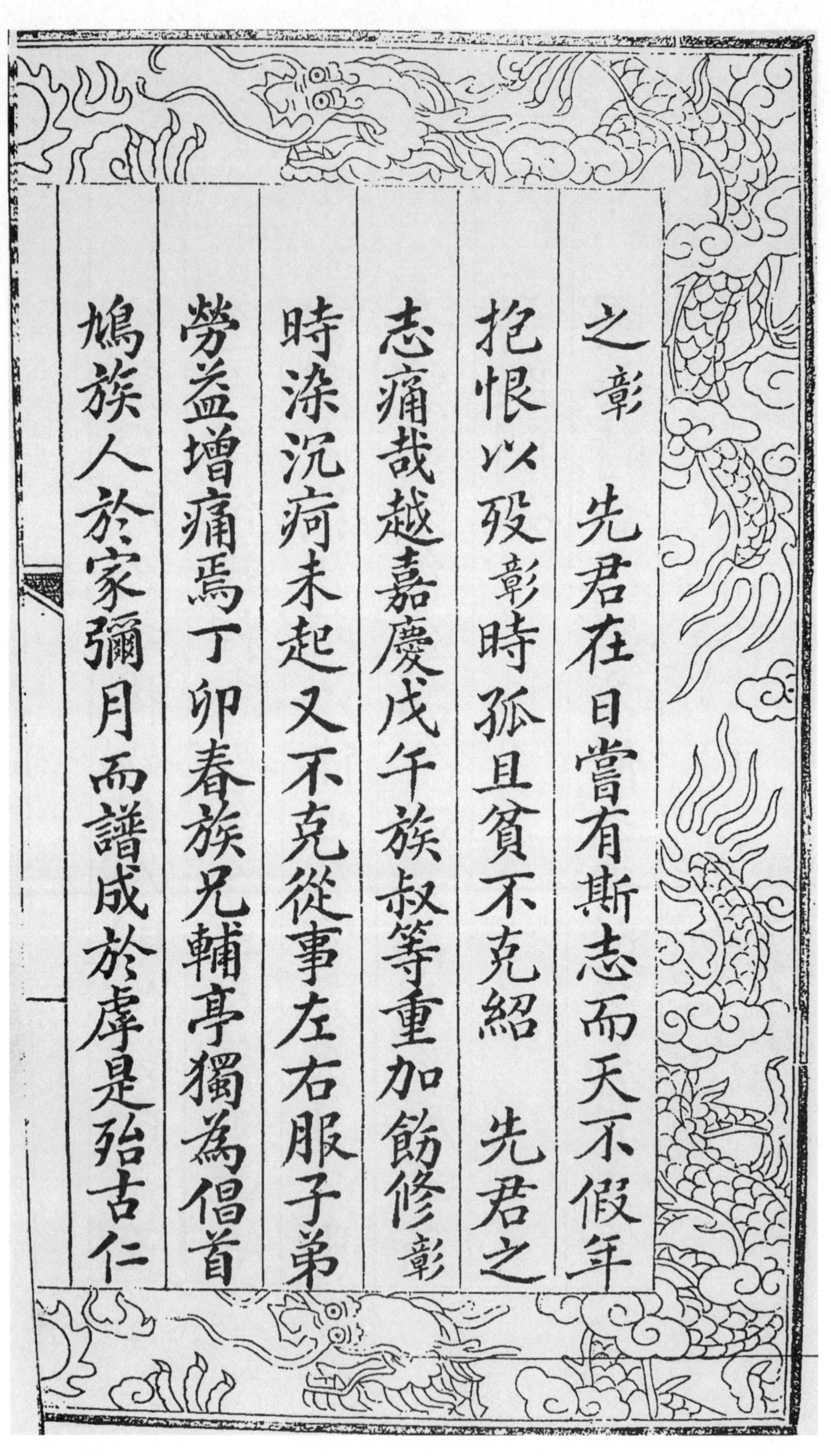

之彰　先君在日嘗有斯志而天不假年抱恨以歿彰時孤且貧不克紹　先君之志痛哉越嘉慶戊午族叔等重加飭修彰時淥沉痾未起又不克從事左右服子弟勞益增痛焉丁卯春族兄輔亭獨爲倡首鳩族人於家彌月而譜成於虖是殆古仁

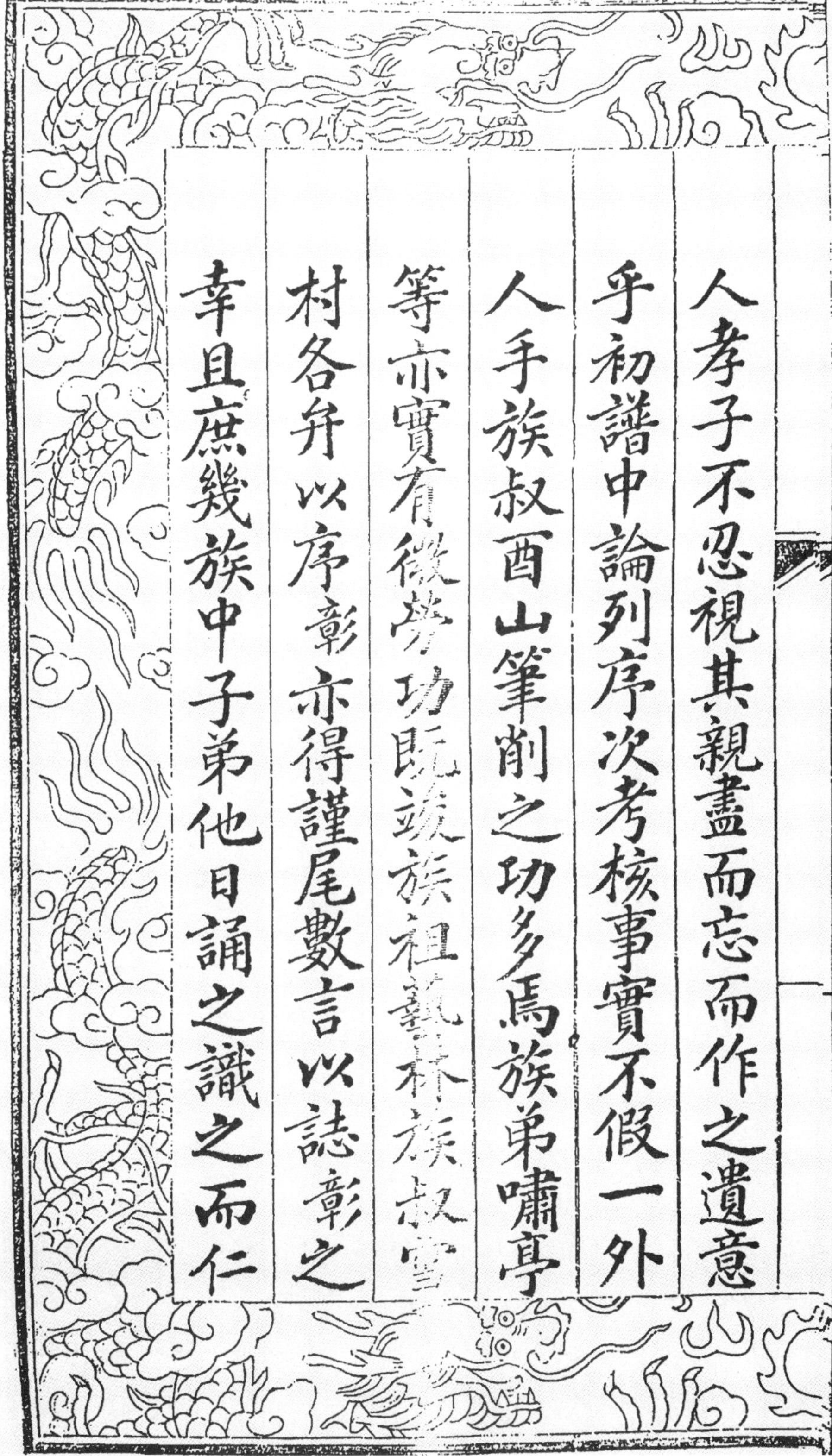

人孝子不忍視其親盡而忘而作之遺意乎初譜中論列序次考核事實不假一外人手族叔酉山筆削之功多焉族弟嘯亭等亦實有微勞功既竣族祖藝林族叔雪村各弁以序彰亦得謹尾數言以誌彰之幸且庶幾族中子弟他日誦之識之而仁

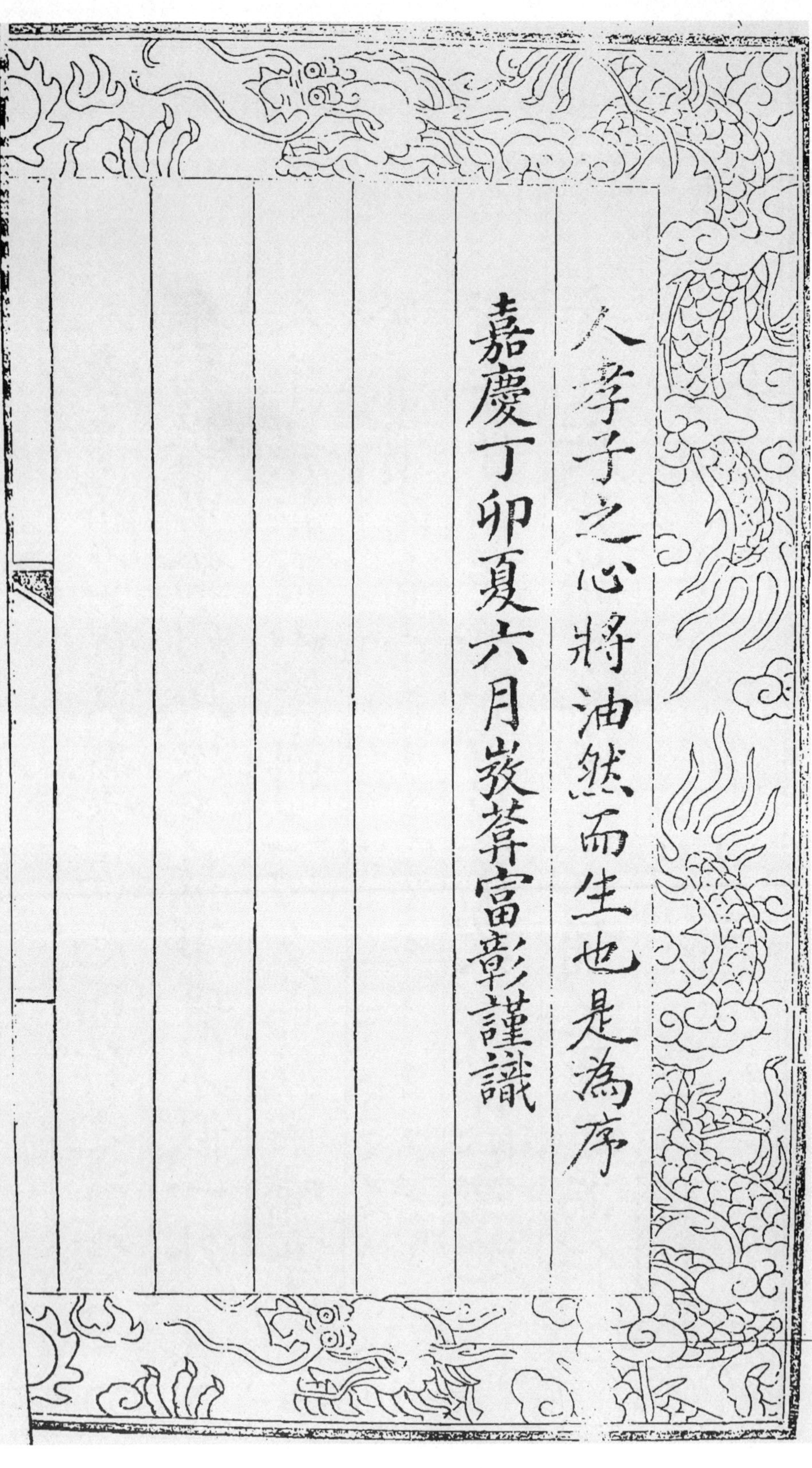

人孝子之心將油然而生也是爲序

嘉慶丁卯夏六月崁莾富彰謹識

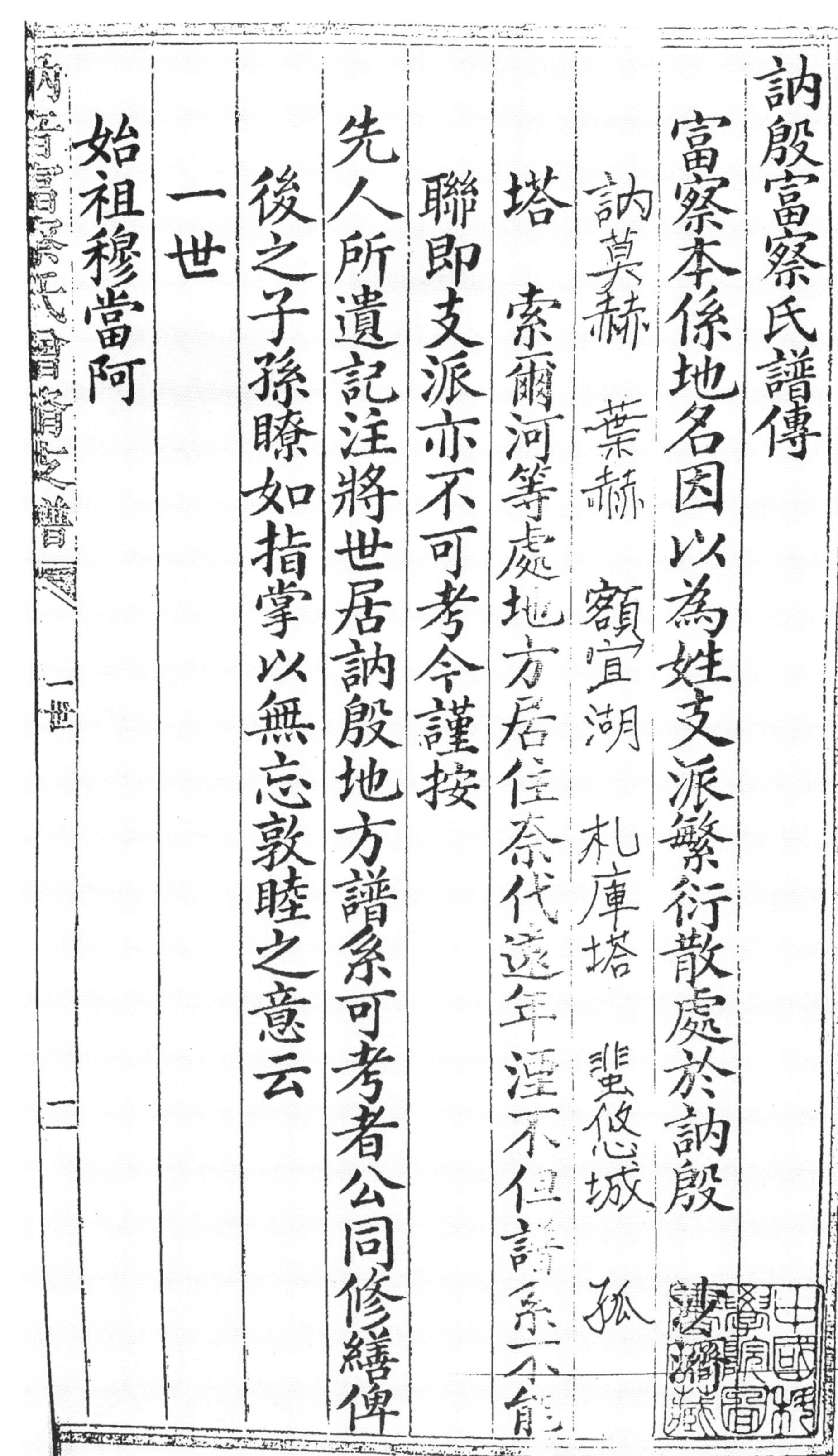

訥殷富察氏譜傳

富察本係地名因以為姓支派繁衍散處於訥殷訥莫赫　葉赫　額宜湖　札庫塔　蜚悠城　孤塔　索爾河等處地方居住奈代遠年湮不但譜系不能聯即支派亦不可考今謹按先人所遺記注將世居訥殷地方譜系可考者公同修繕俾後之子孫瞭如指掌以無忘敦睦之意云

一世

始祖穆當阿

居訥殷伊哈蘇村父母早亡蒙姑父輝發貝勒教養成人
創立家業墓在瀋之東南太子河田官屯有祭田三頃五
十畝劉姓壯丁滿達力等世守焉娶鈕鈷祿氏生七子不
可考者五所知者長紀爾泰 次伊把漢康熙五十二年
以曾孫哈山所得
封典追贈太子太保光祿大夫吾家始自
穆祖其上尚有
魯義喀喇 塔哈納 太上阿以及善圖 勉圖 太石喀
查齊布 塔思哈禮 穆齊莫爾根 蘇爾當阿哈壇

支派不敢妄擬敬存其名以俟考核焉

始祖弟孔錫庫

現隸廂白旗事蹟無可考子伊星阿 馬星阿

二世

紀爾察

秉性剛毅勇力絶倫娶薩克達氏生一子莫多立

伊把漢

勤耕種善漁獵卒於瀋遷葬霸州馬房村有祭田三十畝

本地民人孫連世守焉康熙五十二年以孫哈山所得

封典追贈太子太保光祿大夫娶和舍里氏生三子圖祿錫

圖勒錫　莫和立

伊星阿

現隸廂白旗事蹟無可考子孟古慎郭和　羅團

馬星阿

現隸廂白旗事蹟無可考子莽吉圖

三世

英爹三

娶完顏氏生一子富喀

圖祿錢

從訥殷地方率領子弟及同里壯丁於

國初時來歸授以職緣事革退隸廂紅旗滿洲後隨

世祖章皇帝過北京圈站房地創立家業墓在西便門外核桃園

有家人馬老等世守焉康熙五十二年以子哈山所得

封典追贈太子太保光祿大夫娶瓜爾佳氏生四子穆誠額

諸誠額　哈山　富誠額

圖勒錫

娶東鄂氏無嗣

莫和立

少古無嗣

孟古慎郭和

同族人將訥秦倭濟地方始闢為路征瓦爾喀從訥殷地方率領子弟及同里壯丁於

國初時來歸授以佐領使統焉隸廂白旗滿洲餘無可考

羅團
現隸厢白旗子嗣事蹟無可考
莽吉圖
現隸厢白旗子嗣事蹟無可考

四世

富喀

娶和舍里氏生二子穆訥 岳色

穆訥容

生於天聰八年由官學生於順治七年考補户部筆帖式游擢本部郎中在輔政處行走陞監察御史出坐糧廳差陞鴻臚寺卿旋陞內閣學士兼佐領因鰲拜朋黨案內革任奉

命前往太子河種地八年後查出從前三次具呈力辭輔政處

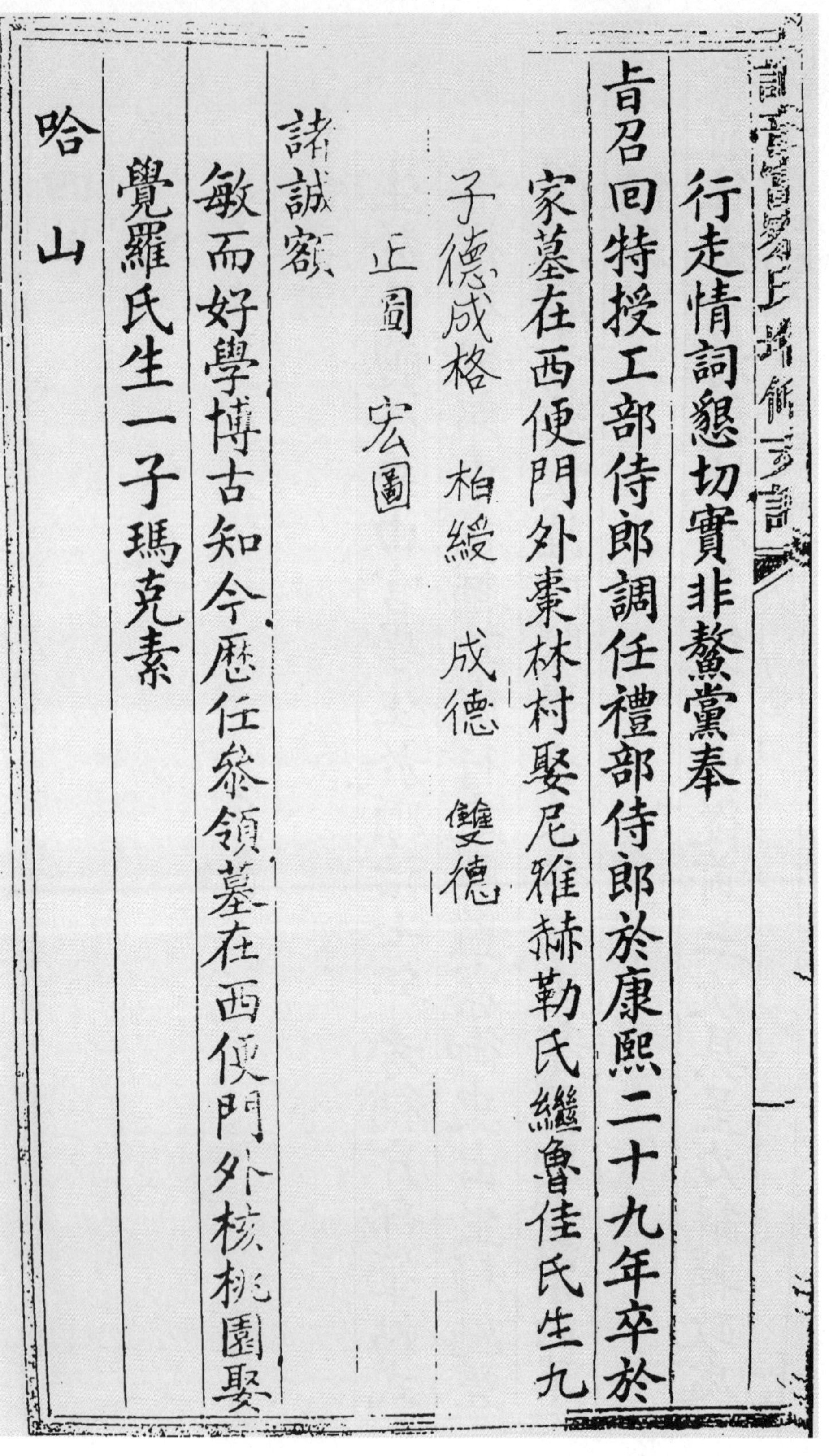

行走情詞懇切實非黨奉
旨召回特授工部侍郎調任禮部侍郎於康熙二十九年卒於
家墓在西便門外棗林村娶尼雅赫勒氏繼魯佳氏生九
子德成格　柏緩　成德　雙德
止圖　宏圖
諸誠額
敏而好學博古知今歷任叅領墓在西便門外核桃園娶
覺羅氏生一子瑪克素
哈　山

好學篤行著作甚富經書文史皆以清文譯之以教子弟
凡家中譜系祭祀仪注
得明晰焉生於崇德三年於順治十四年由官学生授
廳筆帖式康熙十五年陞禮部主事二十年監九江關稅
務奏請移關湖口得
旨允行二十一年遷兵部員外郎二十二年調吏部二十三年
御試八旗文學之臣以
御製竹賦為題繙譯以覘滿漢文義自通政使下至筆帖式五
百餘員

上親定一等擢右諭德二十四年轉左二十九年遷内閣侍讀學士三十五年遷内閣學士三十六年二月調左副都御史六月遷

盛京禮部侍郎四十二年十月疏言臣部所役綱户採牧校尉人等八百二十五人内無力婚娶者百六十餘此等人役因無室家往往不務生計逃避官差請發

盛京户部銀四萬兩倣照公庫例派員經理一分生息以六年為期本還户部可得息銀二萬八千餘兩陸續給與無妻壯丁完娶仍將餘銀生息久遠有益下部議從之本銀

四萬兩交庫外尚欠息銀六千兩奉
旨哈山係部院大臣所欠銀兩為數無多其六千兩銀著交尚
智節補納欽此四十九年遷吏部右侍郎五十年轉左
命往科爾沁審辦台吉特古斯違禁留阿雜爾喇嘛一案得特
古斯及侍郎拉都渾欺飾狀具奏稱
旨如所擬降革有差旋署禮部尚書事十一月擢刑部尚書授
經筵講官議政大臣兼公庫大臣管禮部事務五十一年五月
諭曰刑部事件甚關緊要自放哈山以來參革劣員剔除積弊
辦理之事明而不繁一應積案漸次完結可謂効力但意在

速完或致草率刑名甚關重大務須加意詳慎以副委任至
意七月疏言完結事件得
旨嘉獎五十二年三月
萬壽聖節與
賜年老大臣宴
賞賚冠服等物五十八年卒於家年八十有七
誥授光祿大夫
加贈太子太保
國史有傳墓在西便門外核桃園娶那拉氏繼伊拉里氏又繼

蔡氏生八子佛保住　金保住　富明在　富明德　富

明静　富明定　富明安　富明慮

富誠額

中書娶瓜爾佳氏無嗣

五世

穆書

少亡無嗣

岳色

生於康熙元年由前鋒從征雲南凱旋議敘補用印房筆帖式陞杭州理事同知俸滿陞刑部員外由員外陞本部郎中陞授翰林院侍講學士陞都察院副都御史奉旨命往高麗國封王雍正二年在途病故娶他他拉氏生三子

來瞻　來儀　來朝

德成格

娶尚善貝勒郡主多羅額駙繼吳札拉氏任

永陵總管以孫輔德傳顯富躬所得

封典追贈榮祿大夫立碑墓道生三子恭額 富爾遜 富爾

泰

柏綬

工部委署主事娶宗室生四子富翰 富海 富明 富

亮

成德

歷任太僕寺少卿妻氏無考生二子楊格 富寧額

雙德

歷任工部郎中設立滿漢家塾令族中子弟就学讀書並備飲饌藉以成名者甚眾娶佟雅氏生二子穆爾紀 穆

爾泰

靈德

監生娶那拉氏生一子富登額

翼德

無嗣妻氏不可考

明圖

監生妻氏無考生二子富哈禪　三達色

正圖

歴任户部員外郎無嗣妻氏不可考

宏圖

妻氏無考生一子清格

瑪克素

七品典儀娶覺羅氏生二子富爾生　富和慎

佛保住

三等護衛娶鈕鈷祿氏生一子富廷書

金保住

三等侍衛娶舒舒覺羅氏繼宗室又繼宗室又繼覺羅氏

生三子良格　保格　富俊

富明在

司庫娶完顏氏無嗣

富明德

歷任工部郎中娶完顏氏生一子惠格

富明靜

未仕娶秦氏生一子富環

富明定

親軍校娶劉氏生二子名格 喜格

富明安

天性孝友學邃品端自服官郎署以至簡任封疆罔不著

有偉績豐功喜讀書善吟咏任江藩時刊刻

司寇公所著四本簡要清漢文均行於世自著有挹翠軒詩

稿生於康熙三十五年於雍正五年由筆帖式遷户部主

事洊擢郎中乾隆十一年授廣東惠潮嘉道十七年調糧

驛道二十五年擢福建按察使二十六年調廣西八月遷
江西布政使二十八年族孫輔德巡撫江西例應迴避奉
旨派往巴里坤辦事三十二年二月因廣東巡撫明山劾廣東
糧道任内浮收倉米得
旨革職家產籍没入官解京確訊經軍機大臣等訊無浮收情
弊九月署山西布政使三十三年九月疏言趙城縣應添
驛站議行十二月擢山東巡撫三十四年
皇上巡幸天津恭迎
聖駕蒙

恩賞戴花翎並

御製冰嬉賦耕織圖福字等物九月疏言高密縣百脈湖夏秋

常致漫溢請於河內挑濬引河引入運河則湖旁約有可

耕地四百餘頃現委員就引河挑濬俱竣事

上嘉之先是太僕寺少卿范宜賓條奏裁減東省閘壩後水夫

工食十月疏言水驛夫役向係長養在驛若閘壩後裁減

工食勢必散佚臨時僱覓倍多糜費請無庸裁汰

上是之三十五年疏言濟南青州二府地方河道壅滯以致諸

水散漫八窪一帶良田數千頃常被水害臣現飭於小清

河挑淤培隄並將各縣河道大加挑濬務使支幹通流不
特八窪一帶數千頃可復膏腴即章邱鄒平長山等縣附
近湖泊地涸出必多於生民大有裨益各縣居民咸知利
病切己俱願出力興工無庸動帑
諭曰有利生民之事宜為者但不可滋弊耳三十六年春
皇上巡幸山東恭迎
聖駕蒙
恩賜黄馬褂扈從登岱
欽賜詩章一幅曰承宣久佐方伯治安撫遂教幕府開能繼前

規重本務勤求諸吏舉清栽繁滋户口誠庶矣宜異古今其
遠哉齊魯大邦小無數一人可具顯陽材令勒石竪於武昌
督署二月疏言東省上年伏秋多雨窪地被淹臣已設法
疏消惟濟甯州西北一帶河道或石壩墊隘或河身淺滯
臣現飭各屬相機修整疏濬
諭曰此實勤民之本也是年京察大典奉
旨交部議叙三十六年三月授閩浙總督五月調湖廣三十七
年三月奏獲京山縣謀逆首犯嚴金龍父子正法
上命議叙五月二十二日卒於任

諭曰湖廣總督富明安歷任封疆老成謹慎方資倚畀今偶患
痰喘遽爾溘逝深爲軫悼著加贈太子太保所有應得䘏典
該部察例具奏尋議䘏如例謚恭恪年七十有七娶吴札庫
氏繼西林覺羅氏生一子富巽
富明處
中書娶覺羅氏生二子德福　德明

六世

來瞻

歷任刑部郎中娶博爾濟吉特氏生一子盛格

來儀

少亡無嗣

來朝

歷任湖南布政使娶吴蘇氏無嗣

恭額

歷任户部郎中兼佐領以子輔德所得

封典追贈榮祿大夫娶東鄂氏生五子富祿 傅申 傅錡
輔德 傅良

富爾遜
歷任刑部郎中兼佐領以子傅顯所得
封典追贈榮祿大夫娶覺羅氏繼瓦爾喀氏又繼王佳氏生二
子傅顯 傅弼

富爾泰
監生以子富躬所得
封典追贈榮祿大夫娶覺羅氏生六子克爾圖 色和音 富

躬 富通阿 伍保 常格

富翰

七品典儀娶佟雅氏生二子富倫 富辰

富海

護軍校妻氏無考生二子九十四 拴住

富明

步軍校妻氏無考生二子拉克敦 明祿

富亮

驍騎校派往莊浪駐防妻氏無考生四子富長泰 富成

六體 二

泰　富全泰　富清泰

陽格

妻氏無考生一子富廷

富寧額

無嗣

穆爾紀

妻氏無考生三子富森太　富明太　富永太

穆爾泰

筆帖式娶宗室生二子富啟善　富色訥

富登額
任佐領娶胡爾哈氏生一子富陞額
富哈禪
員外郎娶張佳氏生二子富緣 富嚴
三達色
防守尉妻氏無考生二子富成 富乾
清格
未仕娶王氏生一子富德興
富爾敏

七品典儀娶鈕鈷祿氏生一子富占

富和慎

天津佐領娶那穆都氏生二子富文 富興

富廷舒

三等護衛娶那拉氏繼喬氏生二子富森布 瑚松阿

良格

崇儉樸敦古道精通繙譯克繼家聲生於康熙四十三年於雍正三年由官學生考用翰林院無品級筆帖式九年考進繙譯生員十三年中式乙卯科繙譯舉人洊擢禮部

郎中三十四年監四川打箭爐稅務四十一年奉
旨太僕寺少卿員缺著良格補授欽此四十六年卒於家年七
十有八娶完顏氏生三子富勒赫　富勒琿　富綸布

保格

由護軍仕至王府長史娶和舍里氏生二子富尼雅漢
富主禮

富俊

由護軍從征西路雲南甘肅等處得功牌陞驍騎校派往
西安駐防游擢佐領嘉慶三年因患腿疾具呈告休兵部

題奏奉
旨富俊曾經出兵打仗殺賊得功牌兹因病告休著賞給全俸
以養餘年欽此七年卒於家娶張佳氏
惠格
領催娶李氏無嗣
富環
領催娶吴氏生一子富永德
明格
少亡無嗣

喜格
少亡無嗣
富巽
秉性聰敏雅好詩書待人處世温厚和平盡其在我四字
終身行之生於雍正十一年三月初二日由户部筆帖式
捐陞主事奏留本部乾隆四十五年題陞本部員外郎是
年京察一等引
見奉
旨富巽著記名以府道用欽此四十六年授甘肅凉州府知府

五十二年蒙督撫保列堪勝道員來京引
見奉
旨甘肅甘凉道員缺著富昇補授欽此五十六年護理布政使
印務六十年因病回京卒於家年六十有三娶徐氏生二
子富啟圖　富啟書
德福
護軍陣亡娶李氏無嗣
德明
少亡無嗣

七世

盛格

少亡無後將鍾福過繼為嗣

富祿

派往拉林駐防妻氏無考生一子佛保

傅申

性孤介安淡泊居縣令數年清廉自守地方不擾民賴以

寧歿後囊無餘貲僅遺敝車老馬而已娶宗室生二子清

泰 永安

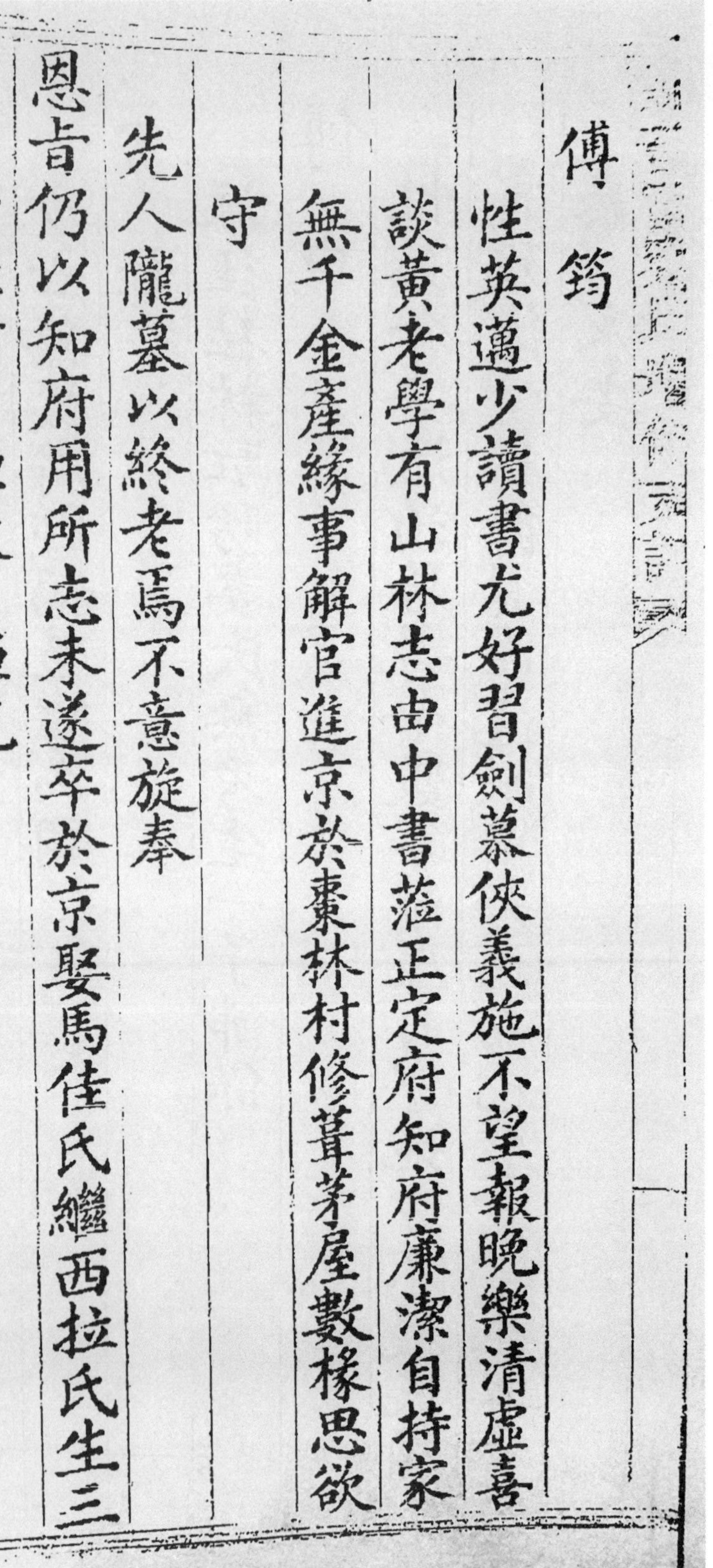
傅 鈞
性英邁少讀書尤好習劍慕俠義施不望報晚樂清虛喜
談黃老學有山林志由中書莅正定府知府廉潔自持家
無千金產緣事解官進京於棗林村修葺茅屋數椽思欲
守
先人隴墓以終老焉不意旋奉
恩旨仍以知府用所志未遂卒於京娶馬佳氏繼西拉氏生三
子恒清　恒敬　恒光
輔 德

少敏悟好學凡詩書漢文繙譯無不博覽刻苦自厲性嚴
峻動循禮法子弟輩懍不敢犯蒞外任十餘載時以王事
為心不敢自逸到處民愛而畏之生於康熙五十七年由
監生於乾隆六年考中中書十五年中式庚午科第九名
繙譯舉人十六年挑軍機處行走是年題陞侍讀十七年
充會典館提調保題户部郎中十九年大學士劉統勳
奏請帶往甘肅辦事保題甘肅道二十六年遷河南按察使
二十七年陞布政使二十八年陞湖北巡撫是年調江西
三十年卒於任年四十有九娶馬氏繼那拉氏又繼伊拉

里氏生二子富察言　福廣

傅良

派往石片駐防娶曾氏生三子榮德　榮安　榮敬

傅顯

性寬厚孝友無疾言厲色輕財好義不治家人生產憂人之憂樂人之樂能詩善屬文喜觴政自著有卧雲堂詩稿由生員中式乾隆辛酉科繙譯舉人考中中書在軍機處行走二十三年派隨忠勇公傅恒出征金川奏凱還師洊擢工部郎中三十二年將軍明瑞出師緬甸又從事幕府

越歲即軍前馳驛回京蒙
恩召見
天語垂詢軍事奏對稱
旨即擢陞左副都御史
命往野牛壩督造軍舟旋陞漕運總督因念受
恩愈重故視事愈勤欲尅期蕆事以待大軍之濟而蠻方瘴癘
暨入膏肓輾轉逾旬竟以此殁遺表報奏
上深為軫恤子富尼善年方弱冠
恩賞六品職讀書

咸安宫

命靈柩進城

賜祭奠如典禮謚襄勤娶佗他拉氏繼鄂卓氏生一子富尼善

傅　弼

少亡無嗣

克爾圖

由印務筆帖式洊擢永定河道妻氏無考生二子噶爾炳

阿　噶世倫

色和音

少年陣亡無嗣

富䂓

性簡易不尚虛文繁儀居室衣履惟務質樸自少至老始終如一友愛諸弟姪解衣推食常恐不及由官學生於雍正九年考中戶部筆帖式十二年考進繙譯生員十三年中式乙卯科第三名繙譯舉人乾隆十年中式乙丑科第十三名繙譯進士引

見奉

旨著歸班選用十一年陞吏部堂主事洊擢本部郎中歷任山

七

四

西太原府知府三十四年授山西歸綏道四十四年奉
上諭廣西按察使員缺著富躬補授任内因辦理覃必俊之案
得
旨奬勵旋陞布政使四十七年六月授安徽巡撫四十八年
皇上南巡恭迎
聖駕蒙
恩賜馬一匹
御製全韻詩金川圖萬壽山五百羅漢堂誌福字墨刻等物並
賜詩曰分巡歷十年擢撫自承宣無礙馮唐老應思黄霸賢鮮

民慎於後踈獄戒其前速返勤諸政休因扈蹕延四十九年
辛於任年七十有八娶劉氏繼瓜爾佳氏生二子萬德
萬善
富通阿
監生娶覺羅氏生一子三福
伍保
由筆帖式游擢刑部郎中娶那穆都魯氏繼宗室又繼張
氏生二子富彌善　富彌泰
常格

工部筆帖式娶瓜爾佳氏生四子鍾德 鍾祿 鍾舒

鍾音

富倫

未仕娶朱氏無嗣

富辰

未仕娶和舍里氏生一子長安

九十四

烏鎗護軍從征雲南娶吳里錫氏生一子端東額

拴住

烏鎗護軍娶完顏氏生三子兆清額　珠爾杭阿　莫爾

賫額

拉克敦

派往廣東駐防妻氏無考生一子宇格

明祿

少亡無嗣

富長太

駐防莊浪

富成太

莊浪防禦

富全太

莊浪驍騎校

富清太

兄弟四人俱派往莊浪駐防妻氏子嗣俱不可考

富　廷

娶伊爾根覺羅氏生一子富興額

富森太

司庫娶舒穆魯氏生二子德楞額　多隆武

富明泰
少亡無嗣
富永泰
少亡無嗣
富啟善
三等護衛娶瓜爾佳氏繼盛氏生一子寶亮
富色訥
護軍娶瓜爾佳氏繼和舍里氏
富陞額

未仕娶胡爾哈氏繼董氏生二子阿克占　富清阿

富緣

前鋒少亡無嗣

富嚴

烏鎗護軍娶伊爾根覺羅氏生　子穆特布

富成

由護軍從征雲南金川甘肅等處凱旋回京得功牌陞藍

翎長游擢護軍条領嘉慶十年卒於家年六十有三娶張

佳氏生一子巴哈布

富乾
護軍娶那拉氏生一子圖他布
富德興
少亡無嗣
富占
派往拉林駐防娶麻氏生一子二達色
富文
七品典儀娶舒舒覺羅氏
富興

七世　八

參領十五善射娶那拉氏生　子達桑阿　達興阿

富森布

領催娶喬氏生一子富祥

胡松阿

未仕娶朝氏生　子富瑞　富印

富勒赫

由文生員中式乾隆壬申科舉人截取引

見以知縣用二十四年選湖南麻陽縣知縣因迴避調河南太

康縣居官清慎民感其德建蓋生祠至今猶尸祀焉陞至

雲南南安州知州娶哲爾吉氏繼伊拉里氏生一子富甯

富勒琿

清語熟習弓馬諳練由護軍從征達瓦齊凱旋回京保為

一等得功牌仕至三等侍衛娶哲爾吉氏繼他他拉氏又

繼瓜爾佳氏生一子富永

富綸布

中書科筆帖式娶舒舒覺羅氏生一子富棟

富尼雅漢

由鳥鎗護軍從征緬匪凱旋回京得功牌仕至護軍校娶

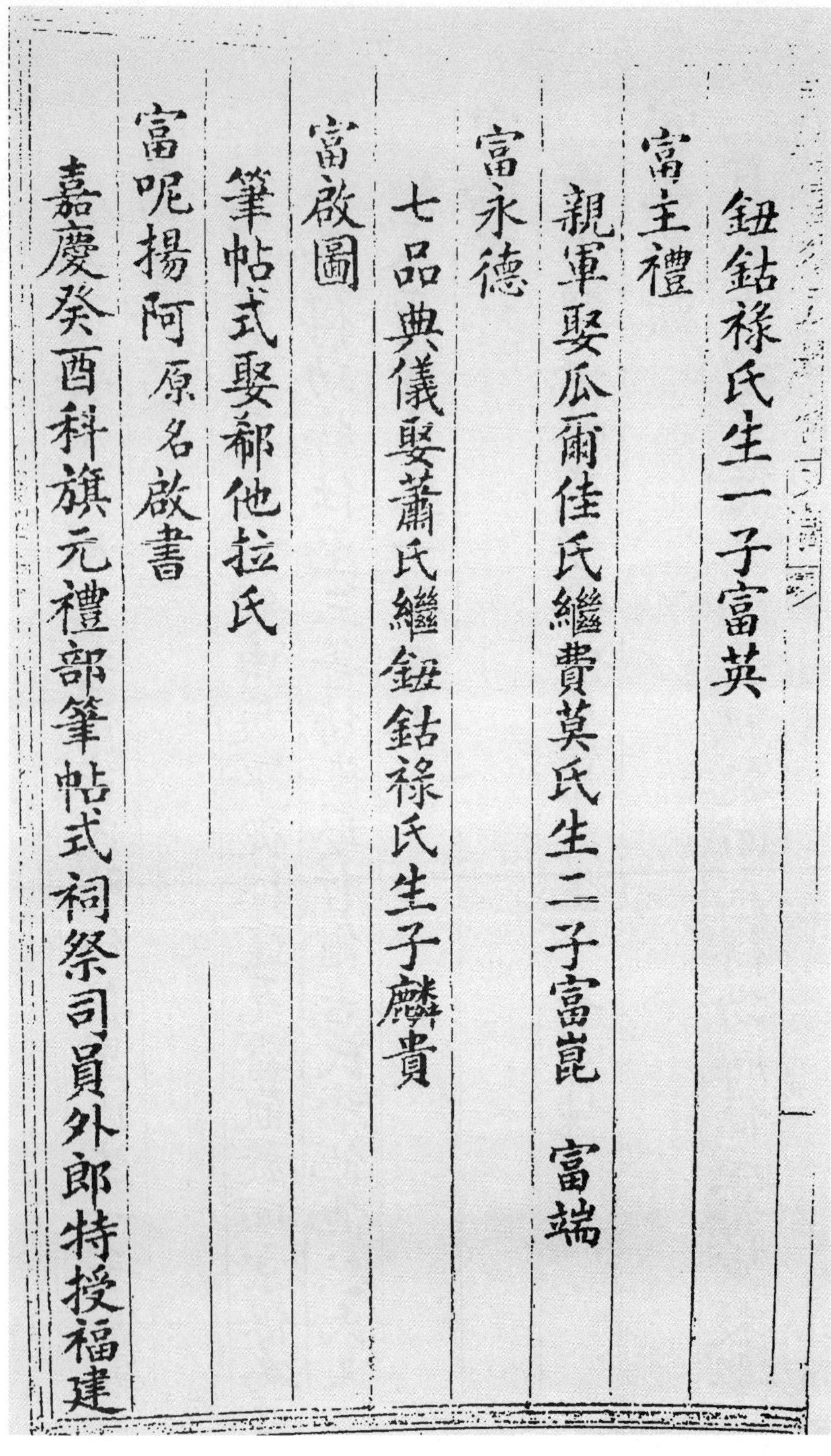

鈕鈷祿氏生一子富英

富主禮

親軍娶瓜爾佳氏繼費莫氏生二子富崑　富端

富永德

七品典儀娶蕭氏繼鈕鈷祿氏生子麟貴

富啟圖

筆帖式娶郗他拉氏

富呢揚阿原名啟書

嘉慶癸酉科旗元禮部筆帖式祠祭司員外郎特授福建

汀漳龍兵備道遷浙江鹽運使司歷任浙江湖北按察使

司貴州湖南浙江福建江西布政使司入為

盛京刑部侍郎授浙江巡撫旋調

盛京工部侍郎以副都統銜為科布多參贊大臣調木魯都

統授陝西巡撫遷陝甘總督道光辛卯壬辰甲午科浙江

鄉試監臨丁酉己亥庚子科陝西鄉試監臨癸卯甲辰科

武闈提調

誥授光祿大夫

加贈太子太保

御賜祭葬娶宗室宗人府筆帖式賡音公女
誥封一品夫人生一子富彬

八世

鍾福
娶吳氏繼趙氏生 子富奎 富連 富麟

佛保
派往拉林駐防妻氏子嗣俱不可考

清泰
秉性廉潔古道照人不以貧富易其操不以時俗移其志
由生員考中兵部繕本筆帖式洊擢本部司務娶唐氏生
二子珠隆阿 音德布

八世 二

永安
由筆帖式陞任知縣娶覺羅氏生一子富賚

恒清
性鯁直尚氣節老慕清幽喜居蘭若壽逾古稀兒孫繞膝
由筆帖式洊擢郎中娶伊拉里氏生三子廣文　廣敏
伍訥璽

恒敬
由筆帖式洊擢刑部郎中兼佐領娶他他拉氏繼宗室生
一子富勒敦

恒光
克孝克悌有守有為慕功名喜文藝作事自强不息惜乎
不壽若假之以年其成就必有可觀者焉由方略館議叙
補户部筆帖式娶鄂卓氏無嗣

富察言
户科筆帖式娶那拉氏無嗣

福廣
由筆帖式游擢
盛京工部郎中娶覺羅氏

榮德
人縝密性聰察志切功名恥居人下由披甲援陞翼長因
圍場砍伐樹木失察降調未及用而歿娶劉氏繼郎氏又
繼張氏生五子熙魁　明魁　伯魁　善魁　善貴
榮安
驍騎校娶楊氏生　子英魁　德魁
榮敬
娶安氏繼布氏又繼倉氏生　子慶魁
富尼善

由
恩賡六品職引
見以戶部主事用在軍機處行走洊擢直隸按察使乾隆五十
四年陞安徽布政使五十五年因按察使任内盗犯馬十
等一案審辦遲延部議革職蒙
恩賞給頭等侍衛前往喀什噶爾辦事六十年補放廂紅旗蒙
古副都統嘉慶二年調正白旗滿洲三年調寧古塔五年
因親老回京授廂紅旗漢軍副都統派往貴州查辦事件
即補授貴州巡撫七年卒於任娶輝發那拉氏繼索佳氏

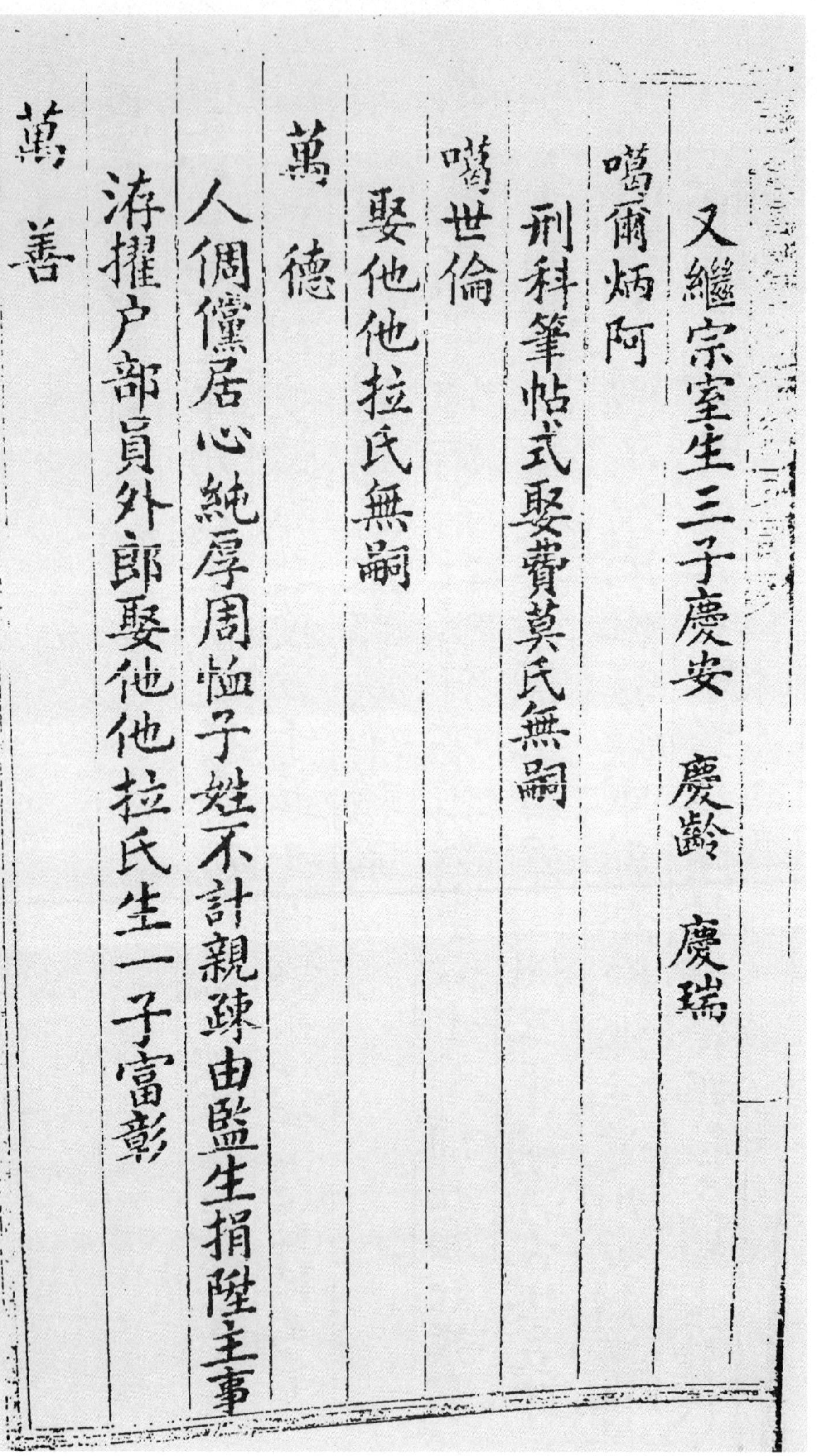
又繼宗室生三子慶安　慶齡　慶瑞
　噶爾炳阿
　　刑科筆帖式娶費莫氏無嗣
　噶世倫
　　娶他他拉氏無嗣
萬德
　人倜儻居心純厚周恤子姪不計親疎由監生捐陞主事
　洊擢户部員外郎娶他他拉氏生一子富彰
萬善

内廷供奉娶孟氏

三福

都察院筆帖式娶周氏生二子七十六　立住

富彌善

烏鎗護軍娶宗室生　子富貴　富康

富彌泰

娶宗室繼楊氏生　子遐昌　桂昌

鍾德

由禮部筆帖式陞

盛京刑部主事娶西林覺羅氏生二子富簡 富謙

鍾祿

烏鎗護軍娶覺羅氏無嗣

鍾舒

鍾音

烏鎗護軍娶瓜爾佳氏生四子孝順布 六十四 六十

七 富金布

長安

監生領催娶宗室生　子蘇崇阿

湍東額

烏鎗護軍娶完顏氏繼娶吳蘇氏生　子花沙布　賡音布

胡克坦布　懷塔布　哈芬布

垗清額

烏鎗護軍娶伊爾根覺羅氏

珠爾杭阿

未仕娶完顏氏生一子胡敦布

莫爾賡額

八旗

五

烏鎗護軍娶韓氏生　子齊潵布　克什布　西拉布

宇格

少亡無嗣

富興額

未仕娶費莫氏生一子依屯

德楞額

前鋒少亡無嗣

多隆武

前鋒娶完顔氏一子訥蘇肯係撫富清阿之次子承繼

寶亮

少亡無嗣

阿克占

烏鎗護軍從征雲南山東得功牌娶完顏氏生一子塔思

哈

富清阿

娶夏氏生四子訥親布　訥蘇肯過繼與多隆武為嗣　訥音布

烏林布

穆特布

八世

六

巴哈布

由護軍從征湖北教匪在四川開州坪地方生擒逆匪薛力之領隊大臣給與一兩重銀牌一面今為隊長娶吳札庫氏生一子慶昌

圖他布

護軍娶和舍里氏

二達色

派往拉林駐防妻氏子嗣俱不可考

達桑阿
護軍娶那穆都魯氏生 子關地保
達興阿
娶吳札庫氏生 子官音保
富祥
親軍少亡無嗣
富瑞
富印

富寧
監生娶完顏氏生二子富澤克 富連泰
富永
性慷慨樂施予
父歿時以諸妹年皆待嫁幼弟尚未成名將
父所遺房地衣物皆讓與幼弟以為婚嫁之資讓產分金亦
美事也由户部筆帖式卓異題陞主事四年選授
盛京户部員外郎未經到任卒於家娶覺羅氏繼伊爾根覺

羅氏生二子湯武塔　塔克愼

富棟

由文生員考中中書嘉慶五年挑授鴻臚寺鳴贊娶宗室

繼瓜爾佳氏又繼東鄂氏生二子倭興額　過繼與富沃彬爲嗣

亨額

富英

烏鎗護軍娶和舍里氏無嗣

富崑

少亡

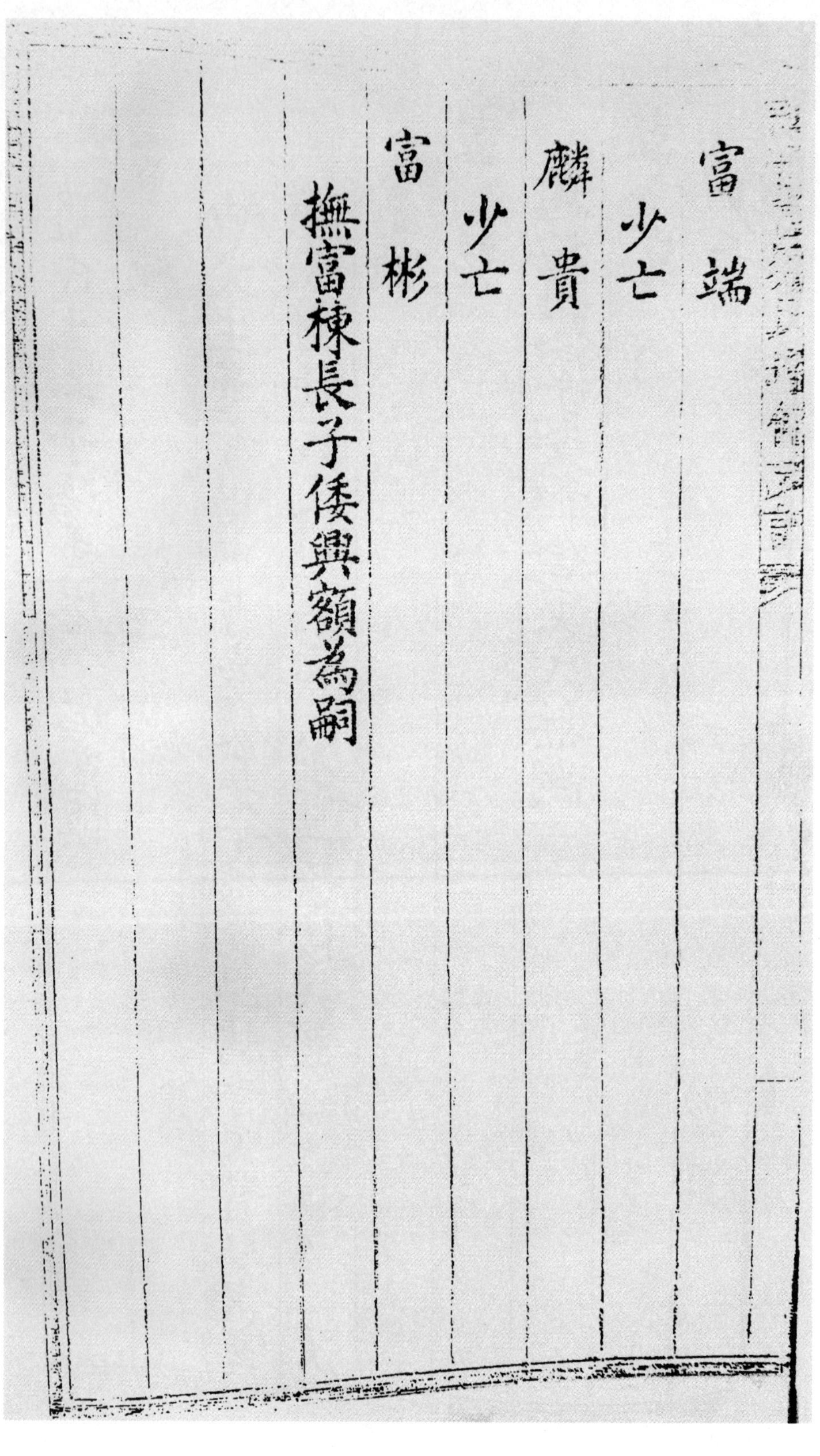

富端
少亡
麟貴
少亡
富彬
撫富棟長子倭興額為嗣

九世

富奎

富連

富麟

珠隆阿

由方略館議叙補授禮部筆帖式今題陞户部員外郎堅

九世

李氏繼和舍里氏又繼瓜爾佳氏生　子咸甯　甯珠

果仁阿　五福

音德布

親軍娶張氏生　子果爾敏　七十二　札坤珠

富賚

娶馬佳氏繼胡勒哈氏

廣文

三等護衛娶周氏生一子德寬

廣敏

光禄寺筆帖式娶宗室生二子祥麟　祥安

伍訥璽
庫使娶于氏生一子德裕

富勒敦
由監生考中繕本筆帖式娶佟雅氏

熙魁
娶王氏生　子富善保　福天保　福壽保

明魁
娶王氏生一子富隆額

三

伯魁
娶王氏生　子富克进布　富申布
善魁
娶刘氏生　子富宽　富和　富昌
善贵
英魁
娶萧氏生　子富庆　富通
德魁

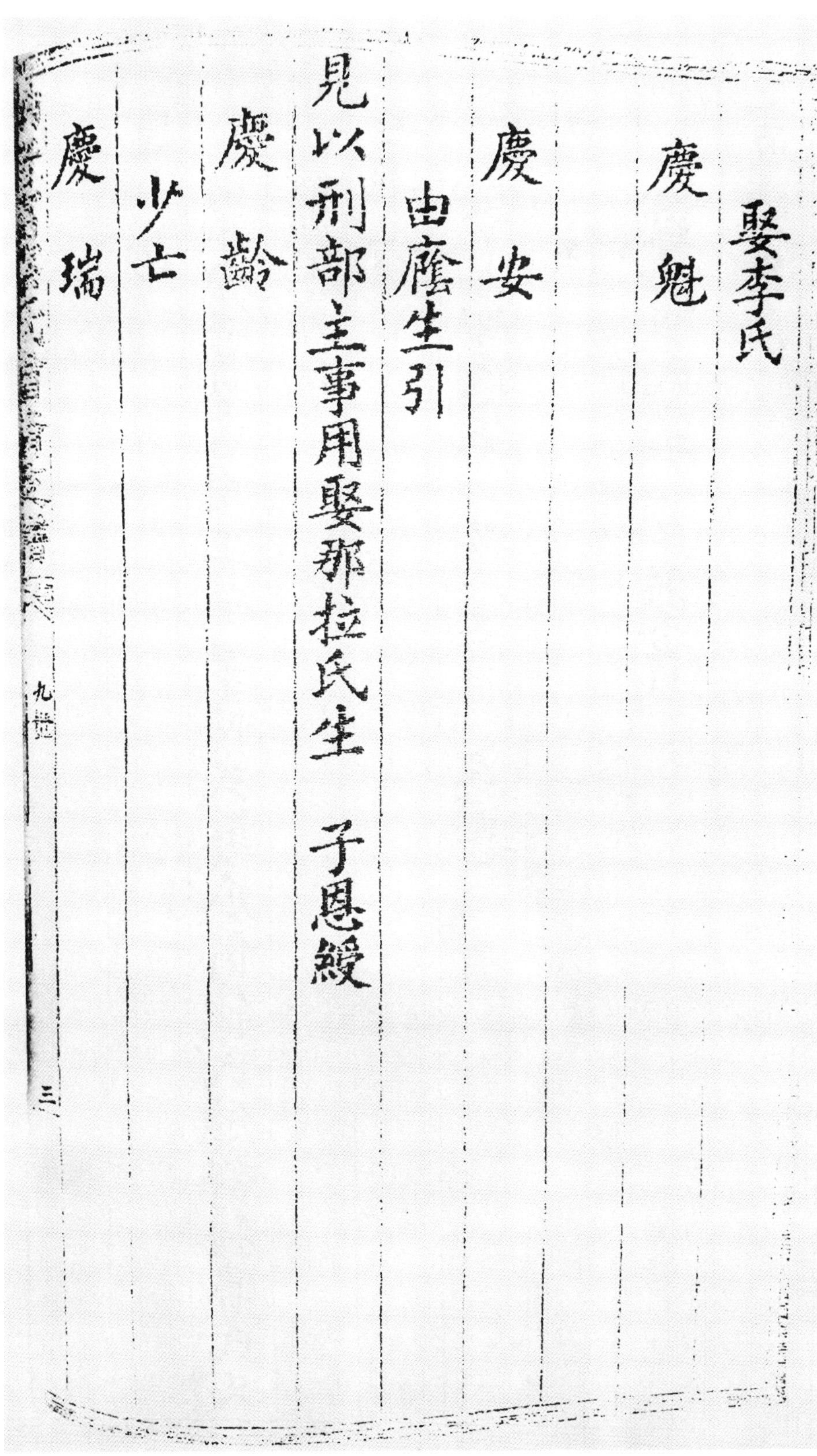

娶李氏

慶魁

慶安

由廕生引

見以刑部主事用娶那拉氏生　子恩綬

慶齡

少亡

慶瑞

九世　三

富彰
由文生員考用工部筆帖式娶瓜爾佳氏繼舒穆魯氏又
繼覺羅氏
七十六
娶覺羅氏生　子雙甯　恩喜
立住
娶覺羅氏生　子雙貴
富貴

富康

遐昌

桂昌

富簡

富謙

少亡

孝順布

六十四

六十七

富金布

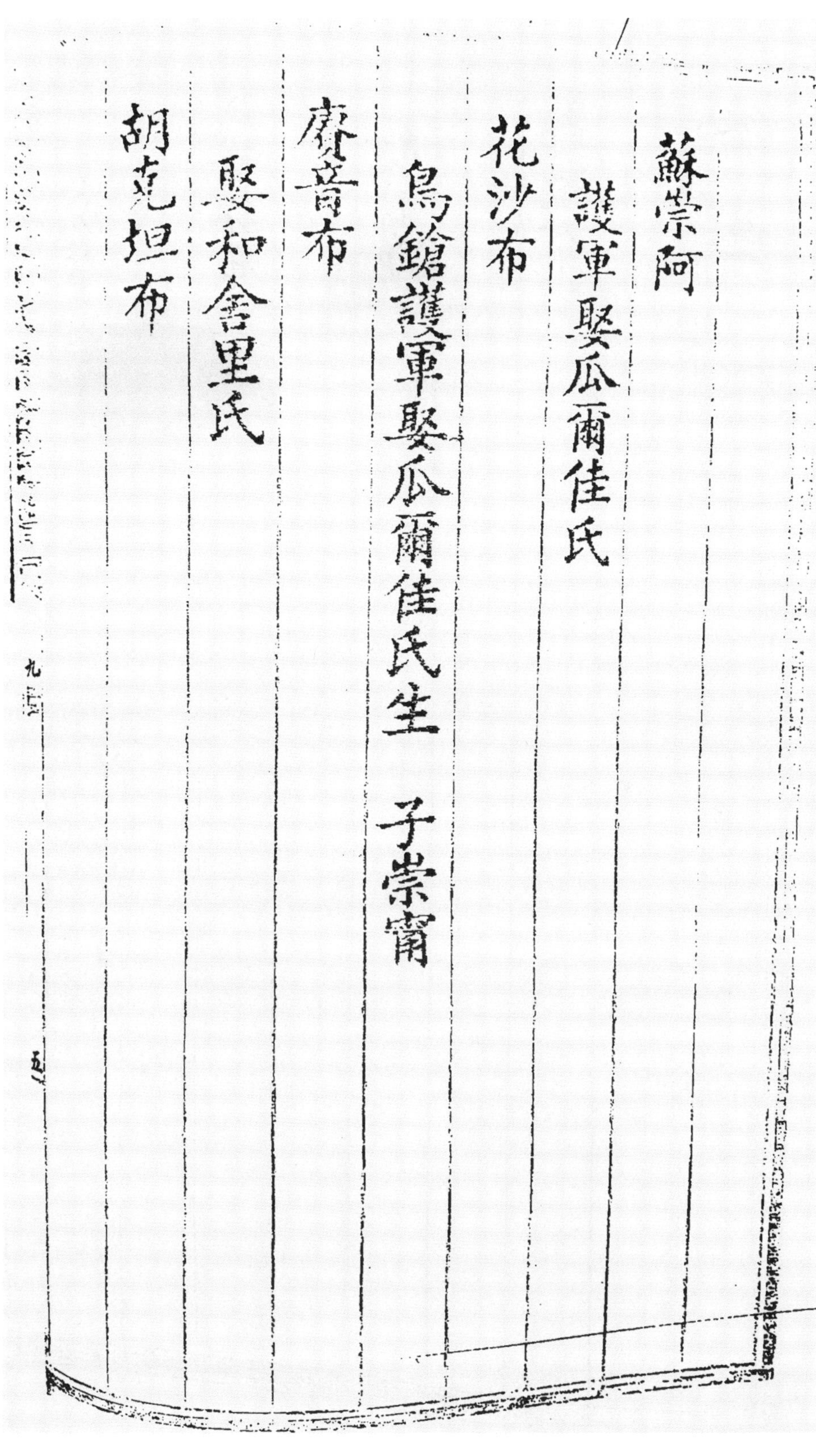

蘇崇阿
護軍娶瓜爾佳氏
花沙布
烏鎗護軍娶瓜爾佳氏生　子崇甯
賡音布
娶和舍里氏
胡克坦布

懷塔布

哈芬布

胡敦布

齊瀫布

依屯

娶金氏生 子德昌

訥蘇肯

塔思哈

護軍娶王氏生 子德甯 瑞甯 祥甯

訥親布

訥蘇肯

過繼與多隆武為嗣

訥音布

烏林布

慶昌

闗地保

官音保

富澤克
繙譯生員娶宗室
富連泰
少亡
湯武塔
娶輝谿氏生一子德春
塔克慎
驍騎校娶曾佳氏生二子德元
德秀

九
七

沃亨額

倭興額 原名富陞額

繙譯生員嘉慶十四年考取中書歷任内閣侍讀户部顔料庫員外郎調兵部車駕職方司員外郎

誥授奉政大夫

晉封光禄大夫娶薩爾圖氏

誥封一品夫人生一子德愷繼娶赫舍里氏

誥封一品夫人生二子德恒　德馨

十世

咸甯

護軍娶瓜爾佳氏

甯珠

繕本筆帖式娶博爾濟吉特氏生　子吉拉康阿

果仁阿

監生娶宗室

五福

果勒敏

七十二

札坤珠
少亡

德寬

祥麟

祥安

德裕

福善保
娶布氏

福天保

福壽保

富隆額

富克進布

富申布

富寬

富和

富昌

富慶

富通

十四

三

恩綬

雙甯

恩喜

雙貴

崇甯

德昌
德甯
瑞甯
祥甯
十四

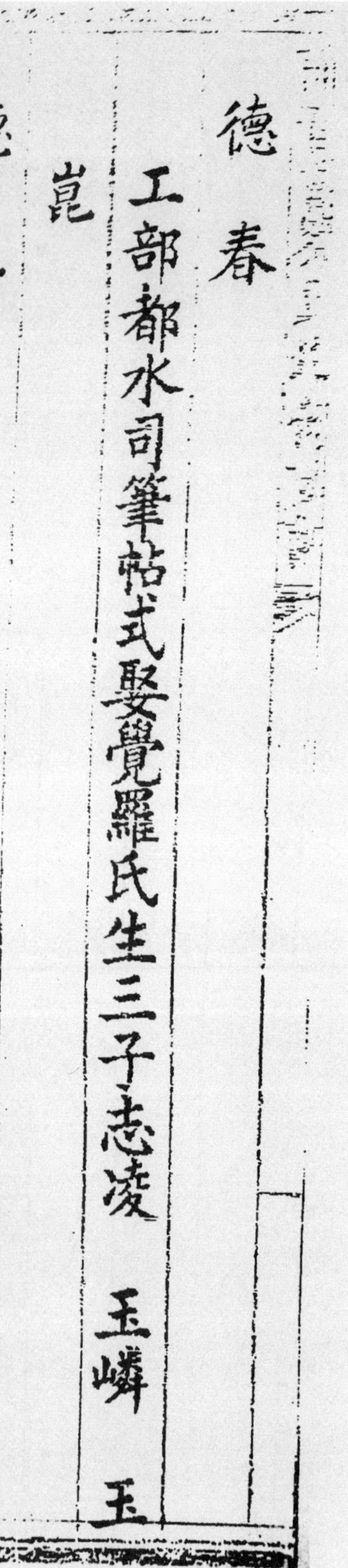

德春
工部都水司筆帖式娶覺羅氏生三子志凌 玉嶙 玉
崑
德元
護軍校娶關佳氏生 子文芳
德秀
六品頂戴刑部筆帖式娶宗室氏
德愷
由附生

國史館收掌内閣滿票籤中書中式咸豐壬子科舉人運同銜

賞戴花翎升用同知現任安徽太湖縣知縣道光癸未年十二

月二十六日吉時生娶伊拉里氏生一子文鳳

德恒

都察院筆帖式娶宗室氏

德馨

由文生員選補刑部筆帖式派充監修工程同治二年題

升本部主事調補堂主事題升員外郎派充秋審處坐辦

四年題升郎中派充律例館提調調派神機營發審處是

十

五

年
定陵大工告竣奉
旨以知府不論雙單月各項正班先在任候選欽此六年
京察一等奉
旨准其一等加一級欽此七年奉
旨補授江西臨江府知府因直東肅清保奏
賞加道銜十年調署吉安府經大學士一等毅勇侯兩江總督
曾國藩江西巡撫劉坤一以才識明敏政事勤能民懷吏
肅會同保薦卓異十一年仍回臨江府任捐輸陝甘雲貴

十二世

常銅

護軍校

常陞

監生

賞戴花翎同知銜

常山

監生

常鋭

監生

常佑
監生
常錕
監生同知銜
賞戴花翎四品頂戴候選員外郎娶碧魯氏生　子全霖
常〻潤
少亡
常瑞

常鈞

常慶

十三世

全

[illegible]

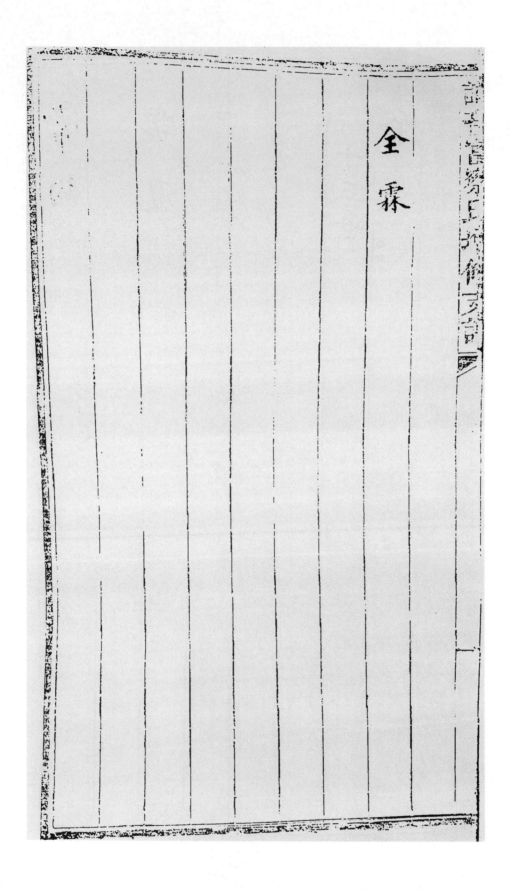

全霖

《富察氏增修支谱溯源纪》内容简介

《富察氏增修支谱溯源纪》现收藏在黑龙江省宁安市富姓族人家中。

该谱书由富察氏十世孙德馨于光绪十六年(1890)修纂。其修续缘由,据《序》记载:『我族嘉庆丁卯之修,因居址星散,旧谱遗佚,为日亦过促,故多略而未详,今更无从查考矣。兹谨仍其旧,而权将本支续录于后,曰《支谱》,不敢云收族也。』这就是《溯源纪》的来历。

《富察氏增修支谱溯源纪》是《讷音富察氏增修支谱》的续修本。

富察氏,镶红旗佛满洲人,冠以汉字『富』『付』字为姓,原居长白山讷音地方,以地为姓。讷音,今吉林省抚松县松花江上游流域,包括桦甸、靖宇等县。

谱书保存完好,品相极佳,无有残破,字迹清晰,石印本。

本富察氏谱主与《讷音富察氏增修支谱》谱主同祖同宗,两部谱书主要世系基本相同,但其他内容各不相同,各有所长,互为增补。

该谱书主要内容有《叙》、《溯源纪》(增修本支世系)、《东亭碑文》、《西亭碑文》、《海帆公墓志铭》、《重修核桃园先茔记》、增修支谱《跋》等。

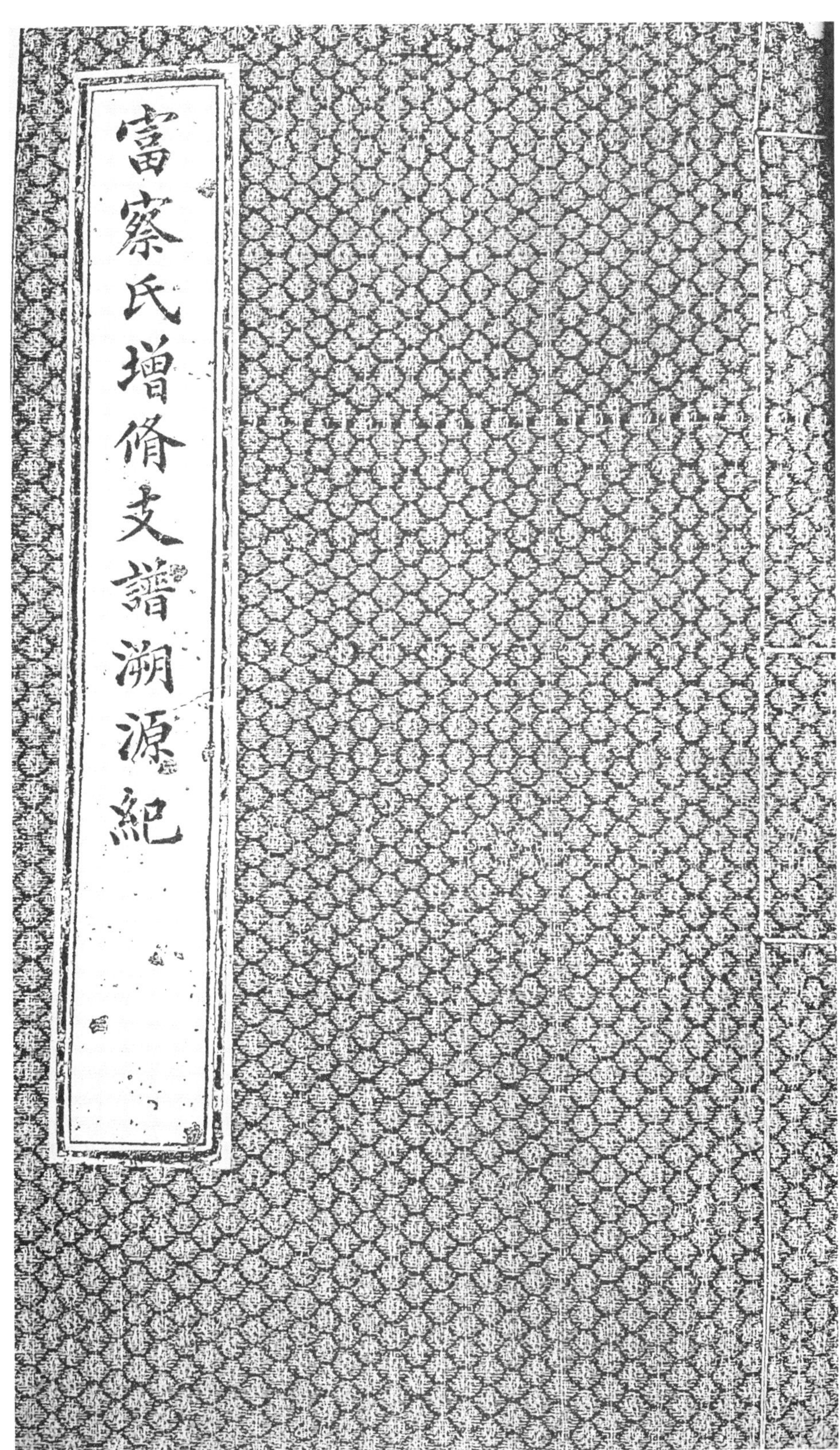
富察氏增修支譜溯源紀

富察氏增脩支譜

十世孫德馨謹輯

目録

敘

聿考古人譜法有詳有略後世參酌而損益之其法始備字號必書避稱諱也排次及生年月日時必書明長幼也没年月日必書重忌日祭禮也葬地必書恐久而湮滅無以展墓也妻室平列明敵體也妾氏亦書使子孫知所自出也女亦附載詳所生也我族嘉慶丁卯之修因居址星散舊譜遺佚為日亦過促故多略而未詳今更無從查考矣兹謹仍

其舊而權將本支續錄於後曰支譜不敢云收族也宋歐陽氏蘇氏有垂絲立表諸法余擬仿而行之而生齒既繁法亦苦於煩重查有溯源紀一書載一代而三代具備可由前而遞推至後即可由後而前溯其源昭穆固秩然而不紊丁口亦免於遺漏既簡便亦極詳明與垂絲立表諸法共相表裏爰仿其法而另編一卷以為他日合修之式而記其原始於此

十世孫德馨謹識

訥音富察氏增修支譜

溯源紀

一世

始祖 穆當阿 子七存二 紀爾察 伊把漢

始祖弟 孔錫庫 子二 伊星阿 馬星阿

二世

穆當阿長子 紀爾察 子一 莫多立

次子 伊把漢 子三 圖祿錫 圖勒錫 莫和立

孔錫庫長子 伊星阿 子二 孟古慎郭和 羅團

次子 馬星阿 子一 莽吉圖

三世

紀爾察之子 莫多立 子一 富喀

伊把漢長子 圖祿錫 子四 穆誠額 諸誠額 哈山 富誠額

次子 圖勒錫 無嗣

三子 莫和立 無嗣

伊星阿長子 孟古慎郭和 無考

次子 羅團 無考

馬星阿之子 莽吉圖 無考

四世

莫多立之子 富喀 子二 穆書 岳色

圖祿錫長子 穆誠額 子九 德成格 柏綬 成德 雙德 靈德 翼德 明圖 正圖 宏圖

次子 諸誠額 子一 瑪克素

三子 哈山 子八 佛保住 金保住 富明在 富明德 富明靜 富明定 富明安 富明慮

四子 富誠額 無嗣

五世

富喀
長子　穆書少亡無嗣
次子　岳色子三　來瞻　來儀　來朝

穆誠額
長子　德成格子三　恭額　富爾遜　富爾泰
次子　柏壽子四　富翰　富海　富明　富亮
三子　成德子二　楊格　富寗額
四子　雙德子二　穆爾紀　穆爾泰
五子　靈德子一　富登額
六子　翼德無嗣
七子　明圖子二　富哈禪　三達色

八子 正圖 無嗣

九子 宏圖 子一 清格

諸誠額之子 瑪克素 子二 富爾敏 富和慎

哈山長子 佛保住 子一 富廷書

次子 金保住 子三 良格 保格 富俊

三子 富明在 無嗣

四子 富明德 子一 惠格

五子 富明靜 子一 富環

六子 富明定 子二 名格 喜格

七子富明安子一　富巽

八子富明慮子二　德福　德明

六世

岳色長子來贍子一　盛格

次子來儀無嗣

三子來朝無嗣

德成格長子恭額子五　富祿　傅申　傅�　輔德　傅良

次子富爾遜子二　傅顯　傅弼

三子富爾泰子六　克爾圖　色和音　富躬　富通阿

伍保　常格

柏壽
長子　富翰　子二　富倫　富辰
次子　富海　子二　九十四　拴住
三子　富明　子二　拉克敦　明祿
四子　富亮　子四　富長泰　富成泰　富全泰　富清泰

成德
長子　楊格　子一　富廷
次子　富甯額　無嗣

雙德
長子　穆爾紀　子三　富森太　富明太　富永太
次子　穆爾泰　子二　富啟善　富色訥

靈德之子 富登額 子一 富陞額

明圖長子 富哈禪 子二 富緣 富嚴

次子 三達色 子二 富成 富乾

宏圖之子 清格 子一 富德興

瑪克素長子 富爾敏 子一 富占

次子 富和慎 子二 富文 富興

佛保住之子 富廷書 又名舒 子二 富森布 瑚松阿 世系名胡松阿

佘保住長子 良格 子三 富勒赫 富勒琿 富綸布

次子 保格 子二 富尼雅漢 富主禮

三子 富俊

富明德之子 惠格 無嗣

富明靜之子 富環 子一 富永德

富明定長子 名格 一作明格無嗣

次子 喜格 少亡無嗣

富明安之子 富巽 子二 富啟圖 富啟書 官名富呢揚阿

富明慮長子 德福 無嗣

次子 德明 無嗣

七世

來之子 贍 盛格 無子 鍾福 過繼為嗣

恭額 長子 富祿 子一 佛保

次子 傅申 子二 清泰 永安

三子 傅筠 子三 恒清 恒敬 恒光

四子 輔德 子二 富察言 福廣

五子 傅良 子三 榮德 榮安 榮敬

富爾遜 長子 傅顯 子一 富尼善

次子 傅弼

富爾泰 長子 克爾圖 子二 噶爾炳阿 噶世倫

次子 色和音 無嗣

三子 富躬 子二　萬德　萬善

四子 富通阿 子一　三福

五子 伍保 子二　富彌善　富彌泰

六子 常格 子四　鍾德　鍾祿　鍾舒　鍾音

富翰

長子 富倫 無嗣

次子 富辰 子一　長安

富海

長子 九十四 子一　湍東額

次子 拴住 子三　兜清額　珠爾杭阿　莫爾賡額

富明長子 拉克敦 子一 宇格

次子 明祿 無嗣

富亮長子 富長泰

次子 富成泰

三子 富全泰

四子 富清泰

楊格之子 富廷 子一 富興額

穆爾紀長子 富森太 子二 德楞額 多隆武

次子 富明太 無嗣

三子 富永太 無嗣

穆爾泰長子 富啟善 子一 寶亮

次子 富色訥

富登額之子 富陞額 子二 阿克占 富清阿

富哈禪長子 富緣 無嗣

次子 富嚴 子一 穆特布

三達色長子 富成 子一 巴哈布

次子 富乾 子一 圖他布

清格之子 富德興 無嗣

內蒙[illegible]氏宗譜 七世

富爾敏之子富占子一 二達色

富和慎長子富文

次子富興子二 達桑阿 達興阿

富廷書長子富森布子一 富祥

次子胡松阿子二 富瑞 富印

良格長子富勒赫子一 富甯

次子富勒琿子一 富永

三子富綸布子一 富棟

倸格長子富尼雅漢子一 富英

次子　富主禮　子二　富崑　富端

富環之子　富永德　子一　麟貴

富巽長子　富啟圖

次子　富呢揚阿　原名啟書子一　富彬

八世

盛格之子　鍾福　子三　富奎　富連　富麟

富祿之子　佛保　無考

富申長子　清泰　子二　珠隆阿　音德布

次子　永安　子一　富賚

富筠
長子恒清 子三 廣文 廣敏 伍訥璽
次子恒敬 子一 富勒敦
三子恒光 無嗣

輔德
長子富察言 無嗣
次子福廣

傅良
長子榮德 子五 熙魁 明魁 伯魁 善魁 善貴
次子榮安 子二 英魁 德魁
三子榮敬 子一 慶魁

傅顯
之子富尼善 子三 慶安 慶齡 慶瑞

克爾圖長子 噶爾炳阿 無嗣

次子 噶世倫 無嗣

富彤長子 萬德 子一 富彰

次子 萬善

富通阿之子 三福 子二 七十六 立住

伍保長子 富彌善 子二 富貴 富康

次子 富彌泰 子二 遐昌 桂昌

常格長子 鍾德 子二 富簡 富謙

次子 鍾祿 無嗣

三子 鍾舒

四子 鍾音 子四 孝順布 六十四 六十七 富金布

富長之子 長安 子一 蘇崇阿

九十四之子 湍東額 子五 花沙布 賡音布 胡克坦布 懷塔布 哈芬布

拴住長子 兜清額

次子 珠爾杭阿 子一 胡敦布

三子 莫爾賡額 子三 齊澈布 克什布 西拉布

拉克敦之子 宇格 無嗣

富廷之子 富興額 子一
依屯

富森太長子 德楞額 無嗣

次子 多隆武 子一
訥蘇肯 係撫富清阿之次子承繼

富啟善之子 寶亮 無嗣

富陞額長子 阿克占 子一
塔思哈

次子 富清阿 子四
訥親布
訥蘇肯 過繼與多隆武為嗣
訥音布
烏林布

富嚴之子 穆特布

富成之子 巴哈布 子一
慶昌

富乾之子 圖他布

富占之子 二達色不可考

富興長子 達桑阿子一 闞地保

富興次子 達興阿子一 官音保

富森布之子 富祥無嗣

胡松阿長子 富瑞

胡松阿次子 富印

富勒赫之子 富甯子二 富澤克 富連泰

富勒琿之子 富永子二 湯武塔 塔克慎

富綸布之子　富棟　子二　倭興額　過繼與富彬為嗣　沃亨額

富尼雅漢之子　富英

富主禮長子　富崑　少亡

次子　富端　少亡

富永德之子　麟貴　少亡

富呢揚阿之子　富彬　少亡　撫富棟長子倭興額為嗣

九世

鍾福長子　富奎

次子　富連

三子 富麟

清泰長子 珠隆阿 子四 咸甯 甯珠 果仁阿 五福

次子 音德布 子三 果爾敏 七十二 札坤珠

永安之子 富賫

恒清長子 廣文 子一 德寬

次子 廣敏 子二 祥麟 祥安

三子 伍訥璽 子一 德裕

恒敬之子 富勒敦

榮德長子 熙魁 子三 富善保 福天保 福壽保

次子 明魁 子一 富隆額

三子 伯魁 子二 富克進布 富申布

四子 善魁 子三 富寬 富和 富昌

五子 善貴

榮安長子 英魁 子二 富慶 富通

次子 德魁

榮敬之子 慶魁

富尼善長子 慶安 子一 恩綏

次子 慶齡 少亡

三子 慶瑞

萬德之子 富彰

三福長子 七十六 子二 雙甯 恩喜

次子 立住 子一 雙貴

富彌善長子 富貴

次子 富康

富彌泰長子 遐昌

次子 桂昌

鉽德長子 富簡

次子 富謙 少亡

鍾音 長子 孝順布

次子 六十四

三子 六十七

四子 富金布

長安 長之子 蘇崇阿

端東額 長子 花沙布 子一 崇甯

次子 賡音布

三子 胡克坦布

四子 懷塔布

五子 哈芬布

珠爾杭阿之子 胡敦布

莫爾賡額長子 齊瀓布

次子 克什布

三子 西拉布

富興額之子 依屯 子一 德昌

多隆武之子 訥蘇肯

阿克占之子 塔思哈 子三 德甯 瑞甯 祥甯

富清阿长子 訥親布

次子 訥蘇肯 過繼與多隆武為嗣

三子 訥音布

四子 烏林布

巴哈布之子 慶昌

達桑阿之子 闞地保

達興阿之子 官音保

富甯長子 富澤克 繙譯生員

次子 富連太 少亡

富永長子湯武塔子一　德春

次子塔克慎子二　德元　德秀

富棟之子沃亨額

富彬之子倭興額子三　德愷　德恒　德馨

十世

珠隆阿長子咸甯

次子甯珠子一　吉拉康阿

三子果仁阿

四子五福

音德布長子　果爾敏

次子　七十二

三子　札坤珠　少七

廣文之子　德寬

廣敏長子　祥麟

次子　祥安

伍訥璽之子　德裕

卧魁長子　福善保

次子　福天保

三子 福壽保

明魁之子 富隆額

伯魁長子 富克進布

次子 富申布

善魁長子 富寬

次子 富和

三子 富昌

英魁長子 富慶

次子 富通

慶安之子 恩綬

七十六長子 雙甯

次子 恩喜

立住之子 雙貴

花沙布之子 崇甯

依屯之子 德昌

塔思哈長子 德甯

次子 瑞甯

三子 祥甯

湯武塔之子 德春 子三 志凌 玉嶙 玉崑

塔克慎長子 德元 子一 文芳

次子 德秀

倭興額長子 德愷 子一 文鳳

次子 德恒

三子 德馨 原名德惺子一 文翰

十一世

甯珠之子 吉拉康阿

德春長子 志凌 子三 常銅 常陞 常山

次子 玉嶙 少亡

三子 玉崑 子二 常銳 常佑

德元之子 文芳

德愷之子 文鳳

德恒子

德馨之子 文翰 子五 常錕 常潤 常瑞 常鈞 常慶

十二世

志凌長子 常銅 護軍校

次子 常陞 監生

三子 常山 監生

玉崑長子 常銳 監生

次子 常佑 監生

文翰之子 常錕 監生 同知銜 賞戴花翎 子 全霖

次子 常潤 少亡

三子 常瑞

四子 常鈞

五子 常慶

十三世

常锟之子全霖

諭祭文

皇帝

諭祭於加贈太子太保原任湖廣總督富明安之靈曰任重旬宣式寄提封之治才優保障克垂冊府之庸念歷試之勛名久深眷注徵飾終之典禮宜具哀榮爾富明安敬慎持躬精勤奉職練才有素早奮跡於農曹從政為優遂出膺乎方面用備廉能之選洊邀特達之知陳臬攸司既明刑以弼教維藩列職還布化以承流久從南服以分猷旋向西陲而展力逮移轅於晉土綏馭其勤洎擁節於齊邦拊循克協昨

以時巡方嶽莅止青郊見表率之有方寔倚毘之倍
切位隆總制臨閩浙之雄疆續奏賢勞控楚湘之重
鎮方謂建牙之是賴何圖遺表之遽聞爰敓彝章用
將奠醊嗚呼旌麾表望猶思屏翰之勤俎豆延馨式
賁几筵之祀維靈不昧庶克歆承
乾隆三十七年十月二十四日

加贈太子太保原任湖廣總督富明安碑文

朕惟資鎖鑰以宣勤端重行臺之任貴絲綸而展卹用酬制府之勛每懷勣績於生前宜備彝章於歿後名垂汗簡績紀貞珉爾加贈太子太保原任湖廣總督富明安矢志精誠程才幹練晉階郎署含香高奏對之名踐職外臺綰綬著廉能之譽迭効分猷於諸道遂司陳臬於雄疆臨江右以開藩治聲克懋駐塞垣而展力屯務方興念爾成勞俾承宣於晉省加之顯擢用鎮撫於齊封朕昨修望嶽之儀遂荷入疆之

慶專樞特寄期屏翰於七閩大纛重移待轄鈐於三楚方倚毗之是切迺溘逝之俄聞展祀以時既舉雕筵之禮易名有憲復增翠碣之輝象厥生平施以令謚表褆躬之有素命益滋恭徵奉位之無愆匪懈其恪嗚呼政敷七澤念棠舍之猶歌光逮重臺庶松阡之永護丕揚休命式示來茲

乾隆三十八年

皇清光祿大夫兵部尚書都察院右都御史陝甘總
督富察公墓誌銘
上元梅曾亮譔文
道州何紹基書丹并篆蓋
公諱富呢揚阿字海帆先世居訥音長白
山東富察氏有八公系訥音富察氏高祖
圖祿錫隸鑲紅旗入關曾祖哈山刑部尚
書祖太子太保恭恪公諱富明安湖廣總
督生甘涼道諱富巽娶徐夫人側室田夫

人生公七歲孤嘉慶十八年中順天舉人
由禮部筆帖式歷祠祭司員外郎
授福建汀漳龍道道光二年遷浙江鹽運
使歷浙江湖北按察使貴州湖南浙江福
建江西布政使入為　盛京刑部侍郎管
奉天府尹事旋　授浙江巡撫十四年
轉　盛京工部侍郎以副都統銜為科布
多叅贊大臣又入為　盛京刑部侍郎道
改烏魯木齊都統十六年　授陜西巡

撫進陝甘總督二十五年四月九日薨年
五十七兩娶皆宗室氏及側室皆無子有
女三以某年月日葬公於某鄉某原其故
吏今陝西按察使唐公樹義屬梅曾亮為
之銘其詞曰
富察八氏公系訥音世秉節鉞鑒於 天
諶公以童孤在幼不弄侍母夫人倚杼夜
誦儀曹清寅以孝廉官司於祠祭典祏守
匱 仁宗大行儀曠用稀緜褫粟錯

吏走莫諮公稽公諏宗伯是毗告知天子

以郎受　知觀察於閩政不蹉失轉運

進階韋權平直遷按察使繼以布政六省

之民不怨咸詠　帝曰俞哉可貳於卿

平刑恤獄釐我　盛京既釐　盛京遂撫

兩浙光乃宗祖壘臣紹烈惟時浙西海塘

孔棘南沙障潮使西北擊西塘所郛有杭

嘉湖蟻漏萬千鹵徹壤枯　天子重憂

命公執度或曰小補公則遠慮禦悍保堅

惟石坦坡乾隆迄今制久則磨商工復貫
百九十萬遂蘇浙人嘉生以灌　帝曰
汝材中外咸庸奉天之尹兼以司空時科
布多方籌叅贊　念莫公宜遂往使換
都統之印新疆旋綰都統一朞入撫陝西
去其玩吏怵感　帝咨時有棚民相呼
刀客帶劍椎牛陸梁閭陌公檄百城得其
渠魁曰何曰蘇餘者繼夷撫陝六年官民
清安　帝曰欽哉陝甘汝督凡是外藩

亦汝保鞠肅州西寧蒙古揷帳河南野番
攝此保障强弱異昔獸心遂滋肆擾河北
人畜係纍其來麕驚其去鳥散我追難窮
我餉易斷公乃深念將出長算外揚 國
威天兵四羅内解其黨使兵渙波機遠時
迫功緒待竟目前小安非意所定有普洱
錢五十當百或言鼓鑄用可佐 國曰
不便民以公奏格墾田涼州建自議臣公
上其最頃萬九千廾科緩期陳詞諄諄凡

公所為務在休息振興八儒萃萃翼翼民
便其簡士懷其德雖有威怒不疾言色閱
兵河州以疾旋署年五十七奪壽何遽公
雖云亡公誠不磨惟其仁質初終靡它故
吏雨泣聞者歎嗟刻文幽宫愧我不華

重修核桃園先塋記

孔子云古不修墓此三代時相傳之説非所論於人子孝親無盡之心也蓋人子之事親也承歡養志昏定晨省飲食也衣服也宮室也必竭盡厥誠務悦親心而後已及其歿也卜佳兆而葬焉水土之欲其美茂也林木之欲其鬱蔥也蘋蘩之欲其修潔也猶生時宮室之必居爽塏飲食衣服之必求精贍也於是爲之親者來歆其誠而明降之福故澤餘後昆雍雍乎承簪組而列鼎鍾也此其理於何得之於吾曉

峯中丞之修祖塋得之也　中丞姓富察氏甫申鍾
毓發祥於訥音其始祖穆公葬其地太子河及我
朝龍興東土隨入關隸鑲紅旗滿洲籍　中丞二世
祖伊公始葬霸州屬拖泥馬房村其葬京師西便門
外之核桃園原者則自　中丞三世祖贈尚書圖公
始祖妣贈一品夫人瓜爾佳氏合窆焉　中丞四世
祖大司寇哈公及祖妣贈一品夫人那拉氏伊拉里
氏蔡氏皆祔於塋東挺隨吐瓊代啟英彥　中丞五
世祖恭恪公官湖廣總督多惠政乾隆三十七年卒

於官　高宗震悼　加恩予謚　賜祭葬如例　中
丞高祖贈光祿公時隨任所奉　恭恪公喪循長江
以達潞河以吉壤未得謀所以妥先靈者時有江右
丁君完農　恭恪公舊幕府也精青烏術隨　贈光
祿公來都下遍歷郊野無當意者乃一日過核桃園
舊塋則其右有地佳氣蓬勃高下倚伏若岡巒之迴
抱完農曰此　恭恪公之佳城也盍謀之乃縻金錢
六百緡而得其地縱橫凡十有二畝於是　贈光祿
公奉　恭恪公暨元繼配贈一品夫人吳札庫氏西

林覺羅氏兩太君合葬馬首癸趾丁接乾脈乘亥氣也 恭恪公既葬於塋之前植穹碑二翼以亭恭刻高宗御賜祭葬文於上其南建木坊為神道表文達公題其額一時崇煥光及九原論者皆多 贈光祿公之孝焉先是 恭恪公在時欲於 大司寇哈公兆域之南為棹楔未果至此時並成之題曰五代尚書從先志也工既蕆而塋東尚有隙地乃為家祠歲時伏臘以奉祭祀以息供頓無車馬跋涉之瘁備馨香涓潔之誠宗鄗樂之遂於乾隆三十八年勒其事

於貞珉而為之記未幾　中丞曾大父海帆尚書遂
應斯祥登嘉慶癸酉科賢書官至陝甘總督雖由世
德積累而因地靈以啟人傑固不誣也　海帆尚書
薨亦祔葬於旁及　中丞王父　贈光祿觀察富公
考　贈光祿侍讀倭公皆以次祔葬不數十年生才
應運　中丞又持節鉞由江西巡撫入　覲北來展
拜先隴宿草久荒而所謂五代尚書之坊額則以歲
久就圮即家祠亦多為風雨剝蝕　中丞慨然深思
以為人子孝親之道當事亡如事存雖身膺高牙畫

纛之顯鳴珂珮玉之榮而　先人墓門木拱祠宇荒
涼非所以慰在天也適有山左王君精堪輿家言招
往相度又以余粗知涉獵且與　公有苕岑之契於
贈光祿倭公猶子弟行也遂偕余俱往謀所以新葺
之者　中丞以簪纓累代而瓜瓞之綿衍有或缺焉
又自　贈光祿倭公葬後其冢子或有所出既齔而
多不育　中丞疑之以詢王君王君謂丁男者乾象
也今塋壠之乾方地勢稍卑宜培之童稚或不育者
則以　贈光祿侍讀倭公之墓其西南氣渙而不聚

宜增築護沙以東之　中丞以詢余余謂通都大邑其金氣多不洩必有名山巨鎮以為之障若京師則有西山吾浙則有西湖諸山皆所以為坤兑之屏蔽也大之在都會之地約之阡畝之間誰曰不然顧竊以　倭公之墓每祭掃時有徑從右入余謂禮云前朱雀而後元武左青龍而右白虎今徑從右入得白虎之位而無青龍之氣宜改從東　中丞又以舊植綽楔就圮欲重建立余周覽形勢知當時立坊時尚未有　倭公墓其西既有　恭恪公之坊矣故立此

為配所以巽方使之高也而　倭公墓實在茲坊之
左當時此支不蕃者殆以此坊乘白虎氣足以克之
今坊就圯而　中丞正顯達則不宜復立也況原記
云丁君言此間地氣秀茁龍脉蜿蜒不宜重石鎮壓
若再加以坊是窒其氣也曷若任其自然而使川原
之脉周流不息乎　中丞皆韙之惟五代尚書之額
所以紀　國恩誌家慶者不可使湮而不彰乃重葺
家祠而鈎摹其文飾金碧以懸於堂於是登其堂者
深景仰護持之心一舉而諸善備焉其葺家祠也補

其鏄漏新其垣墉有過之無不及也而祠前有影壁（影壁二字見楊升菴外集）於門稍近余謂　中丞方大開駟馬之門盍拓之乃移前數武制益宏麗既成奉乾隆三十八年舊記嵌之祠壁而以茲舉之不可以不記也乃屬余一言壽之石上余惟圍墓書曰大墓天剛嚴父之門八將之首位處乾尊欲得延堈隱軫然如亂雲之巇巇絕而復連小頃大起千里相牽壽過期頤世世登仙今乾方已培之使高矣其子姓蕃庶而享上壽又何疑乎圍墓書又曰夫欲依山葬者其山連延

百里不絕一高一下小頃則大欲出公卿如新月形
在腹中葬冢之所若至日没見日光者出封侯今此
塋雖在平原而其脈實來自西山且背有土山二重
俱出天成非假人力而環抱之形有若新月余往之
時日已將夕有瑞氣炯炯所謂見日光者非乎 中
丞忠誠在 君國功業彌宇宙以生平之所施接
先世之積累即不矜言風鑑亦當子孫繩繩銀艾相
亟況 中丞之修 先塋也所以盡孝道非以祈福
報也錄異傳有言袁安葬其母逢三書生語其葬地

遂至四世三公今　海帆尚書前已見五代尚書矣
固有袁安所不及者惟余固書生也請推三公之瑞
以至千世百世世則後之經此地者必又為録異傳之
補也而何庸執古不修墓之説哉
誥授奉政大夫
賜進士出身　國史館協修翰林院編修加三級仁
和徐琪頓首拜撰并書
光緒十三年歲次丁亥七月　日勒石

跋

光緒己丑冬江西　德曉峯中丞增脩支譜其親屬俱供職京師遠宦他省　中丞於公餘之暇手自編輯囑慶襄其事慶披讀舊譜家傳知　中丞遠祖於
國初率子弟入關迄今十有二世代產偉人駿烈豐功載在
國史而垂諸家乘者亦書不勝書至　中丞而丕煥前光後先輝映於以知德厚流光其世澤為

孔長也古之教學射御與禮樂並重我
朝隸旗籍者入學必兼習武藝其法誠與古合　中
丞少時讀書之暇即講武事凡弓馬鎗刀諸
法罔不嫺熟其藝力有時突過於武員故每
科典試武闈簡閱營伍其得人為最盛由文
生員補刑部筆帖式題升本部主事洊升郎
中充律例館提調同治七年
簡放江西臨江府知府歷署吉安饒州調補南昌府
經各大府迭次保薦光緒元年擢升河南開

歸陳許道四年補授江蘇按察使旋調補河
南按察使河南以河政為要務 公履任時
講求方畧若有由己溺之者五年下南廳黑
崗洪流衝盪隄岌岌可危 公時攝藩篆念
河工雖非專責而數十萬生靈所係勢難稍
緩須臾立授機宜搶護得法民賴以安是年
秋補授浙江布政使兩護撫篆凡鹽漕塘工
釐金稅務悉心整頓弊端盡絕尤喜培植士
類脩復書院膏火公車費及地方各善舉次

第興辦百廢具舉籌措不下數萬浙人賴之浙濱海招寶山其要隘也光緒十年法人侵我閩疆擾及兩浙 公於招寶山議築砲臺不惜重款用麻布沙袋四面堅護法人迭次轟擊而砲臺不少損法人轉受大創窮蹙遁去論者謂定海之捷賴有砲臺 公之力也時撫浙者為劉公仲良秉璋因寇警籌辦海防擬借洋款以裕餉 公以重息徒資洋人利力阻之劉中丞又擬將地方生息之各款

提充軍餉　公曰取之甚便歸之則難恐地方善舉從此而廢劉中丞曰然則餉從何出公曰司庫已經籌備多款合計足支一年惟奏請暫停京協各餉以濟本省之急需則事濟矣劉中丞亦以為然當即具奏奉旨允准旋以和議成而餉源亦裕　公之有定識有定力如此光緒乙酉奉命巡撫江西迄今六載矣慶濫等幕府目擊善政不可枚舉大端以興利除弊鋤莠安良勤政愛

民為急務尤以人命為重每於命盜重案反覆周詳平情研詰不以刑服惟恐有誣必使人辭窮理屈毫無疑義而後定讞其平反各案計所全活者不少在刑部時兼神機營發審差值捻氛正熾擾及直境京師戒嚴即在營設立巡防處一日由提督衙門奏解捻匪一名姓謝名祺年二十歲原供家中別無他人入當捻匪已經七年派來探聽都中消息所供賊營情形歷歷如繪核對信稿筆跡亦

相符合　公見此案有三可疑既係私採都
中消息斷無留存回信底稿之理其可疑一
也其回信底稿紙係紅梅帖且係楷書不錯
不落其可疑二也現年二十歲當為匪時計
止十三歲耳身邊又有上年十二月分保定
府當票四紙既為匪七年之久豈有典質衣
物之事供係正月由賊營至保定何以帶有
年前當票其可疑三也返復究詰再剴切開
導其人大哭復供父親現充當保定藩署書

吏小人負賭債不能償竊取家中物件典錢
私逃來都是實以前各供係營兵所教若不
遵依苦刑難熬當備文行查直省果係實情
原營兵欲其誣服以邀功也隨奏明釋之江
西有數縣輕生好鬬每有爭論各持刀械如
對敵然以不勝為恥雖有死傷不顧也公
任臨江府時峽江縣有廖姓與胡姓爭山構
訟多年邑令未能斷結兩姓不時械鬬被殺
傷者已數十人矣後復因爭樹殺傷四命大

吏批府提訊　公立將樹案究犯訊明而山案尚無頭緒因履勘山界將兩姓墳塋樹木洞悉無遺憑公剖斷不終日而兩造俱服各立界石而爭鬭之事以息吉安府屬安福縣有婦被輪奸致死一案邑令詳獲犯四人供婦夫欠伊等工錢夫未在家向婦求姦抵欠婦從之輪姦後婦人氣絕身死大吏謂年輕婦人輪姦亦不至死恐案情未確飭府提究公時攝府篆訊之仍如原供首犯名李啟茂

尤狡猾　公詰汝求姦抵欠婦人允從否答
已允　公曰婦既應允伊家中並無他人儘
可在伊房中行姦何必遠至山溝之內犯語
塞甫鞭二十犯即吐實供是日向婦夫索取
工資伊夫不在家因風雪天寒沽酒與大衆
同飲醉後謂婦曰若無錢給我即俱在此留
宿婦懼為所污詭云去向母家借錢歸給汝
等盍少待四人隨行至中途即行强姦婦人
大聲呼救而雪中無人行村遠亦無人應者

輸姦畢婦人起坐於地小人恐其回告伊夫
因起意致死以滅口踢傷小腹當即身死移
屍於溝中而逃後被獲到案云云 公即照
律詳辦將四犯置諸法並請旌表死婦以彰
滲烈豐城縣一盜案贓甚鉅縣令某報緝獲
大盜七名稟請就地正法大吏批飭提解來
省時 公攝南昌府篆承審是案提訊時七
人中有年十餘齡者於大廷中頻頻顧其後
似欲言而防人竊聽者 公疑之飭吏役俱

退詳訊於後堂供稱兄弟二人駕舟為業載
商客三人共五人一日忽被捕役姚姓拘繫
縣署私刑拷打教童認為證見官未能詳究
加以酷刑不得已承招為盜並誣扳二人以
符七人之案旋
公升任河南後任據供詳
釋而真盜亦旋緝獲原某令自顧處分刑及
無辜居心已不可問若非
公聽斷詳慎此
六人已含冤地下矣險哉後
公開藩浙江
蕭山縣舊有海隄歷由邑令及在籍紳士派

費興修　公檢舊案已陸續用費四十餘萬知係地方官紳苛斂平民藉肥私橐擬給發庫款三千金委員監修以免民累大吏偏聽紳士一面之辭仍准民修免動官帑　公以此弊不除終為民病擬以疾辭官大吏旋亦省悟從之從此隄亦堅固民免苛斂者十餘年去官之日鄉民焚香跪送者不絕於路江省積弊尤多丁漕一項及各州縣交代相沿已久轇轕日甚幾至不可挽回　公甫履任

力行整頓疏情改復年内三限舊制輸將始
形踴躍每年丁漕兩款多至二十餘萬交代
亦自此廓清此　公興利除弊勤政愛民之
苦心豫浙西江士庶所歌頌勿衰者也而其
造福於民休徵迭應民感其德而　公不居
其性量尤不可及　公撫江西已經六稔每
歲賜雨無愆五穀豐稔丁亥春仲述職入都
春夏之際雨水為灾自夏及秋忽數月不雨
報灾者纍至九月　公回任甫至潯陽忽雨

如注明年歲又大熟若以　公之去來卜歲之豐歟焉署中舊有亭將就圮　公略為修葺甫落成問名於慶擬顏其亭為同樂謂欣逢樂歲　公與民同樂也　公曰偶然耳何敢貪天功辭不用其自抑又如此前曾文正公國藩李制軍宗羲劉制軍坤一劉制軍秉璋彭宮保玉麐潘宮保祖蔭曾威毅伯國荃疊薦　公於

朝公之聞望已顯左文襄公督兩江時　公方開潞

兩浙與文襄公初未謀一面文襄公欲為
朝廷得人疏薦公才可當大任蓋慕公甚切而
望公甚殷也慶時居文襄公幕已略知
公之梗概今幸得親炙於門下始得聞其詳
謹述一二端於譜末以見公之惠澤固足
媲美前徽而後嗣之熾昌即可於此操左券
至公之盛德大業其彪炳旂常足垂型於
天下後世者
聖主固已迭沛温綸褒嘉備至非草茅下士所能揄

揚其萬一也
旨
光緒十六年歲次庚寅季春月上澣長沙王
裕慶謹書後

《瓜尔佳纳音关氏谱书》内容简介

《瓜尔佳纳音关氏谱书》现收藏在黑龙江省宁安县关姓族人家中。

该谱书初修于雍正十三年（1735），为满文谱；次修于道光十七年（1837），同治六年（1867）、光绪十二年（1886）『各照原谱添写一次』，皆系满文。50余年过去后至1937年，『历代相传至今，若不译成汉文，急且修葺，而满字再行失传，所遗家族之历史，隻字不识，岂不成为无用之废纸也』，因祥玉幼读满文多年，常在旗属应差，对于满文公牍经验颇多，虽至耳顺之年，『脑力尚充』，于是将旧谱译成汉文并付梓，是为民国版，本书选用民国本。

纳音瓜尔佳氏，冠汉字『关』字为姓，正黄旗满洲人，因祖居纳音（今吉林省抚松县东南松花江上游流域，包括桦甸、靖宇等县）而冠以纳音瓜尔佳氏。

谱书保存十分完好，无破残，字迹清晰，排印本。

谱书分为四卷，内容主要有卷壹：正式谱书《序》、谱《序（二则）》、《宗派篇》、《瓜尔佳纳音姓氏区别考（满文）》、《地名部落移驻考》《关氏宗族致祭规则》、创修发起人像，第一、第二、第三始祖像、长支谱注篇；卷贰：正副族长像（蛟河、鸦鹊沟、骚达屯）、二支谱注篇；卷叁：编辑人像、正副组长像、三支谱注篇；卷肆：《赏银修墓匾额考》、《御赐原立碑文考》、《御赐碑文考》、侯公夫妇容像、正副组长像、四支谱注篇、五支谱注篇。

石爾佳納音關氏譜書 卷壹

譜書目錄

瓜爾佳訥音關氏譜書目錄

正式譜書序

譜序

夫古代興替相傳者。惟賴國有歷史以明之而本系蔓延不忘者乃視家之有譜而知之。稽譜之作用爲何即吾家族之歷史可以世代流傳使後世子孫知有血統之係追念先遠之意而不失其本也故君子務本一章是以知有本當即有支而宗族系焉近如吾族之人相逢而不相識相視而不相親蓋已多矣及詢其爾祖乃宗又茫然不悉此無他由於宗未敦族未睦譜未修故耳然而一家之中復有源委分合之別何爲源祖是也何爲委孫是也何爲分族是也何爲合宗是也是故知孫而不知祖失家之本知祖而不知孫遺家之末知族而不知宗亂家之亂如是而能正其家者鮮矣故入明乎此專由宗法宗法立而源委分合皆得其宜所謂本立而道生焉譜重如此其可忽哉溯自前清旗族均有檔册可稽每年春秋二八兩月操演或驗甲缺之際各宗族祖孫以及伯叔子侄等均得於此而會面彼時同族之情異常親睦亦不發生疎及前清遜政國體變更旗署裁撤所有檔册均失根據而本族之宗譜若不急爲修之旗籍之淵源難免日將泯滅再行敷衍數載弗以爲事尤不堪設想矣思之痛心言之浩嘆是以余等惕然有動於衷進行編輯此譜爲當務之急而不可須臾緩也當經邀集族衆核議各負其責竝意與修以期早日蒇事雖旗署檔册無存所幸尚有舊譜可稽易於修輯也俯維我

始祖於前清雍正十三年正月間[illegible]參考內載第一世

祖都公(諱)喀那昔年久居安圖地方以漁獵為生妻氏未詳卒於斯地子二長名佈何圖次名

布郎阿兄弟二人遷在黑哈達屯後又移至甯古塔牡丹江一帶居住第二世

祖佈公(諱)何圖娶妻蒙古王府充差之四品台吉之女其姓氏未詳夫婦卒於蒙古地方無嗣

又二世

祖布公(諱)郎阿於道光年間二次修譜之時不知因何更名海色妻氏未詳生子一名曰索爾

霍參保又生子五人即今分為五大支之根源是也回憶自吾

先祖以迄今茲生齒日蕃其間子孫散居各地到處有之若不詳加調查任其各支之世次散

佚以致於湮墜後來仁孝之思親親之道其將曷有所感發乎余等詳加參考會纂此譜於康

德四年三月間告成其間有未登者或係流寓無着抑或前清隨軍出征異域為國捐軀者有

之未歸者亦有之想念及此可不慕歟歸後吾族中人等可以逾格留心到處加意訪查如有

未登譜者務必隨時函知本族各族長以續登之總期一無遺漏為善復考我第三世

始祖於國初天聰八年率子隨滿[illegible]入甯古塔滿洲正黃旗後於康熙十五年隨同甯古塔將

軍巴海移吉林改制編旗歸於吉林滿洲鑲藍旗第二佐領下世代應差由旗署揀選年富力强

者習騎射學滿文以固國本先由蘇拉（白丁未當差者名曰蘇拉）提陞皮甲依次再陞領催（如現在軍隊之排長）驍騎校。（六品官職）防禦（五品官職）佐領（四品官職）協領（三品官職）副都統（二品官職）將軍（一品官職）等官惟本族最居多數。由驍騎校起均宜赴都朝覲。歸北京滿洲正黃旗都統衙門帶領引見滿語。名曰車勒密漢文郎互相聯絡一氣之意也。迨至光緒三十三年改設吉林將軍達桂奏請旗地生科改組行省。其署內特設旗蒙科綜理吉林全省旗產與之籌生計與學校立工廠以爲旗族之歸宿徒有旗籍之虛名並無其他之實在。及清廷遜位民國建元五族共和漢滿不分同負納稅輸捐之義務。由此免去世代充差之苦戰爭死傷之慘吾族可以由歸農業而得自由也。溯我歷代先祖創業以來今已二百餘年所有本之親七支之旁正必錄其條理以一十五世之源發分支萃於吾之一譜使後之世今由今之世古若不分明譜註殊恐後世無所稽考所謂修譜而知族族與吾爲一本則族中之父子兄弟夫婦慶弔各事猶吾一家也。余等、願我同族之人。追憶祖德宗功均宜有相親相愛之情患難相扶疾病與共之意以父之心爲心則天下無不和之兄弟以祖宗之心爲心則天下無不睦之族人。無論何事抱定五倫八德之宗旨而行援照纂古家訓而爲萬勿錯焉凡後世子孫各安本分勿失四民之業勿忘九族之恩無論謀何生計勿稍辱祖先之名。深希俱各敦品勵學猶志前去。而達有志者事竟成之目的。以紹列祖列宗之鴻恭偉業而光吾族之門第也修譜者殷殷情切所重望焉爰啓後人克隆祖業勿負貽謀若瓜瓞之綿綿故對於此譜務必加意保存不得遺棄以垂永久所冀本族後有賢孝明達之子孫能光先業或接之詳爲記載抑或有精通文義者賡續重編以昭萬世不朽最所深盼也是以爲序

謹將此次修譜本族發起編輯人暨各屯正副族長之名次列左

發起人 關林玉

關振武

編輯人 關榮階

關文靖

吉林城西騷達屯 正族長 關振寰

副族長 關文山

吉林城北通粇屯 正族長 連陞額

副族長 關明閣

吉林城南大嵩旗屯 正族長 關春陞

譜

序一

譜序

夫天地生人，五倫爲本。聖賢設教，禮義爲先。是故國史立而賢愚分，家乘訂。而人倫明。吾族之
所以各知親其親、長其長，皆以有家乘之力也。茲稽古往今來，部落不一，種族各異。無論何族
皆有血統之系。今雖五族協和，不分畛域。而祖德宗功之本源。未可湮沒而不彰。況族系蕃衍
者，尤不可無家乘。以誌其原委也。溯查瓜爾佳。乃係地名。即本族訥音關姓。而關姓雖多，各有
區別，所以同姓而不同宗也。憶自前清定鼎以來，我族第三世
祖由寧安牡丹江率衆歸滿後，長支第四世
先祖移居吉林，散居各處，至今無嗣可稽；二支第四世
祖之後裔現在松花江東蛟河、富太河以及吉林省城西騷達屯、鴉鵲溝屯等處。三支第四世
祖後嗣現在吉林城南江沿大藍旗屯、永吉縣西阿拉街等處；四支第四世
祖後嗣現居寧安縣城裏並鄉間八家子屯以及吉林城西春登河。城北通粁屯等處。五支第
四世
祖隨龍入都，隸屬北京正黃旗應差，所有後嗣亦未註譜。此次赶辦修譜，對於此支之人。相距
甚遠，而以年代深久，亦即無處問津焉。詳閱舊譜，統係滿文，由雍正十三年正月。初次立譜。迄

光十七年二月重修一次，同治六年二月，光緒十二年五月各照原譜添寫一次，總計先後四次。歷代相傳至今，若不譯成漢文急力修葺，而滿字再行失傳，所遺家族之歷史隻字不識，豈不成爲無用之廢紙也。祥玉幼讀滿文，多年長在旗署應差，對於滿文公牘經驗頗多，今雖年逾耳順，精力尚充，急將舊譜譯成漢文，擬即重修，詳加裝訂成帙，以爲世代之金鑑。後之人如能賡續而修之，庶斯譜永衍無休，是吾之所深願也。俯維一木難支大廈，獨力事不易成，再四籌思，諸感困難，當即前往新站，面見族弟名振武，核議進行手續。所幸心投意洽，極表同情，諸般需款又慨然負責，足見我弟之熱心古道，勇於公益，殊屬罕覯。溯本求源，對於此譜雖屬應辦之事，若無人勷助爲理，亦難期效果。因其職務羈身，未能遠離，隨即會同伊之叔父常雲先赴甯安鞍河等處，入手調查，延至康德三年九月間次第查訖。時値振武弟又調任來吉，朝夕磋商，招集族人，夜以及昕，加工編輯，分别次序，爰錄成部，分訂四卷，交付剞劂，名曰瓜爾佳關氏譜書。於丁丑年三月大功完全告成，乃吾族莫大之光榮。以古今言之，即家族之歷史；以各戶名譜言之，乃係全族之戶籍。無此譜不足以昭追念先遠之孝意，尤不足以敦九族親睦之忱。故每戶各請一份，在家保存，以誌往古而傳將來可也。今擬一接續添譜之辦法，望各屯正副族長遵格在意，每十年中由族長按各戶清查一次，將某戶生子娶妻名氏依譜內格式隨時註明俟至三十年期滿援例重修。克承先業。以垂後世而不朽焉。謹此敬序。

第十三世孫現任藍翎佐領關祥玉敬序

大滿洲帝國康德四年三月　日

譜序　六

二

譜序

蓋聞勤儉克以興家因勞方能立業故國運之興在乎忠良將相家道之隆。關乎有志兒孫。惟
吾瓜爾佳。關氏之興。殊賴
先祖鴻基偉業。所遺德潤。乃有今日之蕃榮。而爲子嗣者。又烏得不奮發有爲。箕裘不振。以闡
先業。積德累功。而爲後世法也。今修此譜。亦即爲垂裕後昆樹德守勤之本也。自
列祖創業。今已二百餘載。歷有十五世之久。昔當滿清鼎盛時我
先祖由蘇拉依次遞陞副都統將軍等職甚多。是時本族各戶。雖不敢自矜門第。而家道殷厚。
名聲顯揚者。所在多有。是不能不念先遠之德澤。迨經民國紀元。而戶族益繁。以席豐履厚既
久。難免染成安佚驕侈之習。以致家業蕭條。門閥陵替。又不能不謂深負
先祖之遺謀厚植焉。其或者譜系未可修也。戶族既多散居各地。調查匪易。編輯雖成。諒難完
善。後恐不詳先代之基業。欲紹嗣之而無由也。可不慨哉。爰思再四。無論如何艱困。積極進行。
定必全始全終。而達有志者事竟成之目的。溯昔數百年來。先後修譜四次。進五十載中。人口
蕃滋。戶口增盛。其中某家離析。某家榮枯。或盛或衰。或存或沒。以年代深遠。致生者不能相識。
卒者無所考稽。甚至婚喪嫁娶。不能互相慶弔。由此日見生疎隔閡。若異姓者有之。豈非因譜

之宗修致失其支派相關統系相聯之本旨。查吾關氏。族大戶多均宜洞曉某戶出於某系某人生於某支並憬悟同宗有相親相睦之情。勿生相殘相害之意。同氣連枝所關最重。雖云族多。有遠有近。而在我

歷代先祖觀之同爲十五世之孫也。奈何不親不睦如同陌路之人哉。凡吾同族務必結成團體有患難相扶。休戚與共之意。勿因寥寥之事。而失宗族之情。不勝翹冀也。振武粗通文字。自鄙才疏。敢對於修譜一事。夙有斯願。深恐獨立難成。去歲　家嚴星五公不時提倡於前。即耿耿在念。所幸族兄祥玉。來函商修譜一事。聞知非常歡迎。既我兄行之於前。弟復襄助於後。五中銘感。莫可言宣。只因職務羈身。不能遠離。當經函邀族兄前來新站。妥籌進行之辦法。急力進行。調查將稿早付剞劂。以期速成。而遂私願。隨即懇請。　叔父常雲同族兄祥玉。先赴甯安。遠至牧河等處。次第查畢。復經　叔父。前往吉林城西門坎石市。族叔常陞家。將上世祖世襲一等靖遠成勇侯富公諱德之夫婦遺像。敬捧來吉。重新接裱。以盡孝思。憶自幼年。但聞其名。而未見其像。不知存於何處。無所究詢。不勝抱憾。今得瞻見

先祖慈顏。無不慶幸。復有

高曾祖父像。年久失修。所有頭部。以及週身衣紋。多半折壞。模糊不堪。就修譜之機會。亦接

装一新。敬谨送回第十二世孙润泉家仍旧加意保存。以照追念先远之孝意。而敦九族亲睦之善也。祗将此次修谱并接续先祖遗像各情形。敬告同族。俾便咸知。而伸积悃。以垂永久。谨此敬序

第十三世孙现任京图路警务段长关振武敬序

大满洲帝国康德四年三月　日

謹將規定宗族此次修譜戶族支派愈繁散居各處長幼秩序難以稽考是以邀集族人等三討議研擬令三十個字按代依字命名流傳現在之名更否聽其自便以後起名務要一律遵守敬錄

始世高威遠　德恩續久長　蘭階洪澤繼

桂殿慶衍祥　孝友承先志　積善福祿康

以上之字由第一始祖起

瓜爾佳關姓

溯自滿清定鼎以來、建國之初、國朝事略、有八旗通譜一書、內載我滿清未入關以前各部落種族之根源、由我第三世始祖、索爾霍多、於天命初年、應運來歸、抽丁從龍入關者、爲京旗、留守者、爲駐防滿洲、迨至天聰年間、國家以輝發地方、弓匠協領、佈爾哈因職微戶單、無所統屬、故命歸與甯古塔正黃旗、轄管瓜爾佳氏、合族供職、嗣經改制編旗、隨同撥戶來吉、隸屬滿洲廂藍旗、以資管理也、

第十三世孫

祥玉註寫

光緒十二年

三月初九日

索爾霍多為一族

查佈爾哈與正黃旗

訥音地方

子瑞哈那

係七品牧長

佛爾哈為一族

佛爾哈係弓匠協領

壹

索爾霍多 吳爾藍旗族

穆發地方

巴爾喜 係頭等侍衛

任三等侍衛

二世孫

喀爾圖 係寧古塔副都統

孫富爾哈

現

景命初膺之際來歸

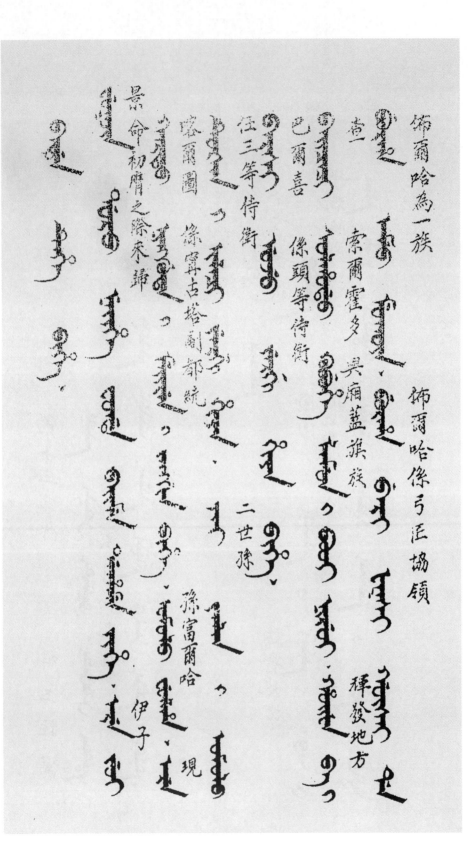

伊子

索爾霍多 係正黃旗人 世居訥音地方

關姓 滿洲中之望族

長白山 及各處散居

瓜爾佳 佳木庫 倪瑪查 輝發 盟溫

葉赫 訥音 哈達 烏拉 安楚拉庫 飛由城

此一姓人等甚多 拴

瓜爾佳 係係地名 指地為姓

訥音關氏區别考

清文

地名部落移驻考

國初地名部落移駐考

淸朝全史

天聰八年閒淸史內則命吳巴海。荊古爾岱率兵四百名再征瓦爾喀部。由寧古塔出兵。降其屯長分得利。復收阿庫里尼滿部落千餘人。次年凱旋。崇德二年。太宗在朝鮮軍營。命尼堪扈什布。季思哈。葉克舒等率外藩蒙古。諸部落之兵。出咸鏡道。征瓦爾喀。途出會寧。與朝鮮兵戰而敗之。進略瓦爾喀部。至烏拉。遣蒙古兵。復命喀凱等二十四將。率兵一千二百名。分爲四路。往征瓦爾喀。兩黃旗之舒書。塔克珠爲一路。率甲士六十人。綏芬雅蘭。瑚葉。烏爾古之壯丁共二百名。入綏芬。南濟牟豕下之喀克篤哩兄弟。率壯丁一百七十名。入烏爾固尼。兩白旗之哈爾布屯。滿都祜爲一路。又率諸羅阿萬之壯丁三百名。至所入之汎地。兩藍旗爲一路。率須赫庫倫額勒以東寨木克勒以西之壯丁共一百十名。既而紅黃白三旗奏。俘獲男子一百八十八家口四百七十五。

東華錄考

天聰八年十二月癸卯。遣吳巴海。荆古爾岱征瓦爾喀部。又於九年四月甲辰。征東海瓦爾喀。吳巴海。荆古爾岱。奏收服壯丁共五百六十名。婦女幼小五百九十名。並牛馬皮張。又

崇德二年五月丁酉。先是章京尼堪等率外藩兵。由朝鮮征瓦爾喀。將出會寧府。有平壤巡撫。安州總兵。吉木海紮營。我兵擊敗之。殺平壤巡撫及兵二千餘。獲馬千餘。又有一巡撫二總兵。率副使等官十員。領兵二萬。從安邊襲我後。我兵設伏。擊殺副使五員。敗其兵萬人。獲馬千餘。登山伐木立栅。圍之二日。後遂降。計投順官陷忙哈巡撫總兵官副使及各邊副使等十五員。所屬城郭。俱投順。在朝鮮境行兩月。至四月十六日出境。五月十九日至烏喇。即於烏喇境。遣還科爾沁等兵。至是凱旋。

崇德二年十二月癸丑。征瓦爾喀諸將奏捷。

移駐黑龍江考

會典事例卷四百二十九。文獻通考卷一百八十一。康熙二十九年。撥吉林協佐驍各官、二十一員。防禦十三人。兵八百名。往駐黑龍江地方。又

龍沙將軍紀略。黑龍江將軍。所轄地方考。四境元時。盡隸板圖。明代皆蒙古。錫伯。達

呼哩。索倫散處之。

國朝之初。悉歸附焉。俄羅斯侵入境內。據雅克薩城。又順黑龍江。而據呼瑪爾。康熙二十二年。奉

上諭。命寧古塔副都統。薩布素。率舟師由松花江上游溯黑龍上游伐之。彼自呼瑪爾退保雅克薩城。大兵於璦琿立城與抗之、相拒康熙二十八年。圍雅克薩城攻之急。彼遣使間道詣闕。籲懇請命。聽其解圍。聽其去。而克薩城廢、西距十餘里立界石。璦琿遂永爲重鎮。以薩布素、爲黑龍江將軍。從征軍士。自寧古塔遷婦子家焉。復於墨爾根。設參領。卜魁、設副都統。分兵協鎮。康熙三十二年。薩布素、以墨爾根居兩鎮間。首尾易制。奏請移節。而璦琿改駐副都統。康熙三十八年。復以墨爾根地瘠。不可容衆。奏移卜魁。而墨爾根增置副都統。今將軍仍稱黑龍江省。沿璦琿立官之始也。

移駐吉林考

吉林外記載。吉林烏拉古肅慎氏之遺墟。漢晉挹婁國。南北朝勿吉地。唐燕洲黑水府。渤海大士龍泉府。遼長春州。金恤品路。元合蘭府。水達達路。明設衛所。我朝順治元年。悉裁諸衛。設內大臣、副都統。及每旗駐防將軍。順治元年。設寧古塔昂邦章京。

康熙元年改爲鎮守寧古塔將軍代至十五年移駐吉林也

移駐三姓考

文獻通考內則、康熙五十四年、由吉林撥兵八十名、往駐三姓。即今依蘭縣也

移駐阿勒楚喀

文獻通考內則、雍正三年、自吉林移駐、滿洲兵一百名、於阿勒楚喀也

關氏宗族祭祀規則

本族祭祀各種規則詳細列後

諸神設備規則

一、祭祀前三日。即用最淨谷草一把長約五六寸懸掛六門當中爲祭祀日。免去乞丐討要祭品由懸草把之日起。至祭祀畢止期內嚴禁外人身着孝服頭帶狗皮帽者。以及身體不潔婦人等入門。主祭人前三日男女異床祭神之日務要誠敬惟有小黃米或早日備妥。抑或價買外人。宜放在正房西炕南頭小桌上以備煮拉拉之用。至祭日祖匣若在他家至日上午八鐘。前往焚香請來。並帶一應用物品謹記請祖匣之時務將炕地掃淨。然後將黃布包袱展放於南炕桌上先[illegible]將[illegible]內[illegible]放於底下。(叫物)漢語名曰銅鈴。放在項上路中如遇親友人等不准行禮說話將祖匣請至家中。放在西炕南頭桌上。早日購備大尺白布三尺。作手巾用擦拭供桌上一切物品之需也

白日祭祖規則

一、請設祖宗以前。將黃米拉拉煮好用兩盆盛之放在南炕西頭桌上。記准先後頭一盆白日用之次盆夜間用之將供桌及祖宗架子擺妥 [illegible]水一大碗放在供桌底下桌上設

上[illegible]六酒盅內盛淨水。次設七個碟子內盛黃米[illegible]香燃香[illegible]放在南[illegible]下。猪首向西。猪腿向北。純用黑色。白日用[illegible]牲[illegible]一人[illegible]西[illegible]向南將三位先祖請出。設於架上。將地掃淨。而主祭人誦滿[illegible]祭文。所[illegible]人按次跪聽已畢。叩首平身。將猪抬於棹上殺之。供棹以前設一[illegible]將血盆放於橙上。[illegible]將猪抬[illegible]猪首向門。猪腿向東而放之。用槽盆將猪毛[illegible]大小腸[illegible]並猪腿均放在供棹右邊。然後將猪[illegible]於棹上。頭向外。腿向右而[illegible]之

白日解豬規則

一、猪首一件（將前右腿猪蹄割下放在猪腿內尖向右）脖圈一件。（帶枝子骨）前兩腿帶[illegible][illegible]兩件。（[illegible]）遂陷拉一件。（部肚然也）次將心肝肺取出。（猪胆放在供棹）其腸條連大樑骨縫。（[illegible]）次將後坐（[illegible]）後背腿連帶枯隆骨兩件（[illegible]）後烏叉骨帶尾一件。（即是大腸中之肉）一烏叉帶腰子一件（[illegible]是大腸[illegible]下節也）大樑骨一件。（係脇條[illegible]中之肉也）腸條兩塊。（不許結段）共計十二件。連六小腸碎油膀胱等物一併放於鍋內煑之。外留明腸一根。候猪肉煑好。將腸拏到上屋灌[illegible][illegible]之[illegible]煑熟之肉一概不准當用。鍋內亦不加鹽料。候供獻已畢。臨食再加酌料可也。

白日擺件子規則

一、肉熟擺祭以前。將前二位神祖。請入匣內。再將第三位。請至當中架上。留頭一碟拉拉。頭盆水。放於供桌南頭。其餘之水。倒於鍋內。不准外用潑棄。次將小槽盆。放於供桌上。斜之。一人持刀。將肉按塊片一條。置於小木碗中。（名曰倭也）先擺猪首。次拏脖圈。（肉皮向下）再拏大梁骨二烏义。骼烏义。哈拉把背腿。（脚尖向後）後拏兩扇𨅬條。均肉皮向下。復將心肝肺。放於前。結猪肚。放於後結。碎油等件。放於當中。達哈拉。（肉皮向上）蓋在當中。血腸搭在猪咀內。擰一花。搭在達哈拉上。用尖刀一把。插在猪頭左邊。供獻齊整。燃着年香。從新掃地。

白日祭神規則

一、擺設齊整。先請主祭人。在前滿語跪讀祭文。其餘按次序跪而聽之。讀完。行叩首禮畢。用皮褥子個放於地。三人就地而坐。打扎板。主祭人雙手舉香落碗。讀祭文。至當中放下香落碗。口誦倭勤密。打扎板之人。亦隨聲付合。再將北頭香落碗舉起。仍用倭勤密。照前付合。次將祭文讀畢。主祭人率族中人。行叩首禮訖。先將猪首。下巴車骨提出。放在槽盆。其餘肉件。拿至廚房。將骨頭如數提出。送於小槽盆內。隨便用飯。已畢。即將炕地掃淨。鍋皂刷淨。該水亦用盆盛之。着人至上屋。在地立正。雙手將祖匣舉之。先將匣內二位請出。再將此位仍放於底下。隨後將二位。放在上頭。從匣口將瓦丹布蓋好。請匣子之人先走。隨跟拿槽盆人走。

前留之拉拉並一中水仍置於槽盆內用淨手巾蓋上送至江邊或四野潔淨之處均可。再將蓋除穢物隨行而後將鍋水一同外邊抛之名曰送骨頭白日用猪致祭手續終。

夜晚祭神規則

一、請設祖宗以前先取淨水一碗敬神之用。次挑淨水一大鍋。以備退猪之用。將上屋應用物品備妥。一人雙手請祖匣匣口向南先將達索林（滿語即第一位也）請出設於架上次將六位亦均請設於架上。供棹南頭放一方盤將祖匣放在盤內再將二位請出擺設匣蓋之上共計九位。每位淨水一盅黃米拉拉一碟。供畢燃着年香白伏臘將香爐碗燭台放在棹上南北頭各一個。設備已齊主祭人口誦滿語祭文率同族人叩首禮畢即與主祭人束腰鈴紮裙子。手持鼓一面其他均持手鼓一面。並抬鼓一面。聲成一音而主祭人面向第一位起至第四位止。甩腰鈴。退步而行至上屋門坎止步。其間將猪抬至上屋。放在南炕檐下。（猪首向西猪蹄向北）再向前走三步。行至南炕檐邊。面向第二位索林。祝禱已畢。甩腰鈴。仍向第五位。祝禱至第七位完時。甩腰鈴。打鼓退步至門坎。其間將猪橫放地當中。頭南脚西。主祭人上行三步至猪前。用右足向猪脖圈踏三脚退下。由右向左圍猪繞走三匝踏猪脖而過。禮畢。不用叩首。即行退猪。

晚間解猪規則

一、祭神已畢。將猪在上屋宰訖。血盆放在供桌前。方橙上。將猪抬至堂屋退毛。惟解猪之規則。仍與白日相同。而不同者。多解後右脚一個。右邊枯龍骨肉一塊。共計十四件。臨煮肉之時。將腸肚肝三件提出不上供。候將祭肉煮好。致祭時。係用細腸灌血。紮三個圈套。連同肝肚一併煮之。以備供獻之用耳。

晚間擺祭規則

一、肉熟供獻以前。將水盅四個。黃米拉拉四碟。移在桌南。再將三盅水。三碟拉拉。移在桌北。其南頭方盤上。所有水盅及拉拉。兩邊移之。次用二人抬一方盤。到廚房取肉。抬至上屋供桌上。按次先拏猪首。脖圈大膘骨。二烏叉。後烏叉。四條大腿。均肉皮向下。再拏心肺。放於右。脇條骨肉。放於右肉皮向上。隨將枯龍骨。後蹄。左脇條骨三件。肉皮向上供之。接拏達哈拉。肉皮向上供之。血腸三圈。放於方盤脇條肉上一圈。當中插尖刀一把。猪咀內放血腸一圈。右邊插刀一把。再達哈拉上放血腸一圈。當中插刀一把。其刀刃均要向裏而插之。

晚間祭神規則

一、擺設齊整。主祭人誦滿語祭文。率同族人叩首畢。而主祭人紮束腰鈴。裙子。手持鼓。與前豬猪禮節相同。惟有至第七位祖先。甩腰鈴。退步至門坎。再前行三步。手打鼓（滿名[illegible]打）向右邊繞三匝。已畢。行叩首禮。即將窗門遮閉（名曰背燈）此時不准人出入院內。着妥人看守。不准到門口。如有外人來時。亦不許進屋。設備齊全。仍行叩首。此時用一人打抬鼓。三人橫坐於進。打札板。供棹前設一木橙。乃係主祭之坐位。將腰鈴放於地下。燈光吹滅。手拏什物。（[illegible]）口誦祭文。至第四位。將腰鈴亂振。急打抬鼓一陣。仍以三音合一。誦祭文訖。燃燈叩首。再將索林。按位請放匣內。雙手舉置西墻祖宗板上。匣口向南。什物橫放匣蓋上。鈴向南。隨將祜龍骨肉。用大盤盛之。放於南炕稍櫃頂上。過三日後。家人食用。不准送與外人。再將窗門啓開。方准出入人也。無論誰家祭祀。而敬謝主祭人之禮。萬不能缺。本日夜間諸事已畢。用飯之前。家主率領本家之人。手捧小碟。內放白酒兩盅。送交主祭人飲用。全家行叩首禮。以爲敬謝之意也。

院心祭神規則

一、昔年滿族人家院心均有影壁。設立祖宗杆子（滿語名曰[illegible]）上有錫拉碗。目下無影壁者甚多。祭祀時。先砍一楊木杆。長約七尺。粗二寸。餘木杆頭用刀砍如錐形。用谷草一束。綁於桿稍上。新碟小米半斗。淨水一大碗。在風門裏橫放高棹一張。上擺三盅淨水。一碟小米。設齊。主祭人率同族人在桌裏向外行叩首禮。起身將碟內小米。撮三撮揚於外。次將東頭盅內之水亦揚於外。將盅扣放。二人抬桌至院心。隨行大鍋一口。方盤內放尖刀兩把。笊笠一把。鉄勺子一把。涮帚一把。水瓢。肉墩等物。至房門外西邊地放寸板。上放方盤相連。用板橙一個。上放木杆一根。架起。用繩子一條。搭於杆上。（滿語名曰蒙古波即今之帳房也）主祭人率族中人二次行禮。已畢。仍舊將碟內之米。盅內之水揚之。水盅扣放。次將高桌抬到院心影壁地方。隨將祖宗杆子。搭在桌上。木尖向南。將鍋放在三塊石上。用木柈燃着燒水。以備煑肉需用也。

殺猪解件子規則

一。擺設齊整。將猪抬至桌上。其猪牝牡均可。猪首向南。蹄向西。而殺猪之人跪一單腿。殺完。將猪血盆放在高桌上。候血凝結。取血三勺。倒於鍋內。隨將猪之四蹄割下。四少挑開。將皮剝下。其猪首解下不剝皮。用火燒焫猪皮。剝完上祭畢。亦火烤之。先取膝肌肉兩條。次解前兩腿。裡面肉兩條。放於鍋內。再解後兩腿裡面肉兩條。及哈拉把。放於方盤內。如牡猪。將猪鞭子取下。放在供桌上。接解達哈拉。至心肝處。見有膛血。一人手拏祖宗杆子。而解猪之人。將心血掏出。摸在杆子尖上。約有尺餘即可。惟達哈拉解下。再由當中取五寸長三寸寬肉一條。放於方盤。其餘置於鍋內。次將腸肚心肝肺取出。猪胆放在高桌上。煮肝肺各一葉。猪心半塊留大腸半截。小腸一根。猪肚半截。其餘碎油小腸等放於鍋內再將猪首脖圈內之稜子骨。提出煮之大樑骨由前數之。取三根斷一塊取兩根斷一塊左邊腰子一個左邊脇條骨。由前頭取三根右脇取兩根。一併放於鍋內其餘之肉以備擺件子之需也

擺件子規則

一下牲將猪皮放妥。次將猪首擺於猪皮底下。再擺脖圈刀口向上其大樑骨二烏义。後烏义。掏口骨頭向上所留大小腸心肝等均放於當中。左右兩塊脇條肉前後四支腿均骨頭向下擺之將猪尾尖割一小截放於供棹上。餘將猪尾連於猪皮之上也

院心供肉規則

一下牲將肉煮熟時成塊肉用刀片之。腸肚碎油等物放於案敦上剁碎放於鍋內煮一小時。二人抬一方盤上放瓷盆兩個用笊籬先撈三下置於東頭盆內次撈三下。置於西頭盆內將鍋內剁碎之肉撈盡。兩盆分盛之各盆放筷子一雙。在將大樑骨三根脇條。放於西頭盆內。骨節向北次將兩根大樑骨兩根脇條。放於東頭盆內。骨梢均向北將稜子骨肉提盡放於供桌上。其屋內煮飯之時。有先有後。先撈一大碗。放於東頭。次撈一大碗。放於西頭。各碗放小匙一個莫後將達哈拉扣於西頭盆上。各肉盆交三勺湯。均供獻於棹上。祭品擺齊。主

祭人率領行叩首禮畢。仍將小碟米攝三攝揚之。將第三盅水揚出畢。再將楊木桿拿來。此等辦法情因昔年各族院心均有影壁。前設一松木桿（滿語名曰索莫力桿）上有錫拉碗。敬盛諸物之用。今雖一楊木桿亦從全辦理。以作致祭之用。品隨將豬尾稍、帶小碟米於草把上。一切零碎[illegible]三攝肉三匙飯亦放於草把上綁好。次將脖子骨寬而向下套於楊木桿稍上。將此桿暫綁於高桿腿上。而立之等後送骨頭之時。一併送之也。

院心歸屋規則

一　祭畢。先將鍋內湯取出。下留兩瓢。將東盆肉東盆飯放於鍋內。加上酌料。衆人食用。如若[illegible]送與外人吃。不准拿入宅內。端西頭肉盆先行。拿飯碗人隨後行之。用二人抬湯盆到[illegible]於正房西炕西北角放之。西炕放一方盤片肉。其豬首豬皮及蹄。在外烤好。渲肉拿至鍋內煮熟。將骨頭提淨。候衆人吃畢。名曰送骨頭。先將炕地掃淨。煮肉鍋刷淨。一人拿楊木桿。並門上草把。送於江河邊或野外均可。進有骨頭。拋在影壁後。刷鍋水及所有塵穢。棄於[illegible]可也。

打糕設備規則

一　於吉期前數日。先將紅粘谷用正房南炕。炕之由炕谷之日起。門懸草把。前三日。將粘谷推大多少不限。惟碾谷之人。務要淨手束腰。俟碾畢。放在正房內炕南頭棹上祭祀。第一日在上屋地淘米之人。謹忌妊婦孝婦。以及身體不潔之婦。淘畢。以樽盆盛之。放在南炕炕下。或地當中。再用小黃米作酒。以大小罈盛之。大罈白日用。小罈夜間背燈用。放在南炕稍。罈口用布扎好。上放香爐一個。燃着年香。罈口橫放尖刀一把。俟發酸用之。是日晚十鐘。用北炕鍋上放蒸圈。將米蒸之。其間將打糕石頭備妥。蒸熟之米取出三四瓢。倒在槽盆內。以木頭郎頭搽之。再挐在石頭上。軋之數遍。移於方盤內。用多數人作成餑餑。如襪底式。先作倭也餑餑七落。每落十五塊。五塊一小落。用兩小落打底。一小落在上。共計十五塊成為一大落。係白日用之。再照樣作成十落。晚間用之。其餘方准抓蘇子[illegible]隨便用之。

白日打糕祭祀規[illegible]

一、[illegible]日先擺[illegible]位[illegible]上[illegible]盛滿米酒。擺七落打糕。燃着年香。主祭人率族人行禮畢。[illegible]人[illegible]手打扎板。主祭人仍用滿語讀祝。一畢。手端小方盤。內放米酒兩盅。由祖位起[illegible]依次敬酒。口誦倭勒密。行至房門口。將酒揚於外邊。回尾將大罈米酒按盅盛之。[illegible]主祭人同族中人叩首起。將祖請入匣內。用外姓人站立地當中。雙手舉匣。[illegible]每落供尖撤一塊。以碟盛之。放祖匣蓋上。主祭人跪棹前。雙手恭舉小方盤內放米酒兩盅。口誦倭勒密。將米酒與舉匣人。低頭飲之。隨將祖匣。送至房門口。族人接匣。雙手舉放祖宗板上。將碟內打糕送於外姓舉匣人食之。

接連祭祀規則

一、原供桌不動。將祭物掛於架南頭。桌南放一大方盤。設備整齊。將祖位依次請於架上。用小方盤。內放打糕兩落。白酒米酒各一盅。其餘祖位先敬米酒一盅。次即白酒一盅。共計三盅白酒三盅米酒。燃着年香。行叩首禮。起。與主祭人紮束腰鈴裙子。手持鼓。其餘手鼓抬鼓。均擊成一音。主祭人口誦滿語祭文。至第四位祖。甩腰鈴退步至南炕簷。向二位致祭。其間換盅一次。再向第五位祝禱至第七位。甩腰鈴退步至門坎。再向前行三步。由右還繞三次。禮畢。主祭人率同族人行叩首禮。起。將祖位請起。留架上南頭第一位。放於匣蓋上。次將供桌撤放南頭。另設一大方盤。將打糕米酒白酒移內供之。

打糕背燈規則

一、日落後。不行禮而殺猪。其猪仍用牡猪。在上屋殺完。猪將血盆放在櫈上。退猪解件子。各年續與前無異。留明腸一條。灌血用之。候肉煮熟。將供桌方面向上。向西南角斜之。祖匣設於桌上。方盤內將件子擺齊。然後將小罈米酒並白酒按盅換好。不行禮。即背燈。將窗門遮閉。僅用抬鼓一面。三人手打札板。各屋燈光吹滅。讀祝被燈祭文。諸般禮節已畢。再將燈點着。請祖位入匣。舉放祖宗板上。祭物横放匣蓋小方盤之。打糕放在南炕。横頂過三日。家主食用不准送於外人。惟本日晚間用飯之時。家主應率同妻子向主祭人行最敬禮。以表謝意也。

祭星規則

一、祭神之日。無論某月。謹用初三初五兩日。候月落時。挑退猪水。其猪不用甚大。殺猪之先。在上屋北炕當中。設一四方木橙。次用七寸碟子。內盛小灰與碟口相平。次用松木明子數十片。放在碟內燃着。再點白燭一對。殺猪人身穿黃紗袍（名曰祭星衣服）手拏血盆尖刀及碟子。將明子接續燃着不斷。屋內燈光吹滅。淸靜無聲。在外邊祖宗板西相離四五尺遠。用四方板橙放倒。橙腿向南。上放一板。用一人將猪拏至橙上。猪首向北。蹄東而殺之。明子碟放在窗台上。行叩首禮。起咳嗽一聲。屋內燃燈開門。將猪抬屋而退毛也。

祭星解猪規則

一、猪首一件。脖圈一件。前兩條腿帶哈拉把兩件。達哈拉一件。將心肝肺取出。其脇條連大樑骨。繼均以刀斷開。將後坐斷爲兩節。後背腿兩件。連枯龍骨後烏乂骨代尾一件。大樑骨一件。二烏乂代腰子一件。脇條肉兩塊。不許斷開共計十二件。大小腸碎油等物。一併置鍋內煮之。留明腸一根。拿至上屋地。向對板橙明子碟。灌血煑之。肉熟時。供献已畢。再加鹽料食之。

祭星擺件子規則

一、肉熟時。在堂屋地。設一板橙。上放槽盆。以爲擺件子之用。先拿猪首。次脖圈。大樑骨。二烏乂。後烏乂。前兩腿。後兩腿。兩扇脇條。均肉皮向下。將心肝肺放於上。腸肚放於下。再將達哈拉扣上。肉向內皮向上血腸套於咀內向下擰一花。放於達哈拉上。猪首插一把尖刀。將明子碟燃着。放在達哈拉上。一人仍穿祭星衣服。用二人抬槽盆。至殺猪之處。先將犬逐出院外。屋內燈火息滅。寂靜無聲。行叩首禮畢。停一小時。再抬至屋中。臨食時。皂火門。用板蓋好。謹忌火也。

幼童天花規則

一、本族各戶小兒。有出天花者。敬謝痘疹娘娘之喜猪。謹忌火燭。皂門不准隨便潑洒湯油。致於祭典之規則。與常年祭祀之設備相同。而殺猪供肉之規法。並送骨頭之手續。與前無異。其不同者。詳列於後。

其一

一、我族小兒出花。殺喜猪時。將高棹放在上屋。供設娘娘之處。一切應用物品擺齊。抬至堂

室地行禮畢。抬出房門再行禮訖再將桌抬至院心影壁處放之而應用物品。仍然依次陳列於桌上

其二

一、祭物擺齊。即殺猪剝皮拿件子。肉熟依次擺件子。其禮節與常年相同。惟食之以前。將哈拉巴帶骨頭。用大碟盛之。拿至供設娘娘之處。獻之。再設一香爐。沐手焚草香三支。行叩首禮。候香燃訖將肉放在最潔之處。不准送於外人食用。復將後腿猪蹄。用碟盛之。供獻皂王。此碟放在皂火門鍋台上。焚香叩首。至於送骨頭之時。將猪頭上一半連皮帶肉。送於外人食之。不准將猪之兩眼挖出。謹記爲要。

大滿洲國康德四年三月　日

第一世始祖都公諱喀鄂之尊像

安圖居住已多秋　草木爲鄰喜自由
名利不爭勤耕織　林泉逸興任遨遊
父慈子孝家中樂　紹業箕裘歲月悠
世事炎涼無罣慮　茅廬安隱勝高樓

第二世始祖海公諱色之尊像

幼從嚴父在安南　生計維艱移牡丹
積慶流芳綿百世　傳家惟有力耕田
兄來塞外招婚贅　缺嗣身殁北蒙藩
茲吾生男接祖胤　幸能裕後並光前

第三世始祖清封資政大夫花翎
協領索公諱爾瞿多之尊像

昔讀詩書不務農　寒窗奮志耀門庭

文才武略羅胸內　欲展鴻猷佐聖明

廻運歸清功業就　五枝丹桂俱精忠

子孫蕃衍承德潤　仰沐皇恩世代隆

發起人圖醉玉字璞衡之肖像

長支

譜註篇

長支第四世

索公長子

代柱

妻氏未詳生二子

朔倫

達舒

長支第五世

代柱長子

朔倫

妻氏未詳生子二

邑

落石

長支第六世

朔倫長子

朔邑

妻氏未詳

朔倫次子

落石

妻氏未詳生子二

莫勒訥

訥喜

長支第六世

長支第五世

代柱次子

達舒

妻氏 未詳生子三

瓦琿

罕地

安代

長支第六世

達舒長子

瓦琿

妻氏 未詳生子二

索倫

哈里

長支第六世

達舒次子

罕地

妻氏 未詳生子一

永福

長支第七世

瓦琿長子

索倫 生前三等侍衛

子

哈里

二人妻子均未詳

長支第七世

[illegible]地之子
永福
妻 子未詳

落石之子
莫勒訥
妻 氏未詳生子三
沙爾胡達
烏爾胡石
朱爾賽

長支第七世

莫勒訥長子
沙爾胡達
妻 子未詳
烏爾胡石
朱爾賽
妻 子未詳

長支

長支第八世

長支第六世

達舒三子
安代
妻 子未詳

長支第七世

落石次子
訥喜
妻　氏未詳生子三

吳薩哩
戳落訥
三

長支第八世

訥喜長子
吳薩哩
妻　子未詳

訥喜次子
戳落訥
妻　氏未詳生子三

三柱
三寶
青山

長支第八世

戳落訥長子
三柱
妻　氏未詳生子三

官保
闗音保
常壽

長支第九世

長支第九世

戳落訥次子

三寶

妻子未詳

戳落訥三子

靑山

妻氏未詳生子一

晋朱勒

長支第九世

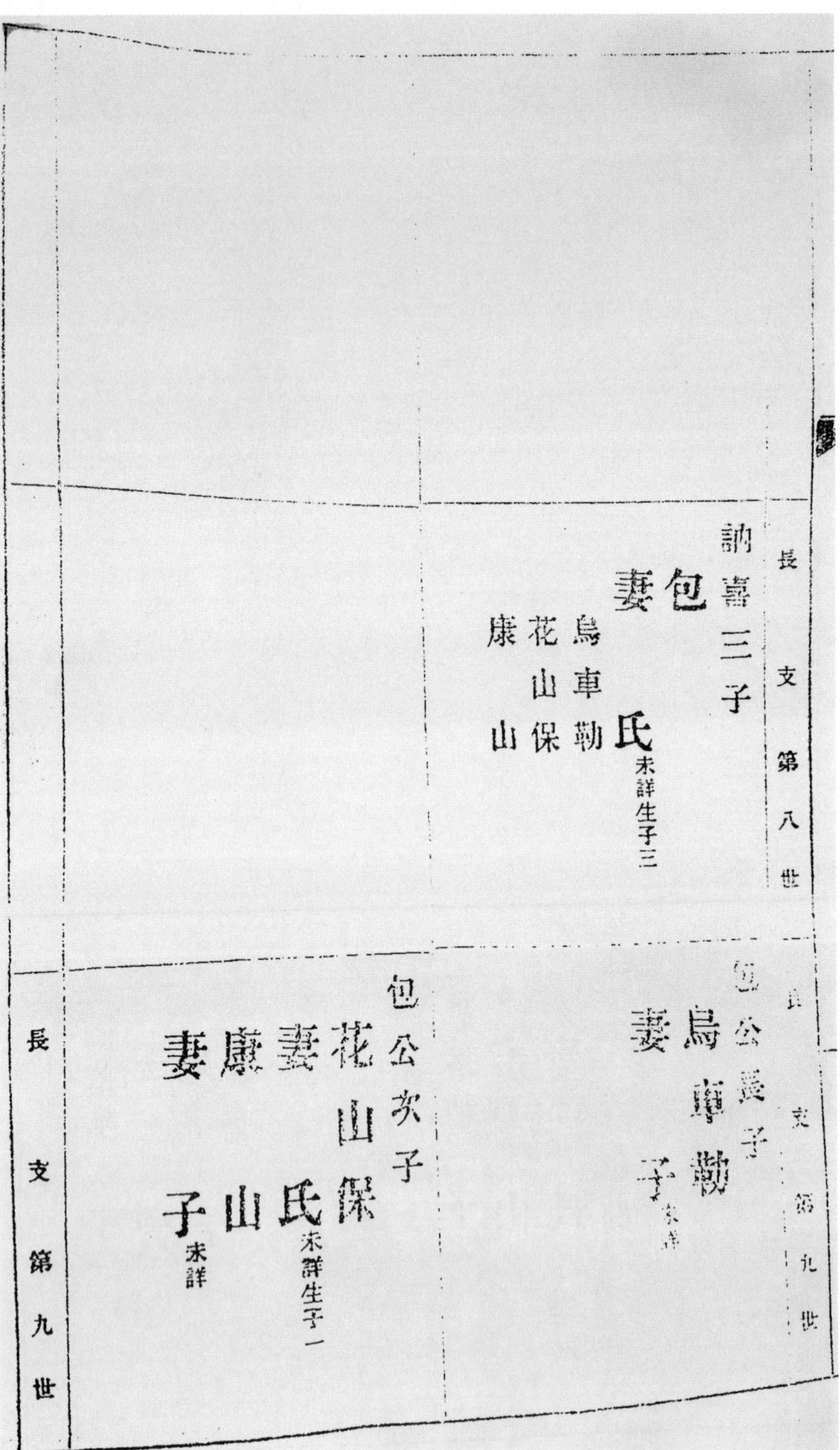

長支第八世

訥喜三子

包

妻　氏未詳生子三

烏車勒

花山保

康山

長支第九世

包公長子

烏車勒

妻　子未詳

包公次子

花山保

妻　氏未詳生子一

康山

妻　子未詳

長支第九世

長支第十世

三柱長子
官
妻
子未詳

三柱次子
關音保
妻氏未詳生一子
富成阿

長支第十一世

關音保之子
富成阿
妻
子未詳

長支

四

長支第十世

三柱三子
常壽
妻氏未詳生子一
富青阿

青山之子
音朱勒
妻
子未詳

長支第十世

長支第十一世

常壽之子
富青阿
妻
子未詳

長支第十世

花山保之子

色普徵額

妻

子未詳

瓜爾佳納音關氏譜書
卷貳

二支譜註篇

第二支第五世

東阿米三子
雅哈那
妻　氏未詳生子四
英達
哈呢
伊拉賽
滿太

東阿米四子
薩海
妻　氏未詳生子三
金貴
親戚
巴爾虎

第二支第五世

第二支第六世

達三第三子
坡爾
妻　子未詳

達三四子
非雅思哈
妻　氏未詳生子二
色爾胡德
雅爾胡德

第二支第六世

棠公次子

東阿米

妻氏 未詳生子七

達三　額萊

雅圖　留哥

雅哈那　巴彥太

薩海

東阿米長子

達三

妻氏 未詳生子四

朔色

那三

坡閣

非雅思哈

東阿米次子

雅圖

妻氏 未詳生子三

胡喜

富保

富三

達三長子

朔色

妻氏 未詳生子二

色申太

黑呼勒

達三次子

那三

妻氏 未詳生子三

富常

歡其母保

富勒保

第二支第五世

東阿米五子
額萊
妻 氏 未詳生子一
常明

東阿米六子
留哥
妻 氏 未詳生子一
常壽

第二支第五世

第二支第六世

雅圖長子
胡喜
妻 氏 未詳生子三
和楞額
業楞額
五哥

雅圖次子
富保
妻 子 未詳

第二支第六世

第二支第五世

東阿米七子
巴彥太
妻氏未詳生子一
雙成

第二支第六世

雅圖三子
富三
妻氏未詳生子三
富爾篩
忠衡
阿林保

第二支第六世

雅哈那長子
英達
妻氏未詳生子五
扎藍太
阿勒山
哲庫訥
落色保
德色保

第二支第六世

雅哈那次子
哈呢
妻氏未詳生子四
伊三太
達都
七林保
八呢

雅哈那三子
伊拉賽
妻氏未詳生子一
烏克太

第二支第六世

雅哈那四子
满太
妻
氏未詳生子一
姑鲁色

第二支第六世

薩海長子
金貴
妻
氏未詳生子一
花色

第二支第六世

第二支第六世

薩海次子
親戚
巴爾虎
此二名妻子未詳

額森之子
常明
妻 子未詳

第二支第六世

第二支第六世

常哥之子

常壽

妻 氏未詳生子三

富卡

阿克金保

岔呢

巴彥太之子

雙成

妻 子未詳

第二支第六世

第二支第七世

朔色長子
色申太
妻　氏未詳生子一
其林

朔色次子
黑呼勒
妻　氏未詳生子三
白鈞
麥蘇拉
那蘇拉

第二支第七世

第二支第八世

色申太之子
其林
妻　子未詳

黑呼勒長子
白鈞
妻　氏未詳生子一
西勒彌

第二支第八世

白鈞之子
西勒彌
妻　氏未詳生子二
烏德保
烏德佈

第二支第九世

第二支第七世

那三長子
萬常
妻　氏未詳生子二
車克莫
滿常

那三次子
歡莫母保
妻　氏未詳生子一
保柱

第二支第七世

第二支第八世

黑呼勒次子
麥蘇拉
妻　氏未詳生子二
永和、
蘇章阿

黑呼勒三子
那蘇拉
妻　氏未詳生子二
烏章阿、
色普青額

第二支第八世

第二支第九世

麥蘇拉長子
永和
妻　氏未詳生子一
常明

麥蘇拉次子
蘇章阿
妻子未詳

第二支第九世

第二支第七世

那三季子
富勤保
妻　氏未詳生子一
凌山

吉雅思哈長子
色爾胡德
妻　子未詳

第二支第七世

第二支第八世

蒿常長子
車克莫
妻　氏未詳生子二
他林保
黑德

蒿常次子
滿常
妻　子未詳

第二支第八世

第二支第九世

那蘇拉長子
烏章阿
妻　氏未詳生子二
伊郎阿
吉郎阿

那蘇拉次子
色普壽額
妻　子未詳

第二支第九世

二支　六一

第二支第七世

[illegible]哈次子
雅爾胡德
妻　氏未詳生子二
富
山

[illegible]喜長子
和楞額
妻　子未詳

第二支第七世

第二支第八世

富其母保之子
保柱
妻　氏未詳生子二
豐陞額
伊勤保

富勤保之子
凌山
妻　氏未詳生子三
台成
喜成
三成

第二支第八世

第二支第九世

車克莫長子
他林保
妻　子未詳

車克莫次子
黑德
妻　氏未詳生子二
德爾蘇勒
德保

第二支第九世

第二支第七世

胡喜次子
業楞額
妻　氏未詳生子四
巴爾虎
金太
烏林保
富林保

胡喜三子
五哥
妻　子未詳

第二支第七世

第二支第八世

雅爾胡德之子
同山
妻　氏未詳生子一
烏精額

業楞額長子
巴爾虎
妻　氏未詳生子一
阿思胡

第二支第八世

第二支第九世

保柱長子
豐陞額
妻　子未詳

保柱次子
伊勤保
妻　氏未詳生子一
恩特和佈

第二支第九世

第二支　第七世

富三長子
富爾簾
妻
子未詳

富三次子
忠衛
妻　氏未詳生子二
藤其哈

第二支　第七世

第二支　第八世

業楞額次子
金太
妻
子未詳

業楞額三子
烏林保
妻　氏未詳生子二
托色
母保

第二支　第八世

第二支　第九世

凌山長子
台成
喜成
三成
此三名妻子未詳

同山之子
烏精額
妻　氏未詳生子三
常有
常順
七根

第二支　第九世

第二支第七世

富三季子
阿林保
妻　氏未詳生子一
哈斯呼

受達長子
扎盤太
妻　子未詳

第二支第七世

第二支第八世

業楞額四子
富林保
妻　子未詳

忠街之子
薩其哈
妻　子未詳

第二支第八世

第二支第九世

巴爾胡之子
阿思胡
妻　氏未詳生子二
保
倭興額

烏林保之子
托色某保
妻　子未詳

第二支第九世

第二支第七世

英達次子
阿勒山
妻 氏未詳生子一
七哥

英達三子
哲庫訥
妻 氏未詳生子一
奧山

第二支第八世

阿林保之子
哈斯呼
妻 子未詳

阿勒山之子
七哥
妻 子未詳

第二支第七世

第二支第八世

第二支第七世

英達四子
落色保
妻 氏未詳生子一
德倫太

英達五子
德色保
妻 子未詳

第二支第八世

哲庫訥之子
興山
妻 氏未詳生子二
六十
七十八

落色保之子
德倫太
妻 氏未詳生子一
塔靑阿

第二支第九世

興山長子
六十
妻 氏未詳生子四
普亮
富保
書保
成保無嗣

興山次子
七十八
妻傅氏生子一
富倫

第二支第七世

哈
伊
三太
長子
妻氏未詳生子三
扎音保
七十五
扎

哈呢
達都
次子
妻氏未詳生子三
遜
德
保
喜
有
興

第二支第八世

伊三太之子
扎音保
妻氏未詳生子三
勝保
常明
常保

達都長子
遜喜領催
妻氏未詳生子二
凌保
富陞保

第二支第九世

德倫太之子
塔青阿
妻馬氏生子三
德升
庆金
滿升

扎音保長子
勝保
妻氏未詳生子一
烏爾恭額

第二支第七世

哈呢三子
七林保
妻　氏未詳生子一
七赫訥

哈呢四子
巴呢
妻　子未詳

第二支第七世

第二支第八世

達都次子
德有
妻　氏未詳生子一
勒保

達都三子
保興
妻　氏未詳生子一
富林

第二支第八世

第二支第九世

扎音保次子
常明
妻　子未詳

扎音保三子
常保
妻　氏未詳生子三
烏林保
桂喜
忠喜

第二支第九世

第二支第七世

伊拉撥之子
烏克太
妻 氏 未詳生子四
德林
塔金太
五十八
波力山

滿太之子
姑魯色
妻 氏 未詳生子三
達米那
達哩山
烏勒青額

第二支第七世

第二支第八世

七林保之子
七赫訥
妻 子 未詳

烏克太長子
德林
妻 閻氏 生子五
莫克里
車克里
德勒毋保
永明
永陞

第二支第八世

第二支第九世

溫喜長子
凌保
妻 氏 未詳生子四
明德
恩特赫莫
烏凌額
烏爾青額

溫喜次子
富陞保
妻 氏 未詳生子一
常德

第二支第九世

佛二支第七世

金貴之子
花色
妻 子 未詳

常壽長子
富卡
妻 氏 未詳生子一
蓬吉拉

佛二支第七世

第二支第八世

烏克太次子
塔金太
妻 氏 未詳生子一
凌海

烏克太四子
博力山
妻 氏 未詳生子一
和春

第二支第八世

第二支第九世

德有之子
勒保
妻 氏 未詳生子一
滿壽

保興之子
富柱
妻 氏 未詳生子二
伊成阿
佛勒精阿

第二支第九世

第二支第七世

常壽次子
阿克金保
妻　氏未詳生子四
丑哥
那爾佈
花胡訥
甫保

常壽三子
呑呢
妻　氏未詳生子三
那力太
海勤保
臥爾霍訥

第二支第八世

姑魯色長子
達米那
妻　氏未詳生子三
色克金保
富常保
永壽

姑魯色次子
達里山
妻　氏未詳生子一
塔斯哈那

第二支第九世

德林次子
東克里
妻　氏未詳生子一
保昌

德林三子
德勒某保藍翎
妻甯氏生子一
成安

第二支第十世

西勒彌長子
烏德保
妻臧氏 生子一
春喜

第二支第十世

西勒彌次子
烏德佈
妻楊氏 生子二
杜成
榮福

第二支第八世

姑魯色三子
烏勒青額
妻氏 未詳生子一
和林保

第二支第八世

富卡之子
達吉拉
妻[illegible]
子[illegible]

第二支第九世

德林四子
永明
妻氏 未詳生子一
烏梨山

第二支第九世

德林 長子 五子
莫克里
永陞
此二名妻子未詳

二支
十二

第二支第十世

永和之子
常明
妻傅氏生子
哈楊阿

第二支第八世

阿克金保長子
丑哥
妻氏未詳生子一
晉當阿

第二支第九世

塔金太之子
凌海
妻子未詳

第二支第十世

烏達阿長子
伊郎阿
妻子未詳

第二支第八世

阿克金保次子
挪爾佈
妻氏未詳生子一
波力山

第二支第九世

博力山之子
和春
妻氏未詳生子二
成德
常久

第二支第十世

烏章阿次子

吉郎阿

妻　氏未詳生子一

春福

第二支第十世

黑德長子

德爾蘇勒

妻　氏未詳生子一

安楚拉

第二支第八世

阿克金保三子

富胡訥

妻　氏未詳生子四

德

鑌柱

德柱

匙

第二支第八世

阿克金保四子

而保

妻　氏未詳生子四

雙保

代升阿

同保

色克精阿

第二支第九世

達米那長子

色克金保

妻　氏未詳生子一

吉通阿

第二支第九世

達米那次子

富常保

妻　氏未詳生子一

扎隆阿

第二支第十世

[illegible]德次子
德保
妻趙氏 生子四
明喜
常喜
連喜
春喜

伊勤保之子
恩特和佈
妻氏 未詳生子一
德貴

第二支第十世

第二支第八世

岱呢長子
那力太
妻氏 未詳生子一
黑囲

岱呢次子
海勤保
妻氏 未詳生子一
穆克登額

第二支第八世

第二支第九世

達米那三子
永壽
妻于 未詳

達里山之子
塔斯哈那
妻氏 未詳生子一
八十五

第二支第九世

第二支第十世

烏精額長子
常有
妻唐氏 生子一
德恩

烏精額次子
常順
妻趙張氏 生子四
德春
德盛
全升
德保

第二支第八世

岱呢三子
卧爾霍訥
妻　氏 未詳生子二
成保柱
來柱

第二支第九世

烏勒青額之子
想林保
妻　氏 未詳生子一
伏

丑哥之子
音當阿
妻　氏 未詳生子一
海福

二支

十四一

第二支第十世

阿思胡長子

保[illegible]

妻[illegible]氏未詳生子一

雙祿

第二支第十一世

烏德保之子

祥喜

妻傅氏生子一

銀成

第二支第九世

挪爾佈之子

波力山

妻[illegible]氏未詳生子一

[illegible]

第二支第十世

阿思胡次子

倭興額

妻傅氏生子一

雙福

第二支第十一世

烏德布長子

柱成

妻吳氏無子

第二支第九世

富胡訥長子

德桂

鎖柱

此二名妻子未詳

第二支第十世

六十長子
書亮
妻　氏 未詳生子二
石成
石桂

六十次子
富保
妻　氏 未詳生子一
石德

第二支第十世

第二支第十一世

烏德佈次子
榮福
妻 楊佛 氏 生子一
福財

常明之子
哈楊阿
妻 關氏 生子一
成順

第二支第十一世

第二支第九世

富胡訥三子
德桂
妻　氏 未詳生子三
石魁
黑福
親魁

富胡訥四子
匙
妻　氏 未詳生子一
黑小

第二支第九世

第二支 第十世

六十三子

書保

妻 氏未詳生子二

金貴

永貴

七十八之子

富倫

妻胡氏生子四

英順

英山

英祥

英林

第二支 第十世

第二支 第十一世

吉郎阿之子

春福

妻 子未詳

德爾蘇勒之子

安楚拉

妻傅氏生子

雙山

根山

第二支 第十一世

第二支 第九世

而保長子

雙保

妻關氏生子二

七十一

七七

而保之次子

代升阿

同保

色克精阿

此三名妻子未詳

第二支 第九世

第二支第十世

塔青阿長子
德升
妻唐氏、生子一
雙貴

塔青阿次子
庚金
妻子未詳

第二支第十世

第二支第十一世

德保長子
明喜
妻傅氏無子

德保次子
常喜
妻子未詳

第二支第十一世

第二支第九世

那力太之子
黑團
妻子未詳

海勤保之子
穆克登額
妻氏未詳生子二
德其
陞

第二支第九世

第二支第十世

塔青阿三子

滿升

妻胡氏 生子一

玉貴

勝保之子

烏爾恭額

妻氏 未詳生子一

春祿

第二支第十世

第二支第十一世

德保三子

連喜

妻楊氏 生子

全山

德保四子

春喜

妻楊氏 生子一

貴山

第二支第十一世

第二支第九世

臥爾霍訥長子

成保桂

妻氏 未詳

臥爾霍訥次子

來桂

妻氏 未詳生子一

卜魁

第二支第九世

第二支 第十世

常保長子
烏林保
妻 子未詳

常保次子
貴喜
妻 氏未詳生子一
德柱

第二支 第十一世

恩特和佈之子
德貴
妻 子未詳

常有之子
德恩
妻傅氏生子一
富精阿

第二支 第十二世

春喜之子
鎖成
妻唐氏

榮福之子
福財譜名富興阿
妻劉氏生子二
勝鎖
勝鐸

十七 二支

第二支第十世

凌保次子
恩特赫莫
妻　氏未詳生子一
永海

凌保三子
烏凌額
妻　氏未詳生子一
永祿

第二支第十一世

常順長子
德春
妻吳氏生子二
富隆阿
富永阿

常順次子
德恒
妻唐氏生子二
富丈阿
福德

第二支第十二世

哈楊阿之子
成順
妻楊閙氏生子一
勝欽

安楚拉長子
雙山
妻吳氏生子一
常德

第二支 第十世

富陞保之子
常德
妻趙氏 生子三
永深
永輝
永全

勒保之子
常壽
妻氏 未詳生子一
永成

第二支 第十世

第二支 第十一世

常順三子
全柱
妻子 未詳

常順四子
全保
妻關氏 生子一
福慶

第二支 第十一世

第二支 第十二世

安楚拉次子
根山
妻子 未詳

連喜之子
全山
妻李氏 生子二
勝明
勝亮

第二支 第十二世

十八

第二支　第十世

富柱長子
伊成阿
妻　氏未詳生子二
常有
春有

富柱次子
佛勒精阿
妻　氏未詳生子一
連有

第二支　第十一世

保公之子
雙祿
妻傅氏無嗣

倭興額之子
雙福
妻張氏生子一
喜成阿

第二支　第十二世

春喜之子
貴山
妻楊氏生子一
勝英

德恩之子
富精阿
妻唐氏無子

第二支第十世

章克里之子
保昌 前鋒
妻何氏 生子二
保輝
青輝

第二支第十世

德勒棻保之子
成安 佐領
妻趙氏 生子二
常和
明和

第二支第十一世

書亮長子
石成 五品藍翎
妻苗氏 生子一
常清

第二支第十一世

書亮次子
石柱 副都統銜花翎防禦
妻周氏

第二支第十二世

德春長子
富隆阿
妻張氏 生子二
勝文
勝題

第二支第十二世

德春次子
富永阿
妻傅氏 生子一
勝秀

二支 九

第二支第十世

永明之子
烏梨山
妻子未詳

第二支第十一世

富保之子
石德
妻吳張氏生子五
金柱 銀柱 站柱 鞏柱 長太

第二支第十二世

德恆長子
富吏阿
妻周氏生子一
勝志

第二支第十世

和春長子
成德
妻氏未詳生子一
祥輝

第二支第十一世

書保次長子
金貴
妻子未詳
永貴
妻馬氏

第二支第十二世

德恆次子
福德
妻周氏生子一
勝春

第二支第十世

和春次子

常久

妻 子未詳

色克金保之子

吉通阿

妻 子未詳

第二支第十世

第二支第十一世

富倫長子

英順六品頂代皮甲

妻張氏生子三

常慶

常雲

常林

富倫次子

英山花翎防禦

妻于王氏生子一

常連

第二支第十一世

第二支第十二世

德保之子

福慶

妻楊氏生子一

勝鈺

雙福之子

喜成阿

妻傅氏無子

第二支第十二世

第二支第十世

富常阿之子

扎隆阿

妻于 未詳

第二支第十世

塔斯哈那之子

八十五

妻 氏 未詳 生子一

根柱

第二支第十一世

富倫三子

英祥

妻孫氏 生子一

常和

第二支第十一世

富倫四子

英林

妻張氏 生子二

常福

常山

第二支第十二世

石成之子

常滿

妻王氏 生子二

其昌

其瑞

第二支第十二世

石德長子

金柱

妻張氏 生子二

大成

二成

第二支第十世

和林保之子
扶
妻　子未詳

晉當阿之子
海福
妻　氏未詳生子一
五十六

第二支第十世

第二支第十一世

德升之子
雙貴五品頂代領催
妻趙閻氏生子二
金煥
銀煥

滿升之子
玉貴
妻陳氏生子二
銅煥
鐵煥

第二支第十一世

第二支第十二世

石德次子
銀柱
妻魯氏

石德四子
占柱
羣柱
妻　子未詳

第二支第十二世

第二支第十世

博力山之子

麥蕊

妻子未詳

德祥長子

石魁

妻關氏生子二

永魁

永春

第二支第十一世

烏爾恭額之子

春祿

妻氏未詳生子一

常升

貴喜之子

德桂

妻子未詳

第二支第十二世

石德五子

長太

妻韓崔氏

英順長子

常慶

妻傅氏生子二

振武

振東

第二支第十世

德柱次子
黑福
妻徐氏生子一
永海

第二支第十一世

恩特和莫之子
永海
妻杜氏生子一
小鎖

第二支第十二世

英順次子
常雲
妻焦氏生子一
富德

第二支第十世

德柱三子
觀魁
妻關氏生子一
永林

第二支第十一世

烏凌額之子
永祿
妻 子未詳

第二支第十二世

英順三子
常林
妻 子未詳

二支 二十二

第二支第十世

匙之子

黑小

妻關氏生子一

永山

第二支第十一世

常德長子

永琛

妻張氏生子三

常全

吉祥

吉慶

第二支第十二世

英山之子

常連

妻關氏生子四

耀宗

耀光

耀祖

耀魁

第二支第十世

雙保長子

七十一

妻　子未詳

第二支第十一世

常德次子

永輝

妻關氏生子一

慶寶

第二支第十二世

英祥之子

常湘

妻王佟氏生子二

占桂

根桂

第二支第十世

雙保次子
七
妻關氏生子一
永和

穆克登額長子
他其
妻　氏未詳生子一
六十

第二支第十世

第二支第十一世

常德三子
永全披甲
妻趙氏生子一
吉福

滿壽之子
永成
妻　氏

第二支第十一世

第二支第十二世

英林長子
常福
妻　子未詳

英林次子
常山
妻趙氏生子一
振遠

第二支第十二世

第二支第十世

穆克登額次子
陞
妻杜氏生子二
富珠哩
富勒和

第二支第十世

來柱之子
卜魁
妻 子未詳

第二支第十一世

伊成阿長子
常有
妻 氏未詳生子一
青德

第二支第十一世

伊成阿次子
全有
妻 氏

第二支第十二世

雙貴長子
金煥
妻何氏

第二支第十二世

雙貴次子
銀煥
妻蘇趙氏

第二支第十一世

佛勒精阿之子

遠有

妻　氏未詳生子一

榮貴

[illegible]昌長子

榮輝委章京

妻戴氏生子一

玉明阿

第二支第十一世

第二支第十二世

玉貴長子

銅換

妻　子未詳

玉貴次子

鐵換

妻　子未[illegible]

第二支第十二世

第二支 第十一世

保昌次子
青耀
妻
子未詳

成安之子
常和
妻王氏生子
恩榮

第二支 第十一世

第二支 第十二世

春祿之子
常升
妻
子未詳

常有之子
青德
妻
子未詳

第二支 第十二世

第二支 第十一世

成安次子
明和 生子一
妻趙氏
恩林

成德之子
深輝 五品頂戴領催
妻戴氏 生子一
岳明阿

第二支 第十一世

第二支 第十二世

連有長子
榮貴 生子一 全恩
妻趙氏

次子
榮慶
妻氏

深輝之子
岳明阿
妻
子未詳

第二支 第十二世

第二支 第十一世

八十五之子
根桂
妻
子未詳

德福之子
五十六
妻
子未詳

第二支 第十一世

第二支 第十二世

常和之子
恩榮
妻張氏生子二
文山
文靖

明和之子
恩貴
妻祁氏生子三
文祿
文璉
文福

第二支 第十二世

第二支　第十一世

石魁長子
永魁
妻葛氏無子

石魁次子
永春
妻關氏生子一
文春

第二支　第十一世

第二支　第十二世

永春之子
文春
妻趙氏生子一
鉄旦

永海之子
文亮
妻　氏

第二支　第十二世

第二支 第十一世

黑福之子
永海
妻關氏 生子
文亮

親魁之子
永林
妻 子未詳

第二支 第十二世

永山長子
文福
妻吳氏 生子二
憲廷
憲章

永和之子
文魁
妻葛氏 生子二
青山
青連

第二支　第十一世

照小之子
永山
妻傅氏生子二
文福
文祿

七公之子
永和
妻衣氏生子一
文魁

第二支　第十一世

第二支　第十二世

富珠哩之子
文庚
妻葛氏生子一
菁林

永輝之子
震寰披甲
妻魏氏生子一
承恩

第二支　第十二世

第二支 第十一世

德文之子
六十
妻 子未詳

第二支 第十二世

永琛長子
常全
妻 子未詳

第二支 第十一世

隆公長子
富珠哩
妻關氏生子
文庚

第二支 第十二世

永琛次子
吉祥
妻關氏生子一
常恩

第二支　第十三世

福財長子
勝鎮
妻劉傅氏生子三
常仁
常義
常祿

福財次子
勝鐸
妻白氏

第二支　第十三世

第二支　第十一世

陞公次子
富勒和
妻
子未詳

勝鎮長子
常仁
妻　氏

第二支　第十四世

第二支　第十二世

永琛三子
吉慶
妻
子未詳

第二支 第十三世

吉庆之子
常　□
妻　□　氏

成顺之子
勝　欽
妻　劉　氏

第二支 第十四世

勝鎮次子
希　義
妻　氏

勝鎮三子
希　禮
妻　氏

第二支 第十二世

永全之子
吉　福
妻　子未詳

第二支　第十三世

雙山之子
常德
妻李氏生子一
喜春

全山長子
勝明
妻　氏

第二支　第十三世

第二支　第十四世

常德之子
喜春
妻　氏

第二支 第十三世

奎山次子
勝亮
妻 氏

第二支 第十三世

貴山之子
勝英
妻孫氏 生子一
留柱

第二支 第十四世

勝英之子
留柱
妻 氏

第二支 第十三世

富隆阿長子

勝文

妻傅氏 生子二

喜祥

喜禎

富綾之子

承恩

妻 氏

第一支 第十三世

第二支 第十四世

勝文長子

喜禎

妻 氏

勝文次子

喜祥

妻 氏

第二支 第十四世

第二支　第十三世

富隆阿次子

勝顯

妻李氏生子一

喜祿

第二支　第十四世

勝顯之子

喜祿

妻　氏

富永阿之子

勝秀

妻鄧氏

第二支　第十三世

第二支　第十四世

第二支 第十三世

富丈阿之子
勝志
妻王何氏 生子二
羣柱
占柱

第二支 第十四世

勝志長子
羣柱
妻 氏

勝志次子
占柱
妻 氏

第二支 第十四世

第二支第十三世

福德之子

勝春

妻 氏

福慶之子

勝鈺

妻 氏

第二支第十三世

第二支 第十三世

常清長子
其昌
妻 氏生子一
寶善

第二支 第十三世

常清長子
其瑞
妻 氏

第二支 第十四世

其昌之子
寶善
妻 氏

第二支 第十三世

金柱長子
大成
妻 氏

第二支 第十三世

金柱次子
二成
妻 子未詳

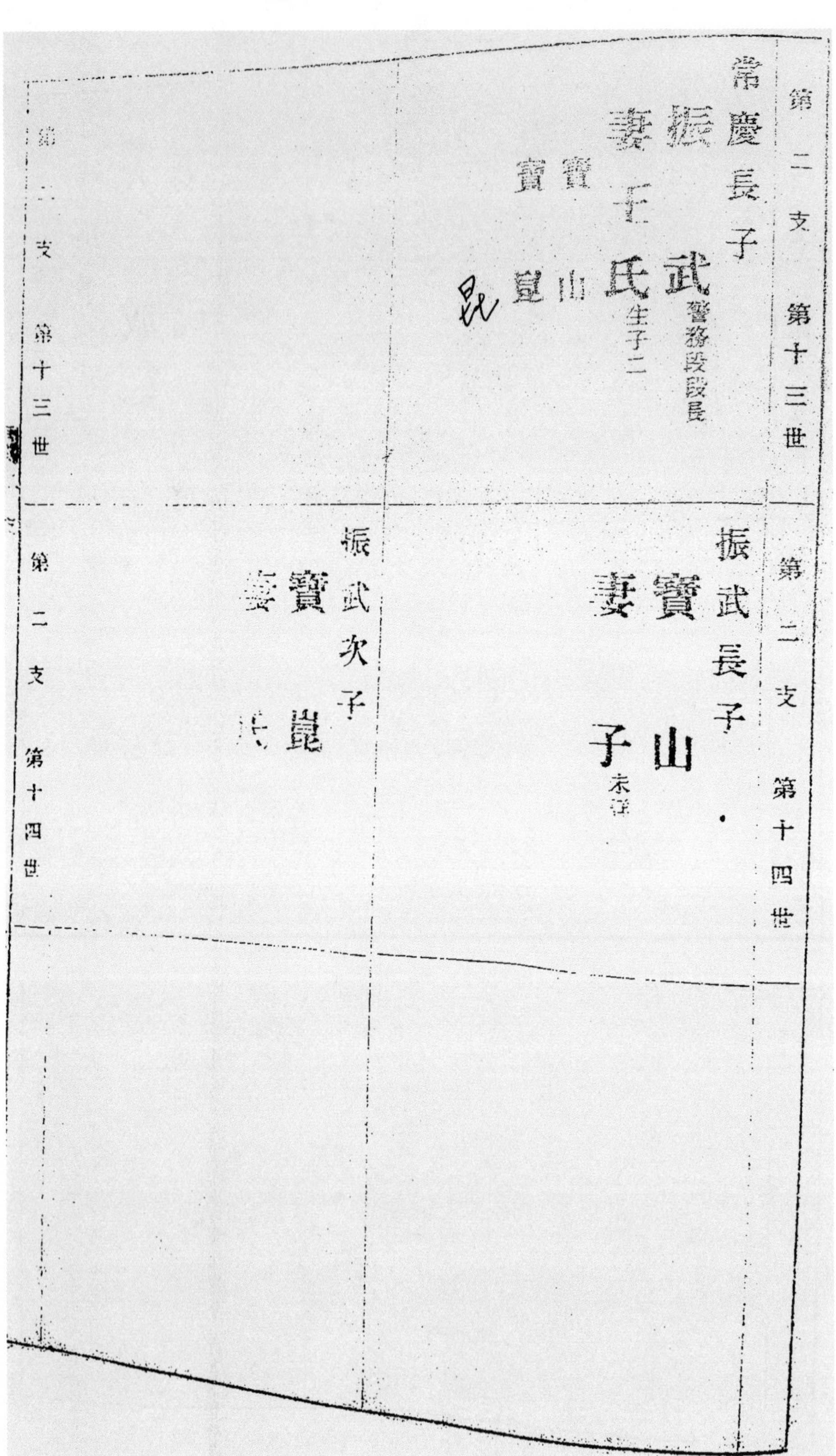
第二支　第十三世

常慶長子
振武 警務段段長
妻王氏 生子二
寶山
寶崑
崑

第二支　第十四世

振武長子
寶山
妻子 未詳

振武次子
寶崑
妻氏

第二支 第十三世

常慶次子
振東
妻陳氏 生子二
寶印
寶庫

第二支 第十三世

第二支 第十四世

振東長子
寶印
妻氏

振東次子
寶庫
妻氏

第二支 第十四世

第二支 第十三世

常雲之子
富德
妻 氏

常連長子
耀
妻關氏 生子一
鳳岐

第二支 第十三世

耀宗長子
鳳岐
妻 氏

第二支 第十四世

第二支 第十三世

常連次子
耀先
妻孟氏

第二支 第十三世

常連三子
耀祖
妻李氏

第二支　第十三世

常連四子
耀魁
妻　氏

常和長子
占桂
妻　氏

第二支　第十三世

常祖次子
根柱
妻 氏

常山之子
振遠
妻 氏

第二支　第十三世

恩榮長子
文山
妻趙氏生子三
寶衡
寶華
寶岩

第二支　第十四世

文山長子
寶衡
妻海氏

文山次子
寶華
妻氏

第二支 第十三世

恩榮次子
文靖
妻趙氏

第二支 第十四世

文山三子
寶岩
妻　氏

第二支 第十三世

恩貴長子

文祿

妻　氏

次子

文璉

妻　氏

三子

文福

妻趙氏

文春之子

鐵旦

妻　氏

第二支 第十三世

第二支 第十三世

文福長子
憲廷
妻氏

第二支 第十三世

文福次子
憲章
妻姚氏

第二支　第十三世

文魁長子
靑山
妻　氏

文魁次子
靑連
妻梁氏

第二支 第十三世

文庚之子
青林
妻赵氏生子一
留柱

第二支 第十四世

青林之子
留柱
妻 氏

瓜爾佳納音關氏譜書
卷叁

第三支第四世

索公三子
麥米哩
妻 氏未詳生子二
覺霍托

第三支第五世

麥米哩長子
覺霍托領催
妻 氏未詳生子二
德圖訥

第三支第六世

覺霍托長子
德圖訥協領
妻 氏未詳生子二
舒勤

覺霍托次子
瑪哩呢防禦
妻 氏未詳生子三
巴延保
蘇恆太

麥米哩次子
心達梨
妻　氏未詳生子四
估爾太
滿胡那
孩哈那
四達色

心達梨長子
估爾太委參領
妻　氏未詳生子一
富明德

心達梨次子
滿胡那
妻　氏未詳生子一
郭保

第三支第六世

第三支第六世

心達梨三子
孩哈那
妻
子未詳

心達梨四子
四達色
妻
子未詳

務米哩次子
心達梨
妻
氏未詳生子四
估爾太
滿明[illegible]

估爾太
妻
氏未詳生子一
富明德

第三支第七世

德圖訥長子
舒勤
妻　氏　未詳生子一
胡西特

第三支第八世

舒勤之子
胡西特
妻　氏　未詳生子一
特某哥圖

第三支第九世

胡西特之子
特某哥圖
妻　氏　未詳生子一
八十一

第三支第七世

德圖訥次子
戳哈那
妻　氏　未詳生子一
阿延太

第三支第八世

戳哈那之子
阿延太　驍騎校
妻　氏　未詳生子二
多倫保
多倫武

第三支第九世

阿延太長子
多倫保　領催
妻　氏　未詳生子一
常貴

第三支第九世

阿延太次子
多倫武
妻　氏未詳生子一
明貴

第三支第七世

瑪哩呢長子
巴延保
妻　氏未詳生子二
巴他那
吉藍保

第三支第八世

巴延保長子
巴他那
妻　氏未詳生子一
朱爾胡山

第三支第九世

巴他那之子
朱爾胡山
妻　氏未詳生子二
桑蘇拉
烏雲保

第三支第八世

巴延保次子
吉藍保
妻　氏未詳生子三
安吉那
六十三
德克德保

第三支第九世

吉藍保次子
六十三
妻　氏未詳生子四
書通阿
雙壽
西拉佈
阿達佈

第三支第七世

瑪哩呢次子
蘇恒太
妻　子未詳

第三支第九世

吉藍保三子
德克德保
妻陳氏生子一
胡成

第三支第七世

瑪哩呢三子
常升保
妻趙氏生子二
阿隆阿
穆克登

第三支第七世

第三支第八世

常升保長子
阿隆阿委官
妻趙氏生子二
明林
成林

常升保次子
穆克登
妻氏未詳生子四
博崇武
德明
富春
富全

第三支第八世

第三支第九世

阿隆阿長子
明林
妻張氏生子二
德山
永山

阿隆阿次子
成林
妻吳氏生子一
鳳山

第三支第九世

第三支第七世

佶爾太之子
富明德 騎都尉
妻 氏 未詳生子一
阿克敦保

第三支第八世

富明德之子
阿克敦保 騎都尉
妻韓氏 生子三
寅山
壽山
富山

第三支第九世

穆克登長子
博崇武
妻 氏 未詳生子一
同升

瀟胡那之子
郭保
妻 氏 未詳生子二
六十八
伊勒圖

第三支第七世

郭保長子
六十八
妻 氏 未詳生子三
凌有
伊常阿
永德

第三支第八世

穆克登次子
德明
妻 氏 未詳生子三
全升
貴成
貴林

第三支第九世

第三支第八世

郭保次子
伊勒圖
妻
子未詳

第三支第九世

穆克登三子
富春
妻
子

第三支第九世

穆克登四子
富全
妻
氏未詳生子一
常山

第三支第九世

阿克敦保長子
銀山
妻氏未詳生子一
貴全

第三支第九世

阿克敦保次子
壽山
妻子未詳

三支

第三支第九世

阿克敦保三子
富山頭等侍衛
妻關氏生子一
榮壽

六十八長子
凌有
妻氏未詳生子一
安惠

第三支第九世

第三支第九世

六十八次子
伊常阿
妻氏未詳生子二
德順
德壽

第三支第九世

六十八三子
永德
妻子未詳

第三支第十世

特某哥圖之子
八十一 委驍騎校
妻 氏 未詳生子一
常壽

多倫保之子
常貴 前峯校
妻羅楊氏 生子三
托克通阿
連順
全順

第三支第十一世

八十一之子
常壽
妻 氏 未詳生子一
景玉

常貴長子
托克通阿 六品軍功
妻趙氏 生子二
德林
春林

第三支第十二世

常壽之子
景玉
妻葛氏 生子一
祥志

托克通阿長子
德林 委扎蘭 藍翎委扎蘭
妻溫氏 生子一
祥玉

第三支第十世

多倫武之子
明貴 前峯
妻氏 未詳生子二
勝春
勝喜

第三支第十世

朱爾胡山長子
桑蘇拉
妻氏 未詳生子四
松阿里
平德
平旦
永德

第三支第十一世

常貴次子
連順
妻卜趙氏 生子二
景阿步
景和

第三支第十一世

常貴三子
全順 花翎防禦
妻卜氏 生子一
景春

第三支第十二世

托克通阿次子
春林
妻關氏 生子二
祥慶
榮慶

第三支第十二世

連順長子
景阿步 藍翎前峯校
妻胡氏 生子二
富英
靖文

第三支 第十世

朱爾胡山次子
烏雲保
妻　氏未詳生子二
九柱
富明

六十三長子
書通阿
妻　氏未詳生子一
塔吉

第三支 第十一世

明貴長子
勝春花翎前鋒
妻韓氏生子二
景連
景全

明貴次子
勝喜
妻　子未詳

第三支 第十二世

連順次子
景和
妻　子未詳

全順之子
景春
妻胡氏生子一
靖仁

第三支第十世

六十二三四子
雙壽
西拉佈
阿達佈
此三名妻子未詳

德克德保之子
胡成
妻羅氏生子三
常海
永海
全海

第三支第十世

第三支第十一世

桑蘇拉長子
松阿里
妻　氏未詳生子一
連福

桑蘇拉次子
平德
妻　氏未詳生子四
德慶
常海
連海
全海

第三支第十一世

第三支第十二世

勝春長子
景連前峯
妻傅氏生子一
托浦

勝春次子
景全六品頂戴披甲
妻張關氏生子二
成喧
成動

第三支第十二世

第三支第十世

明林長子

德山 披甲

妻趙佟氏 生子三

春海

春永

春升

第三支第十世

明林次子

永山 站筆帖式

妻閻氏 生子二

春明

春亮

第三支第十一世

桑蘇拉三子

平旦

妻子 未詳

第三支第十一世

桑蘇拉四子

永德

妻氏 未詳生子一

吳通阿

第三支第十二世

松阿里之子

連福

妻氏 未詳生子一

全壽

第三支第十二世

平德之子

德慶

常海

連海

全海

此四名妻子未詳

第三支第十世

成林之子
鳳山
妻子未詳

第三支第十一世

烏雲保長子
九柱
妻氏未詳生子三
五十三
書根
德楞阿

第三支第十二世

永德之子
吳通阿
妻子未詳

第三支第十世

博崇武之子
同升
妻子未詳

第三支第十一世

烏雲保次子
富明
妻子未詳

第三支第十二世

九柱之子
五十三
書根
此二名妻子未詳

第三支第十世

銀山之子
貴全 恩騎尉
妻海氏 生子二
賽沖阿
永昶

富山之子
榮壽 藍翎驍騎校
妻孟氏 生子一
多祿

第三支第十一世

胡成次子
永海
妻董氏 生子一
景祥

胡成三子
全海
妻張氏 生子一
景吉

第三支第十二世

永海之子
景祥
妻關氏

全海之子
景吉
妻氏

第三支第十世

德明之子
全升
貴成
貴林
此三名妻子未詳

富全之子
常山
妻子未詳

第三支第十一世

書通阿之子
塔吉
妻子未詳

胡成長子
常海
妻閻氏生子一
景祥

第三支第十二世

常海之子
景祥
妻關氏生子一
企武

第三支第十世

凌有之子
安惠
妻趙氏生子二
丁柱
石柱

伊常阿之子
德順
德壽
此二名妻子未詳

第三支第十一世

德山長子
春海
妻楊氏生子二
恩慶
國慶

德山次子
春永
妻傅氏生子一
慶儒

第三支第十二世

春海長子
恩慶
妻傅氏生子二
玉文
喜文

春海次子
國慶
妻李氏

第三支　第十一世

德山三子
春陞藍翎驍騎校
妻安郗氏生子三
貴慶
玉康
常儒

永山長子
春明
妻甯氏生子一
富海

第三支　第十一世

第三支　第十二世

春永之子
慶儒
妻　氏

春陞長子
貴慶
妻　子未詳

第三支　第十二世

第三支　第十一世

永山次子
春亮
妻傅氏　生子三
勸一
善一
敬一

貴全長子
賽冲阿　恩騎尉
妻吳氏　生子一
景文

第三支　第十二世

春陞次子
玉康
妻閻氏　生子一
志文

春陞三子
常儒
妻　氏

第三支 第十一世

貴全次子
永昶 六品頂戴披甲
妻關氏 生子二
景貴
景奎

第三支 第十二世

春明之子
富海
妻 氏

第三支 第十一世

榮壽之子
多祿
妻關氏 生子一
景馨

第三支 第十二世

春亮長子
勸一
妻岑氏 生子一
笑人

第三支第十一世

安惠長子
丁柱
妻　子
未詳

安惠次子
石柱
妻傅氏
生子一
永春

第三支第十一世

第三支第十二世

春亮次子
善一
妻劉氏

春亮三子
敬一
妻　氏

第三支第十二世

第三支　第十二世

賽冲阿之子
景文
妻齊氏 生子一
銘德

永昶長子
景貴
妻胡氏 生子一
銘新

第三支　第十二世

第三支 第十二世

永昶次子
景奎
妻于氏

第三支 第十二世

多禄之子
景馨
妻吴氏

第三支 第十二世

石柱之子
永春
妻趙氏生子一
祥成

九柱之子
德楞阿
妻
子未詳

第三支 第十三世

德林之子
祥玉 藍翎佐領
妻解氏 生子一
文芳

春林長子
祥慶
妻王氏 生子二
文學
文康

第三支 第十三世

第三支 第十四世

祥玉之子
文芳 站長
妻周氏 生子一
錫璋

祥慶長子
文學
妻　氏

第三支 第十四世

第三支 第十五世

文芳之子
錫璋
妻　氏

第三支 第十三世

春林次子
榮慶
妻子未詳

景阿步長子
富英
妻索氏生子一
文福

第三支 第十四世

祥慶次子
文康
妻氏

富英之子
文福
妻氏

第三支 第十五世

第三支　第十三世

景阿步次子
靖文
妻董氏 生子一
文祿

第三支　第十四世

靖文之子
文祿
妻　氏

第三支　第十三世

景春之子
靖仁
妻劉氏 生子二
文啓
文志

第三支　第十四世

靖仁次長子
文敬
文志

三支

三支 第十三世

景連之子
托浦
妻部氏 生一
文炳

第三支 第十四世

托浦之子
文炳
妻氏

二支 第十三世

景全長子
成喧
妻關氏 生子
文華

第三支 第十四世

成喧之子
文華
妻氏

第三支第十三世

景全次子
成勳
妻盧氏生子一
文彥

第三支第十四世

成勳之子
文彥
妻氏

三支第十三世

速福之子
全壽
妻子未詳

第三支 第十三世

景祥之子
企武
妻氏

恩慶長子
玉文
妻傅氏

第三支 第十三世

第三支第十三世

恩慶次子
喜文
妻　氏

玉康之子
志文
妻　氏

第三支第十三世

第三支　第十三世

景文之子

銘德

妻氏

景貴之子

銘新

妻氏

第三支　第十三世

第三支 第十三世

永春之子
祥成
妻趙氏

瓜爾佳納音關氏譜書
卷肆

修墓匾額

御賜原立碑文

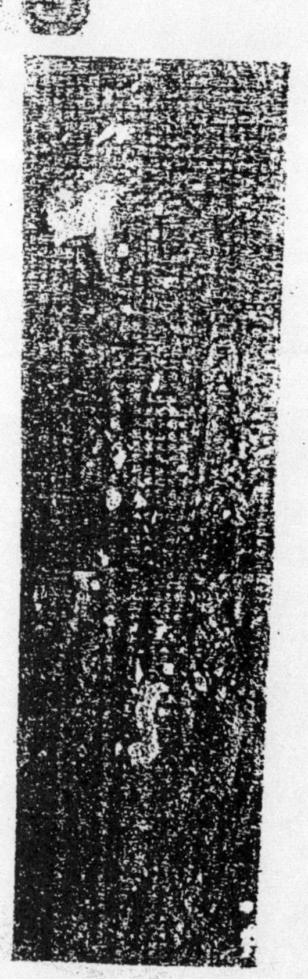

御賜建立碑文考

奉

天承運皇帝制曰習六韜而建績巹望攸崇遡三世以推恩舊勞宜獎特頒異渥以示崇褒爾

索爾霍多鎮守黑龍江副都統呼爾啟之祖才猷夙蘊德器深沉美積家門啟箕裘之令緒

穀貽子孫策閥閱之高勳盛典欣逢殊榮宜被茲以覃恩贈爾爲資政大夫錫之誥命於戲

圖功勿替爰資裕後之模鈞命重申用慰光前之志欽承閭爵永握德馨制曰朵擢前勞遡

祥源于貽穀戩明內德流惠聞于含飴式獎家聲載揚國慶爾佟佳乃黑龍江副都統呼爾

啟之祖母稟賦溫恭敔修禮則標茲閫範風流珩璜之聲貽以孫謀大展韜鈐之業芳儀夙

著寵命宜加茲以覃恩贈爾爲夫人於戲徽音無消被象服以增輝閨澤長流捧鸞掖而賁

朵休光洋溢潛德馨香

高祖索公之墓

大清乾隆三十一年歲次丙戌冬月

欽命太子太保武英殿大學士總管軍機大臣

御前大臣領侍衛內大臣議政大臣理藩院尚書兵部尚書方略館總裁官總理內繙書房

大臣建銳營大臣靖遠將軍正黃旗蒙古都統公中佐領世襲一等靖遠誠勇侯富德

先墓碑

大廈之材非一日之植千里之流非一川之滙篤生偉人大昌厥後亦非一世之積累

國家慶典推恩大臣及三代溯其本也況適肖出之

主以建不世之功名其乘一時奮起豈偶然哉我

皇上神謨獨斷戡定西陲信賞必罰羣才效命削平叛亂擴地二萬餘里功為亘古所希覯

酬庸行慶

錫世爵者五百餘人而仰承

廟略迅赴事機轉戰無前橫行大漠則皆稱靖遠誠勇侯侯既克荷

寵渥榮逮先人追念本源倘或湮沒屬大司馬劉公表父墓而以高祖以下三世墓碑屬乎

謹按侯世先居松花江高祖諱索爾霍多招遷甯古塔開國之初人情淳樸大抵沉雄

勁宜以忠孝廉節相敦勵公尤慷慨好義以長者聞於鄉子孫蕃衍躬率之力田射獵

家日以饒自奉淡泊周恤困乏而無所吝有識者曰衆而和勤而不怠富而不慳瓜爾佳氏其昌乎神所嘉也已而生侯曾祖諱喀爾闘者友醇謹不踰尺度而沉毅有大略遇陣戰輒以勇聞吳三桂之亂從征入滇屢破賊於石門砍黄草壩螺子山察哈爾亂刀之戰殲其掠臺兵士寇只幾而岱之亂率數騎躡之蜜站河斬俘無算尤稱奇功

聖祖仁皇帝故稔公康熙三十七年東巡吉林授雲騎尉擢甯古塔副都統蓋異數也越十五年卒於官年八十二

恩賜祭葬卜屯吉林城北隅元配顏扆氏祔焉子諱寶柱即侯祖也性純慤有父風襲雲騎尉任佐領兼副協領歷官凡三十年律身清愼不欲自所見長而治獄平允論者比之古循吏乾隆十五年卒亦葬吉林城北隅元配傅察氏祔焉歲辛巳恭遇

覃恩曾祖祖父三世俱贈光祿大夫爵一等侯曾祖妣以下俱贈一品夫人嗚呼曾祖以戰功顯侯之立功萬里有自來矣亦由習聞高祖若祖質樸勤儉奉公守法之餘風故能服習苦勞閱歷險阻而無所憚且能矢志報

國奮發一往而無所顧竊稽

祖宗以來從征定鼎諸元勳果敢無前蓋由於此

皇上所以訓誡臣功㥘以開國舊俗相勸勵也然則侯之立功豈非先世之教有以貽之哉

予辛與侯晨夕侍直知侯先世頗詳因爲約略大凡推溯本源著於左若夫積善餘慶

則其理人人能言之勿庸贅爲侯頌也

賜進士出身誥授光祿大夫經筵講官太子太保東閣大學士兼禮部尚書兼管兵部事務

加二級紀錄一次軍功加二級諸城劉統勳撰文

賜進士及第誥授光祿大夫經筵講官戶部左侍郎加三級紀錄四次金壇于敏中書

大清乾隆二十有七年歲在壬午冬十月之吉立石

三一

原碑文之二

榮祿大夫喀公諱喀爾圖

一品夫人顔扆氏

第七世祖考侯公富德之遺像

第七世祖妣誥封一品夫人喜蓉氏之遺像

四支

譜註篇

第四支第四世

索公四子

喀爾圖副都統

妻顏扆氏生子五

圖勒齊深

泊拉

寶柱

那那

那達欽

第四支第五世

喀爾圖長子

圖勒齊深

妻氏未詳生子三

巴爾喜

扎申太

代喜

第四支第六世

圖勒齊深長子

巴爾喜西等侍衛

妻氏未詳生子四

奴三

巴延圖

代青阿

四當阿

圖勒齊深次子

扎申太二等侍衛

妻子未詳

四支

第四支 第六世

圖勒齊深三子
代喜 二等侍衛
妻子 未詳

泊拉長子
索賴
妻氏 未詳生子五
南柱
伊達色
托倫太
黑達色
落落

第四支、第五世

喀爾圖次子
泊拉
妻氏 未詳生子二
索賴
而德

第四支第五世

喀爾圖三子
寶柱（[illegible]）
妻[illegible]察氏 生子五
麻薩那
敢桂
連色
富雲
富常

第四支第六世

泊拉次子
而德
妻　氏 未詳生子一
楚哥

第四支第六世

寶柱長子
麻薩那
妻　氏 未詳生子四
麻新太
富德
胡山
德興額

第四支第六世

寳柱次子
敗柱
妻氏未詳生子二
關太
同備

寳柱三子
輝色
妻子未詳生子一
富生德

第四支第六世

四支

第四支第六世

寶柱四子
富雲
妻氏未詳生子一
額凌額

寶柱五子
富常
妻子未詳

第四支第六世

第四支第五世

喀爾圖四子

那達那

妻氏未詳生子二

常明

而其申

第四支第六世

那達那長子

常明

妻子未詳

那達那次子

而其申

妻子未詳

第四支第六世

第四支第五世

喀爾圖五子
那欽
妻氏未詳生子二
立柱
而敦保

第四支第六世

那欽長子
立柱
妻氏未詳生子四
富壽
凌太
呢瑪西
富貴

那欽次子
而敦保
妻氏未詳生子三
穆罕太
沙色
富哥

第四支第六世

奴三

子

巴延圖

代青阿

匝當阿

此三名妻子未詳

七世

第四支第七世

索顥長次子

南柱

伊達色

此二名妻子未詳

索顥三子

托倫太

妻氏未詳生子三

吉凌阿

伊陳太

富申保

第四支第七世

托倫太長子

吉凌阿

妻子未詳

第四支第八世

第四支第七世

索額四子
黑達色
落落
生一名妻子未詳

而德之子
楚哥
妻子未詳

第四支第七世

第四支第八世

托倫太次子
伊陳太
妻氏未詳生子一
落多梨

托倫太三子
富申保
妻氏未詳生子一
麥松阿

第四支第八世

第四支第九世

伊陳太之子
落多梨
妻氏未詳生子四
德克德佈
何祿
巴彥佈
永治佈

富申保之子
麥松阿
妻子未詳

第四支第九世

第四支第七世

蘇薩那長子
蘇新太 佐領
妻 氏 未詳生子二
烏爾賽
巴達媽

蘇薩那次子
富德 靖邊誠勇侯
妻 氏 未詳生子一
富哈山

第四支第七世

第四支第八世

蘇新太長子
烏爾賽
妻 氏 未詳生子二
闢福
闢祿

蘇新太次子
巴達媽 委官
妻 氏 未詳生子一
蘇勒芳阿

第四支第八世

第四支第九世

烏爾賽長子
闢福
妻 氏 未詳生子三
烏爾滾保
丁杜
烏金保

烏爾賽次子
闢祿
妻 子 未詳

第四支第九世

四支 六一

第四支第七世

麻薩那三子
胡山 驍騎校
妻　氏 未詳生子二
富興阿
晉珠那

麻薩那四子
德興額 藍翎
妻　氏 未詳生子一
西凌阿

第四支第七世

第四支第八世

富德之子
富哈山 三等侍衛
妻　子 未詳

胡山長子
富興阿 協領
妻　氏 未詳生子一
永太

第四支第八世

第四支第九世

巴達媽之子
蘇勒芳阿 驍騎校
妻　氏 未詳生子二
鳳林
鳳全

富興阿之子
永太 協領
妻張氏 生子一
誠連

第四支第九世

第四支第七世

敗柱長子 關太
妻 氏 未詳生子二
忠山 忠德

敗柱次子 通備
妻 氏 未詳生子一
那爾胡山

第四支第八世

胡山次子 音珠那
妻 氏 未詳生子二
巴彥太 慶英

德興額之子 阿淩阿 助敎官
妻 氏 未詳生子三
明安 六十九 慶常

第四支第九世

音珠那長子 巴彥太
妻 氏 未詳生子二
春生 春明

音珠那次子 慶英
妻 氏 未詳生子一
春壽

四支 七一

第四支第七世

輝色之子
富[illegible]德
妻　氏未詳生子二
他親保
而小

富雲之子
額凌額
妻　氏未詳生子四
書隆阿
保家保
六十五
六十六

第四支第七世

第四支第九世

阿凌阿長子
明安
妻　氏未詳生子一
瑞林

阿凌阿次子
六十九
妻　氏未詳生子一
瑞徵

第四支第九世

第四支第七世

立柱長子
富壽
妻那爾胡山氏 未詳生子一

立柱次子
慶太
妻白氏 生子一
色克圖保

第四支第七世

第四支第八世

關太長子
忠山
妻氏 未詳生子三
五十四
訥色保
福勝

關太次子
忠[illegible]
妻 子未詳

第四支第八世

第四支第九世

忠山長子
五十四
妻子 未詳

忠山次子
訥色保
妻烏勒西佈氏 未詳生子一

第四支第九世

第四支第七世

立柱三子
呢瑪西
妻 氏未詳生子一
書圖保

立柱四子
富貴
妻 氏未詳生子一
哈哩保

第四支第七世

第四支第八世

通備之子
那爾胡山
妻 子未詳

富升德長子
他勤保
妻 氏未詳生子一
烏隆阿

第四支第八世

第四支第九世

忠山三子
勝福
妻 子未詳

他勤保之子
烏隆阿
妻 氏未詳生子三
德陞
春陞
三慶

第四支第九世

第四支第七世

而教保長子
穆翆太
妻　氏未詳生子一
孟保

而教保次子
沙色
妻　氏未詳生子二
烏爾恭阿
額凌額

第四支第八世

富升次子
而小
妻　氏未詳生子一
德克吉步

額凌額長子
書隆阿
妻　氏未詳生子一
鎖柱

第四支第九世

而小之子
德克吉佈
妻　氏未詳生子三
雙德
代春
雙春

書隆阿之子
鎖柱
妻關氏生子二
雙福
成福

第四支第七世

而敦保三子
富哥
妻子未詳

第四支第八世

額凌額次子
佛家保
妻氏未詳生子三
巴凌阿
富興
秋福

額凌額三子
六十五
妻初氏生子四
金壽
晉凌
富良阿
九山

第四支第九世

佛家保長子
巴凌阿
妻氏未詳生子一
三成

佛家保三子
富興
秋福
此二名妻子未詳

第四支 第八世

額凌額四子
六十六
妻 氏未詳生子一
同山

金壽之子
那爾關山
妻 氏未詳生子四
烏永阿
烏精阿
烏勒洪阿
穆通阿

第四支 第八世

第四支 第九世

六十五次長子
金壽
音凌
此二名妻子未詳

六十五三子
富良阿
妻胡氏生子一
德成

第四支 第九世

第四支第八世

濃太之子
德克圖保
妻關氏生子二
富常阿
富明阿

呢瑪西之子
壽圖保
妻　氏未詳生子二
富永阿
富勒洪阿

第四支第八世

第四支第九世

六十五四子
九山
妻謝氏生子一
高成

六十六之子
同山
妻關氏生子二
雙成
雙魁

第四支第九世

第四支第八世

富貴之子
昭哩保
妻 子未詳

穆罕太之子
孟保
妻 氏未詳生子一
富而東阿

第四支第八世

那爾胡山長子
烏永阿
妻 氏未詳生子二
永魁
永清

第四支第九世

那爾胡山大三四子
烏精阿
烏勒洪阿
穆通阿
此三名妻子未詳

第四支第八世

渉色長子
烏爾恭阿
妻吳氏生子一
八十一

渉色次子
額淩額
妻
子未詳

第四支第八世

第四支第九世

色克圖保長子
富常阿
妻閻氏生子一
勝魁

色克圖保次子
富明阿
妻吳氏生子二
勝安
勝輝

第四支第九世

第四支 第九世

書圖保長子
富永阿
妻張氏生子四
明德
常德
永德
成德

書圖保次子
富爾洪阿
妻楊氏生子一
永安

第四支 第九世

第四支第九世

孟保之子
富爾東阿
妻
子未詳

烏爾恭阿之子
八十一
妻趙氏生子二
永海
永福

第四支第九世

第四支第十世

落多梨長子
德克德佈
妻馬氏生子一
全林

第四支第十一世

德克德佈之子
全林
妻張氏生子一
富春

第四支第十二世

全林之子
富春
妻關氏生子一
崇峻

第四支第十世

落多梨次子
何祿
妻關氏生子六
艾隆阿 常和 常成 常福 常順 常永

第四支第十一世

何祿四子
常福花翎儘先協領
妻楊氏生子一
富連

第四支第十二世

常福之子
富連
妻甄氏生子一
榮玉

第四支 第十世

落多梁三子
巴彥佈
妻胡氏 生子四
全成
全林
全海
全喜

第四支 第十一世

何祿之子
艾隆阿
常和
常成
常順
常永
此五名妻子未詳

巴彥佈長子
全成
妻孟氏 生子二
富貴
富克精額

第四支 第十一世

全成之子
富貴
妻關氏 生子三
崇惠
崇和
崇勤

第四支 第十二世

第四支　第十世

落多梨四子
永治布
妻傅氏生子二
常清
常明

第四支　第十世

關福長子
烏爾滾保
妻
子未詳

第四支　第十一世

巴彥佈次子
全林
妻　氏未詳生子一
佛勒滾

第四支　第十一世

巴彥佈三子
全海
妻傅氏生子三
富慶
富升
富祿

第四支　第十二世

全成次子
富克精額
妻
子未詳

第四支　第十二世

全林之子
佛勒滾
妻
子未詳

第四支 第十一世

巴彦佈四子
全喜
妻吴氏生子一
富德

永治佈長子
常明
妻傅氏生子一
富海

第四支 第十二世

全海之子
富慶
富升
富祿
此三名妻子未詳

全喜之子
富德
妻子未詳

第四支 第十世

闔福次子
丁柱
妻巴凌阿氏 未詳生子一

第四支 第十一世

永治佈次子
常清
妻吳氏 生子五
富起
富喜
富來
富祥
富成

丁柱之子
巴凌阿
妻氏 未詳生子二
富存
富春

第四支 第十二世

常明之子
富海
妻氏 未詳生子二
永升
永山

常清長子
富起
妻氏 未詳生子三
榮慶
榮升
榮亮

第四支　第十世

關福三子
烏金保
妻　子未詳

第四支　第十二世

常清次子
富喜
妻　氏未詳生子三
榮昌
榮斌
榮和

第四支　第十世

蘇勒芳阿長子
鳳林
妻　氏未詳生子一
薩炳阿

第四支　第十一世

鳳林之子
薩炳阿
妻　子未詳

第四支　第十二世

常清三子
富來
妻　氏未詳生子一
榮華

第四支第十世

蘇勒芳阿次子
鳳全
妻　氏未詳生子一
薩明阿

永太之子
成連委官
妻龍氏生子一
明林

第四支第十世

四支

第四支第十一世

鳳全之子
薩明阿
妻　子未詳

成連之子
明林倉官
妻吳氏生子一
金全

第四支第十一世

十六

第四支第十二世

常清四子
富祥
妻　氏未詳生子一
榮貴

常清五子
富成
妻　氏

第四支第十二世

第四支第十世

巴彥太長子
春躍
妻　氏未詳生子二
明山
明海

第四支第十一世

春躍長子
明山
妻　氏未詳生子一
海流

第四支第十二世

巴凌阿長子
富春
妻　氏未詳生子一
常海

第四支第十世

巴彥太次子
春明
妻　子未詳

第四支第十一世

春躍次子
明海
妻　氏未詳生子一
恩祥

第四支第十二世

巴凌阿次子
何春
妻　氏未詳生子一
常連

第四支 第十世

慶英之子
春壽
妻　氏 未詳生子三
德福
德全
德太

明安之子
瑞林
妻　氏 未詳生子三
朔海
恆山
逵太

第四支 第十世

第四支 第十一世

春壽之子
德福
德全
德太
此三名妻子未詳

瑞林長子
朔海 七品清代領催
妻 楊氏 生子二
富爾清阿
富爾松阿

第四支 第十一世

第四支 第十二世

明林之子
金全 自治畢業
妻 關氏 生子一
關慶
依

明山之子
麟玉
妻　子 未詳

第四支 第十二世

第四支 第十世

六十九之子
瑞徵 副都統銜協領
妻 氏 未詳生子一
遂慶

第四支 第十世

訥色保之子
烏勒西佈
妻 子未詳

第四支 第十一世

瑞林次子
恒山 驍騎校
妻 關氏 生子三
富爾杭阿
富爾精阿
富珠隆阿

第四支 第十一世

瑞林三子
遂太
妻 吳氏 生子二
富爾升阿
富爾淩阿

第四支 第十二世

明海之子
恩祥
妻 子未詳

第四支 第十二世

朔海長子
富爾清阿
妻 關氏 生子二
全有
全保

第四支 第十世

烏隆阿長子
德升
妻 氏 未詳生子三
常春
常順
常永

烏隆阿次子
春陞
妻 子 未詳

第四支 第十世

第四支 第十一世

瑞徵之子
達慶
妻 氏 未詳生子一
英魁

德升長子
常春
妻 子 未詳

第四支 第十一世

第四支 第十二世

朔海次子
富爾松阿
妻 關 氏 生子一
全祿

恆山長子
富爾杭阿 佐領
妻 張 氏 生子一
作民

第四支 第十二世

第四支　第十世

烏隆阿三子
三慶前案
妻　氏未詳生子三
常祥
賞祥
永祥

第四支　第十世

德克吉佈之子
雙德
代春
雙春
此三名妻子未詳

第四支　第十一世

德升次子
常順
妻　氏未詳生子二
成貴
喜貴

第四支　第十一世

德升三子
常永
妻　子未詳

第四支　第十二世

恆山次子
富爾精阿
妻孟氏

第四支　第十二世

恆山三子
富珠隆阿
妻陶氏

鎖柱長子
雙福 藍翎
妻唐氏 生子一
澤民

鎖柱次子
成福 防禦
妻孔氏 生子一
連升額

第四支第十世

三慶之子
常祥
貴祥
永祥
此三名妻子未詳

雙福之子
澤民 雲騎尉
妻魏氏 生子一
振祿

第四支第十一世

達太長子
富爾升阿
妻關氏 生子一
全德

達太次子
富爾凌阿
妻吳氏 生子一
全祥

第四支第十二世

第四支 第十世

巴凌阿之子
三成 妻那氏 生子二
喜升額
德升額

第四支 第十一世

成福之子
連升額 [illegible]
妻胡氏 生子二
振德
振鵬

第四支 第十二世

連慶之子
英魁
妻子 未詳

第四支 第十世

富良阿之子
德成
妻胡氏 生子一
明全

第四支 第十一世

三成長子
喜升額
妻關氏 生子一
振林

第四支 第十二世

常順之子
成貴
喜貴
此二名妻子未詳

第四支　第十世

九山之子
高成
妻韓氏 生子五
明闕
明富
明雲
明玉
明倫

同山長子
豐成
妻　氏 未詳生子二
富升額
富凌額

第四支　第十世

第四支　第十一世

三成次子
德升額
妻　子 未詳

德成之子
明全
妻趙氏 生子一
紹賢

第四支　第十一世

第四支　第十二世

澤民之子
振祿
妻楊氏 生子一
小胖

連升額長子
振德
妻　氏

第四支　第十二世

第四支 第十世

同山次子
雙魁
妻吳氏 生子一
富森額

烏永阿之子
永魁
永清
此二名妻子未詳

第四支 第十世

第四支 第十一世

富成長子
明閣
妻汪氏 生子一
福仙

富成之子
明富 妻楊氏
明雲 妻傅氏
明玉 妻李氏
明倫 妻呂氏

第四支 第十一世

第四支 第十二世

連升額次子
振鵬
妻　氏

富升額之子
振林
妻王氏

第四支 第十二世

第四支第十世

富常阿之子
勝魁 儘先協領花翎佐領
妻吳氏 生子一
和成額

富明阿長子
勝安
妻郜氏 生子一
和清額

第四支第十世

第四支第十一世

雙成長子
富升額
妻氏 未詳生子一
宏玉

雙成次子
富淩額
妻子 未詳

第四支第十一世

第四支第十二世

明全之子
紹賢
妻氏

明閣之子
紹仙
妻氏

第四支第十二世

第四支 第十世

富明阿次子
騰輝
妻金氏生子一
和升額

富永阿長次子
明德
常德
此二名妻子未詳

第四支 第十世

第四支 第十一世

雙壽之子
富榮額
妻張氏生子二
宏 亮

第四支 第十二世

富升額之子
宏玉
妻 氏

富榮額之子
宏亮
妻 氏

第四支 第十二世

第四支　第十世

富永阿三子
永德
妻何氏 生子一
闊純

富永阿四子
成德
妻綦氏 生子一
闊武

第四支　第十世

第四支　第十一世

勝魁之子
和成額
妻閻氏 生子二
春福
潤泉

勝安之子
和清額
妻閻氏 生子五
潤山
潤身
潤德
潤溥
潤澤

第四支　第十一世

第四支　第十二世

和成額長子
春福
妻何氏 生子一
闊明

和成額次子
潤泉
妻常氏 生子四
闊勳
闊斌
闊鉄
闊瑞

第四支　第十二世

第四支 第十世

富察洪[illegible]之子

永安

妻李氏 生子一

和阴額

八十一長子

永海

妻關氏 生子二

關福

關祿

第四支 第十一世

勝[illegible]之子

和陞額

妻佟氏 生子二

潤林

潤棠

永德之子

關純

妻王氏

第四支 第十二世

和清額長子

潤山

妻陶氏 生子一

金生

和清額之子

潤身

潤德

潤溥

潤澤

妻 氏

第四支第十世

八十一次子
永福
妻趙氏生子一
闕
汶

第四支第十一世

成德之子
闕武
妻
子未詳

永安之子
和明額
妻闕氏生子二
潤田
滿洲

第四支第十二世

和升額長子
潤林
妻傅氏生子

和升額次子
潤棠
妻陳氏生子二
宏宇
宏達

第四支　第十一世

永海長子
關福
妻　氏未詳

永海次子
關祿
妻趙氏生子一
潤厚

第四支　第十一世

第四支　第十二世

和明額長子
潤田
妻蘭氏生子
關超

和明額次子
潤滿
妻　氏

第四支　第十二世

第四支 第十一世

永福之子
關汝
妻趙氏生子二
潤和
潤仙

第四支 第十二世

關祿之子
潤厚
妻氏

關文長子
潤和
妻楊氏生子一
春升

第四支 第十三世

宁春次子
洪畯
妻 氏

第四支 第十二世

關文次子
潤仙
妻 氏

第四支　第十三世

富連之子

榮玉

妻　氏未詳生子二

志貴

志成

第四支　第十四世

榮玉長子

志貴

妻　氏

第四支　第十四世

榮玉次子

志成

妻　氏

第四支　第十三世

富貴長子
崇惠
妻　氏未詳生子三
志仁
志義
志禮

第四支　第十四世

崇惠長子
志仁
妻　氏

崇惠次子
志義
妻　氏

第四支　第十四世

富貴二子
崇和
妻　氏（未詳生子二）
志雲
志清

第四支　第十三世

第四支　第十四世

崇惠三子
志禮
妻　氏

崇和長子
志雲
妻　氏

第四支　第十四世

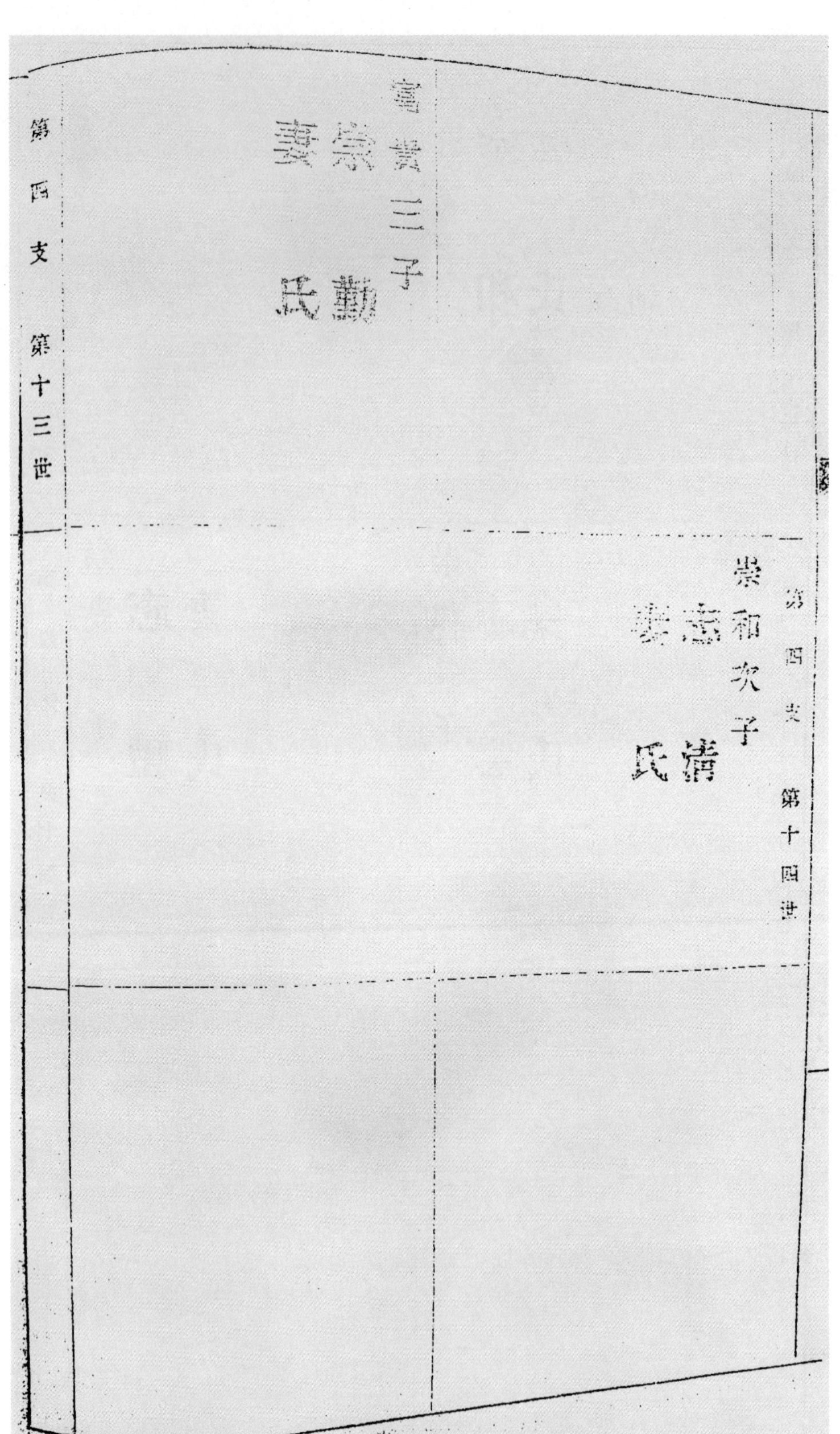

第四支 第十四世
崇和次子
崇清
妻 氏

第四支 第十三世
富贵三子
崇勤
妻 氏

第四支 第十三世

富海長子
永升
妻氏
未詳生子一
志昌

第四支 第十四世

永升之子
志昌
妻氏

富海次子
永山
妻氏

第四支 第十三世

第四支　第十三世

富起長子

榮慶

妻　氏

富起次子

榮升

妻　氏

第四支　第十三世

第四支 第十三世

富起三子

榮亮

妻氏

第四支 第十三世

富喜長子

榮昌

妻氏

第四支　第十三世

富喜次子
榮斌
妻　氏

富喜三子
榮和
妻　氏

第四支　第十三世

第四支 第十三世

富來之子
榮華
妻 氏

第四支 第十三世

富祥之子
榮貴
妻 氏

第四支　第十三世

富春之子

常海

妻子未详

何春之子

常连

妻子未详

第四支　第十三世

第四支第十三世

金泉之子 關慶

妻 氏

富爾清阿長子 金有

妻 呂氏 生子三

書玉

書琴

書林

第四支第十三世

第四支第十四世

金有長子 書玉

妻 顧氏

第四支 第十四世

全有次子
書琴
妻徐氏

全有三子
書林

第四支 第十四世

第四支 第十三世

富尔清阿次子

全保

妻孟氏 生子一

书春

第四支 第十三世

富尔松阿之子

全福

妻金氏

第四支 第十四世

全保之子

书春

妻氏

第四支 第十三世

富爾抗阿之子
作民
妻傅氏

第四支 第十三世

富爾升阿之子
全德
妻 子未詳

第四支 第十三世

富爾凌阿之子
全祥
妻吳氏生子二
庚寅
庚申

第四支 第十四世

全祥長子
庚寅
妻 氏

全祥次子
庚申
妻 氏

第四支 第十三世

春福之子
關銘
妻王氏生子一
寶琛

潤泉長子
關勳
妻高氏生子一
寶善

第四支 第十四世

關銘之子
寶琛
妻 氏

關勳之子
寶善
妻 氏

第四支 第十三世

第四支 第十四世

第四支 第十三世

潤泉 二三四 子 關濱
妻馬氏
關澍
關灃

潤由之子 金生
妻 氏

第四支 第十三世

第四支 第十三世

潤棠長子
宏宇
妻　氏

潤棠次子
宏達
妻　氏

第四支 第十三世

第四支　第十三世

潤田之子
關超
妻氏

潤和之子
春生
妻氏

第四支　第十三世

五支
譜註篇

第五支第四世

索公第五子
薩某哈
妻　氏未詳生子三
富爾賽
富勒哈
呼爾敦

第五支第五世

薩某哈長子
富爾賽驍騎校
妻　子未詳

薩某哈次子
富勒哈頭等侍衛
妻　氏未詳生子一
巴爾胡

第五支第五世

第五支第六世

富勒哈之子
巴爾胡藍翎
妻　子未詳

第五支第六世

宗五支第六

薩英哈三子

呼爾啟 副都統

妻　子未詳

此支派立譜之初久住北平此次修譜未能詳察特此註明

《关氏宗谱》内容简介

《关氏宗谱》现收藏在黑龙江省嫩江关氏族人家中。

《关氏宗谱》首修于清初，乾隆四十四年（1779）『由京师将老谱抄录而回』，『庶足以资稽考先人之名讳及相传之世系』。光绪九年（1883）重修族谱，至 1941 年第四次续修，并付梓印刷，本书所采用四修本。

瓜尔佳氏，冠汉字『关』字为姓，隶正红旗陈满洲色青厄佐领。其始祖松阿力贝勒，苏苏河（今新宾满族自治县境内横亘全县的苏子河）人，祖居苏子河下游的安图寨，遂称为苏苏河部安图瓜尔佳。安图寨，为今新宾满族自治县上夹河镇村北山南伸的大平台山岗之上。清太祖收服苏苏河部时，安图瓜尔佳全族归附。清入关后，卜居燕京臭皮胡同。『圣祖之世遂又拨归关外奉天府』『移民实边』，垦居凤凰城等地，后来，其一支又移居嫩江。

谱书保存完好，没有缺残破损，字迹清晰，页面整洁，排印本。

内容主要有崇奎谨撰《三次修谱书序》、荣濬谨撰《序》、崇萃撰《序》、范字、谱系、坟图（九）。

关氏宗譜

三次修譜書序

夫國家猶重綱史編聖賢有世系之譜凡褒貶前人皆後人殷鑒若夫水源木本追遠慎終尤爲吾人必要之事故吾族譜之編而不容或緩者也余幼而不學少識文字未求深解殺錄幼時曾受 祖父坐庭以教之知吾族係陳滿洲正紅旗人色青厄牛录瓜爾佳哈拉幼時常聞吾八世 始祖翁鶚阿墓在本街西頭黃旗溝口東脈山塢裏乾山巽立向即此也再於十世祖後裔長支遷移山前三道溝住二支移小湯溝住三支缺嗣四支移晗里溝住五支移古蹟堡住六支久居老堡山十一世起各支有塋地在焉惟末支由十世墓在本堡北白旗溝正尊是也由世觀之於辛未年後而我世族等皆受兵燹凶年饑饉之災分遷別墅者不少而歸者不多見況者可嘆也而生感則孝思追遠之念耳於是叠經 先世祖修墓兩次後考察世晚只得詳知其父矣叉問伊祖者未訊知其極與也有堂侄榮萃曾受先祖之澤發然孝思之念由是殊言易而行難於是負版前赴各處經之營之不辭辛

苦亦無册檔按族戶演說先祖遺澤苗裔於是世世相傳調查二年之久亦未悉能世世一備完全耳任勞任怨不惜跋涉長途之苦自屬應盡之義務猶所當然也亦無車馬旅費茶飯之資被吾叔侄相約與同經理人本族伯叔兄弟等同面會議即將戶口列册繪圖編纂之待爲遠年有所考焉奎斐未能力雖幸得本派同志相助合衆贊襄吾族本支百世永昭不朽千秋功成告畢仰吾族賑而有後望矣謹識

十五世　崇奎　號斗辰　謹序

一六

謹序

原夫世界人類因地域風土之互異而始有種族之分復因種族之繁殖增多而又有姓氏之別然經過悠久之歲月每因政治交通以及兵燹等　係縱屬同一種族或同一姓氏恒多散居各地遷徙靡常而時感有混淆不清之現象以致種族離亂支派莫尋者比比焉也故後世人對於其所屬之種族及所有姓氏之由來無不汲汲焉求之惟恐有或失也於是則凡屬同一

譜序

原夫世界人類因地域風土之互異而始有種族之分復因種族之繁殖增多而又有姓氏之別然經過悠久之歲月每因政治交通以及兵燹等關係縱屬同一種族或同一姓氏恒多散居各地遷徙靡常而時感有混淆不清之現象以致種族離亂支派莫尋者比比焉也故後世人對於其所屬之種族及所有姓氏之由來無不汲汲焉求之惟恐有或失也於是則凡屬同一種族或同一姓氏者無不各有宗譜訂定之措置也此亦不外乎默守追遠之遺訓耳考吾瓜爾佳氏者乃同古斯種滿族即三代時肅愼部之苗裔但追溯姓氏之由來因無册籍可尋無從說明然在有清創業之始當

太祖起兵之際則吾姓之參與戎機立功疆場者殊不乏人如一等信勇公費英東卽蘇完部之瓜爾佳氏人也爲開國佐命第一功臣歿後崇配太廟史爲列傳其子索海孫倭黑亦皆功勳燦焉載諸史册以至有清末年我瓜爾佳姓者封侯拜相代不絕人雖各人出處互有部落旗色之不同然姓氏

一八

既屬相同究其始末始非一脈之相傳也稽我宗譜所載始祖松阿力貝勒雖爲蘇克蘇滸河部安圖寨之瓜爾佳氏然與蘇完部亦屬相距非遙是否同宗雖乏册籍可考然既屬同姓卽不能不認爲源出一系也雖其住處旗色在有不同亦不外以上所謂因戶口繁殖一及政治兵燹各原因卒致散居各處焉故雖謂爲同宗要難認爲荒唐無稽耳維我

始祖於

太祖創業之始在史册雖無豐功偉績之紀載但於世祖定鼎中原之時既曾隨龍入關而卜居於燕京臯皮衚衕自必有相當之功勳在焉否則豈能無故隨而移轉者也自乎

聖祖之世雖又撥歸關外奉天府然亦不外乎因當時之國策移民實邊駐防之職務所使然也故自我八世祖出關之後乃即卜居於鳳凰城裏紅旗界之卡巴嶺紅旗堡古名樂善屯現經十世於茲矣幸有我

先祖蘇德力兄弟五人於

乾隆四十四年由京師將老譜抄錄而回庶足以資稽考先人之名諱及相傳之世系否則恐無以知我之所從出矣然迄於今因人口繁殖之關係凡我宗族近而散居於山前小湯溝與舍狸溝石灰窰東溝關家瓦房等處遠而移住於雙城堡蜂蜜山各縣各謀生計不通聲息已有年矣自光緒九年經本族先輩人吉恒兄弟叔姪等共同重修族譜迄今復經六七十年若再推延數世各地親族不免勢同路人祖孫即若異姓豈止秦越之不相識耳頃有族兄榮萃目睹此情悠然興感乃不辭勞瘁僕僕風塵親詣闔族所居之地逐戶訪查挨門訊問祖若宗之名諱子若孫之某人按輩排列證註譜册煞費苦心始克觀成茲擬重付棃棗更新印刷使凡我宗族各執一册庶足籍以考吾種族姓氏之所由來及世系之所從出誠快事也囑濬為序濬深苦不文謹就所知之梗概書之篇末以供參攷謬誤之處殆所不勉尚希就正於宗人

十六世榮濬號疏九敬序於

十九

鐵嶺地方法院長任所

康德八年　正月　元旦日　撰

序

八世琰布翁窩圖此七世以上墓在北京自此八世祖遷移本堡住歿後葬在街南頭老坟塋地始居紅旗堡亦有二百年矣亦有坟圖在下篇分立至滿洲建國百政維新以民戶遷移無定因而有意會同族人分至各地調查我姓瓜爾佳氏未入譜書人名諱另添入書中奈無人贊同心意至

康德六年古歷十一月朔日萃 自發心愿獨身訪查遂一人孤行奔馳各地沿門按戶訪尋已去世的人及在生存的人名諱老幼均按支排列照輩記明自十四世起重新添入譜書奈一人力薄難免遺漏倘有錯訛之處望諸君隨時更改之今擬照鳳邊門口赫舍里氏譜書倣印分配各支惜無文人爲序余 又不通文墨謹贅數言以誌不忘云

謹因信口偶成一絕

叔侄同心纂譜書 考今溯古費工夫

二十

一五一

支分派别名排字 此告功成撮影圖
重編人十六世榮萃 拜識

今於康德八年歲次辛卯五月朔日閤族同議欲攥印譜書一事因有族中人繼德時在嫩江居住來書云上二十字以至第七字恐後世人雁行傳流排字不遠又擬定二十字以冠用年深庶克有條不紊矣

續擬之二十字

宗 賢 啓 鴻 運 懋 仁 崇 玉 芳

憲 恩 沛 卓 智 哲 胤 紹 澤 長

二三

太高祖貝勒松阿力貝勒生一子名嘎哈嘎哈生一子福力丹瓜拉福力丹瓜拉生二子長名堪展次名胡牙前註胡牙一子巴音他後嗣未詳堪展係四世生七子名諱列下

四世　五世　六世　七世

堪展子七　一牙力胡得子二　一車卜力科達巴限子一　補力氣子一依拉揮

二陳得力恨子一　車故得子三依蘇巴 摸胡得 依麻三

一臥藍子一　勒和洛子薩哈連

二禮邦阿子二　一阿郎阿子西哈那

二達郎阿子二琰布 翁窩圖

二兀蒙厄完朱胡子四　三兀爾土馬　一阿力達憨子塞必吐

四約隆務子二　二阿力吐子台山

八世

依拉插 子一

摸胡得 子二

三 爵山 子一

四 渥哈力 子一

五 薩蒙阿 子一

六 巴布山

七 吉利卡 子一

九世

佛力賀 子一

一 雅哈 子三

爵常阿 子一

白古里 子一

木克占 子一

阿檩 子一

十世

鞊補

一 關都保 子三

二 達力歡 子二

三 哈乃

一一五

土和得 子扎力巴哈

薩馬哈 子土里賀

勃羅寬 子牙欽

書他 子朔託白庫

十一世

一 翁改

二 永太

三 關太

一 福力太

二 四達色

依蘇巴子二
依麻三子一
八世
薩哈連子二
西哈那子二

二雅乃子二
一阿力薩子一
二戈布庫子一
臥插子
九世
一珠莫太子一
二花色
一卡星阿子一
二庫禮子一

一那力·太
二都哈力
莫太
南極藍
掇帶子
十世
奚特庫子一
落泯子二
吐禮巴子二
一挎拉子一

二六

麻色
十一世
六達色子遭勾溫保根得八十五
一扎庫那
二西常阿
一八十三子蘇和得
二七各
蘇藍太

扎力巴哈子一
土里賀子一
牙欽子二
溯託白庫子二

哈出哈子二
都哥得子一
一牙力秀子三
二溯隆務子一
一常壽子二
二書書子一

二存住子二
薩里吐子一
一永改
二鳳改
三額博特
厄勒太子一
一約薩納子一
二查力布子一
衆神保子二
一滿倉子四
二七

一英哥密子二 明安太 觀音保
二神保子二 土門太 掇夥
常明子二 五十二 依拉七
嘎勒憨
依藍太子八 各
薩藍太
一四十二子九 色倫太 各
三三住子 元寶
一七十四子三 重山 除海 三各
二阿古敦

一一八

三摸力根
四豐生厄
塞必吐子一　章武子三　二達色子一　常清
一雙柱
三西寧子三　二皂柱
三四各
一豐拉阿
二富常阿
一陳四子四
三關德
台山子二　四關亮
二高三子一　五達色子一　多隆務

十二世

蘇和得子一　央桑阿　以上後世俱未詳

八世

長琰布缺嗣
次翁窩圖子二

九世

長達其納無子
次和山子六

十世

長發林子二
次八三子二
三八六無子
四八十太子三
五八倫太子一

二九

十一世

長巴尼
次土力太
長阿吉力
次音得力
長色得力
次覺色力
三得色力
勒得力

六兀達納子五
李氏

三〇

長蘇得力
次福得力
三福明阿
四阿昌阿
五吾淩阿

巴尼土力太兩大支派移居老堡山前住

十一世　十二世　十三世　十四世

巴尼 子二　一薩哈那 子一　達青阿 移劉家河

　　　　　二達哈那

土力太 子三　一保山太 子五　一巴牙那 移山仰峪　一得力喜 移通化縣

　　　　　　　　　　　　　二六各 子二 移砂子崗　一扎布善 子四 慶祥 奎順 芳

　　　　　　　　　　　　　三蘇魯 子二　一扎豐阿 子二 新悅 寶鳳

　　　　　　　　　　　　　蔡氏　二扎坤阿 子 寶元

　　　　　　　　　　　　　　　　蔡氏

　　　　　　　　　　　　　四厄爾錦布 子二 移通化縣　一他永阿

　　　　　　　　　　　　　　　　三一

三二

二扎永阿

五永保 無子

一得克兀布 子三

二得成厄 子三

一雙德 子

三七十九 子

三鈕各 子二

一福祿 子二

一東連阿 子 吉明

二連吉布 子 吉發

三東達阿 子 龍保

常泰 子 吉成

孫氏

一常富 子 阿敦布

一德山 子二 付二 付珠

焦氏

二鳳山 子四 付有 們 他倫布 老小

赫沈氏

十一世　十二世　十三世　十四世

二祥祿 子三

一阿爾錦布 子 永恩

二鳳玉 子二 烏珍布 重得

丁氏

三伊勒其布 子二 崇連 逵

赫氏

十五世　十六世　十七世　十八世

慶祥 子 係聯字　玉恩

鳳城縣五區桃源村大荒溝屯馬家西溝堡

一繼恩 子二　一廣斌 子

張氏　盧氏　白氏

慶奎 子二　一玉珍 子二　二廣芝 子 慶餘

陳氏　方氏　王氏

三三

二繼純
徐氏
三四

玉琳
方氏

玉成

慶順子

十五世

慶芳子二
一玉方
二玉保

新悅子二
李氏二子出繼

榮祥子六
李氏

一繼恒子三
何氏

一廣玉
何氏

二廣明

三廣珠

繼忠子

廣升

翟何
氏
傅氏

一廣維

三繼章子三
關氏
廣延

四繼卿
馬氏

五繼良
赫氏

十七世

十八世

十五世
十六世

寶
鳳繼子新悅二子
榮
春繼子
繼權

何
氏榮祥六子
[illegible]
氏

二五

寶元子三
趙氏

吉發子
孫氏

一榮財子
李氏

二榮貴
關氏

三榮會
康氏

[illegible]
孫氏

一繼有子二
康氏

二繼武

三繼順

押成

喜

繼祥子三
王氏

三六

一廣恒
姜氏

二廣太
何氏

一廣志

二廣吉

三廣義

吉明 龍保 吉成子三 關氏 阿敦布子二 二付子 代氏

寶昌 福喜子二 陶氏 一金鎖子六 馬氏 二金祥無子 三金有 一金昌 二茂盛 連柱子二 趙氏

二明 二明 明 一成 周

鈞 久臣 發子二 氏

三七

一廣恩 高氏 白 二廣和子 劉氏

慶

鐘 林

十五世

付珠 子五

劉氏

十六世

一榮山 子二

劉氏

二榮喜 子二

張氏

三榮福 子四

焦氏

二成富 子二

趙氏

十七世

一繼春

二繼孟

一繼昌

後婚 李氏

一繼山

二繼永

三繼富

四繼厚

一廣順

孫氏

二廣慶

傅氏

十八世

付有子
付
黃氏
德們布子移通化五
赫氏

四榮德
高氏
五榮堂
榮才子
孫氏
玉祥子
[illegible]氏
羅鍋
温氏
狗盛
[illegible]盛
喜[illegible]氏
閻五
小五
劉氏

繼運子
孫氏
萬成

廣臣

三九

永恩 子二
赫氏

一 玉柱 子
王氏

二 玉發 子
馬氏
呉

烏珍布 子三
赫氏 三子出繼

永順 子三
姜氏

繼升 子 三杏
石氏

繼成 子
姜氏

赶生 子二
孫氏

繼海 子二
代氏

四〇

一 廣英
趙氏

二 廣仁
孫氏

三 廣義

四 廣禮

廣聚璞
呉氏

廣珍 子 慶雲
高氏

廣鳳

一 廣仁
焦氏

喜順 子四
康氏

繼德 子二
顏氏

一繼增 子二
何氏

二太寛 子二
赫氏

三繼周 子三
孫氏

三廣義

一廣來

二廣鎖

一留鎖
白氏

二

一廣悦 子
焦氏

二廣發
關氏

一廣文

二廣武

四一

四一

重得 鮑氏 繼烏珍布三子

長順 關氏 子五

一 繼普 赫氏 子三

四 繼顯 康氏 子四

二 繼斌 楊氏 子四 二子出繼

三 廣隆

一 廣明

二 廣紳

三 廣玉

四 廣喜

一 廣富 郎氏 子 慶章 慶玉 慶昌

二 廣財 白氏

三 廣德 翟氏 子 慶吉 慶祥

一 廣有 孫氏 子 慶龍

崇逵 子
赫氏

榮太 子五
王氏

三繼芳 子
秦氏

四繼凱 子三
關氏

五繼[illegible] 子二 繼[illegible] 繼斌

一繼明 子
關氏

四三

三廣林
王氏

四廣清

廣春
管氏

一廣成
關氏

二廣太

三廣昌

廣盛 子 慶珍
翟氏

廣祿

二 繼興
唐氏
三 繼春
傅氏
四 繼林
五 繼[illegible]

四四

八三後裔阿吉力音得力兩大支派移居小湯溝住

十一世 十二世 十三世 十四世

阿吉力子三

一阿其藍子一 福令移大朱山住子 殿祥子三成海無嗣成有順

黃氏 黃氏

二他思哈子五

一德祿 二官成 三依藍保 四福興厄 五巴冲阿

三依藍阿子五

一拉常阿 二他青阿 三他英保 四阿三布

四五

四六

五阿三太

晉得力子三　一牙力哈子四　一七成厄子　白英阿子　聯　富

張氏　郭氏　朱氏　包氏

二胡順太

三四祿

四長柱

二牙力布子五　一福通

二六十八子　裕　珍子　敏全

三雙喜

四雙成

五雙福

三牙力法子一　付登厄

十五世　十六世　十七世　十八世

三牙力法 子一
付登厄

十五世

成順 子
郃氏

純儒 子五
赫氏

十六世

榮富
包鬮氏

一榮俊 子四
包氏

景山
鄂白氏 子三

十七世

一繼泰

二繼山
三萬福
焦氏 子二

二萬發 子
黃郎氏

三成棟
胡氏

四七

十八世

一廣豐 子
康氏
慶
和年

二廣厚
榮氏

廣庸

福榮 子
李氏

三 松山 子三
陳氏

四 福山 子二
姜氏

五 壽山 子
王氏

常令 子五
文氏

一 萬金

二 萬順 子
劉氏

三 萬德

一 萬忠
姜氏

二 萬昌
艾氏

萬有 子二
趙氏

一 永盛 子二
文氏

廣寬

一 廣升

二 廣恒

一 廣福 子 慶德
鄂氏

二 廣彬
吳氏

一永 財子
廣寶
吳氏

吳氏

二永財 子
丁氏
廣寶
李氏

三永海 子
趙氏
廣仁
馬氏

四永明 子三
邵氏
一廣春 子 慶本
王氏
二廣堂
吳氏
三廣祿

五永恒 子
徐氏
廣義 子 慶林
于氏

聯富 子四
張氏

一吉成 子二
范氏

一繼發
范氏

二繼厚 子三
趙氏
廣升 即宝玉 子 慶忠
李氏
二廣德
三廣清

四九

二吉恒子三
張氏

一繼恩
秦氏

二繼魁
高氏

三繼山
張氏

三吉榮子四
楊氏

一繼文子四
赫氏

二繼有子二
康氏

五〇

一廣升
康氏

二廣利

三廣德

四廣清

一廣鈞
赫氏

二廣臣

一廣餘

三繼德 子三
卜氏

四繼芳
劉氏
德財

四吉陞 子
赫氏

敏全 子
齊氏

文陞 子
齊氏

雄富 子
張氏

五一

廣臣
廣餘
李氏
二廣新
劉氏
三廣亮

廣潤

八十太後裔色得力覺色力得色力移猞里溝住

十一世

色得力子四

十二世

一西合諾子二

十三世

一五十九子

二亮德子四

三亮海子二

繼王氏

十四世

永金寶子茂盛

吳氏

一蘇金寶

二扎金寶子二敏還 敏祥

姜氏

三恒林子三敏吉 敏亮 鴻禧

艾氏

四福林子三敏令 敏惠 鴻思

艾氏

一殿循子鴻儀

王氏

二 蘇合諾 子

三 蘇得諾 子二

四 得其諾 子二

佟 韓氏

成德 子

一 常德 子二

二 保德 子二

一 恩德 子

馬氏

二 雙喜 無子

趙氏

長林 子二 鴻興 年

周氏

一 滿倉 子 得玉

艾氏

二 英山 子三 聯 福 鴻玉

馬氏

一 花連順 子三 盛恩 八十二 八十五

二 花連吉 子四 吉 盛文 永 恒

長寬 子 福興 安

周氏

覺色力 子三
周
羅
關氏

一吾合諾 子五
王氏

二恩福 子三
吳
那氏 長子瓦房 敎音太二子

一全德 子三
吳氏

二五十八
三全喜
四全有
五全生

五四

一殿清 子福云
王氏

二殿凱 子二 鴻昇 鴻奎
郎氏

三殿世 子六十
何氏

一得寶 子成禧 成祿 成祥
楊氏

二春寶 子成富
高氏

得色力子四
高氏

二巴哈那子三
韓氏

三依合諾子二
周氏

得合諾子四

一全柱
二全祿
三全成

一阿那布繼子
周氏呑多布二子

二呑多布子四
周氏二子出繼

一常德
二孔福
三阿金太

五五

景春子
恒中慶
恆中年
隆中和
發中元

一景山子
周氏
慶
明雲有瑞

三景林子
李氏
慶
茂
佘

四景祥子
趙氏
永
祿

二巴哈布無子

三得成阿子四

四得京厄子五

那氏

四阿本太

一巴哈其　此四支移居江北

二巴林布　正黃旗屯

三巴灸阿

四玉慶

一達哈其

二達哈布　此三支亦無嗣

三達哈春

四達金太子　永發子　吉升

吉順

韓氏　陶氏子　連升

五海德子四三子少亡　一永福子　得喜

蔡氏　蔡氏

十五世

敏還 子二 艾氏

敏祥 子 [illegible]赫氏

十六世

一榮倫 子 移閻塲住 姜氏

二榮山 子 移閻塲住 康氏

榮盛 子三 王氏

十七世

景才

繼惠

一繼福 子三 康氏

五七

十八世

一永和 子吉瑞 蔡氏

四永利 子日升 溫氏

一廣慶 姜氏

二廣祿 李氏

二繼升子五

[illegible]赫氏

三繼宣子

吳氏

五八

三廣文

關氏

一廣德

馬氏

二廣田

秦氏

三廣海

李氏

四廣顯

王氏

五廣韜

何氏

廣學

敏吉子四
周氏二三四子陶塲住

一榮杜子二
陶氏

一繼順

二繼和子三
吳氏

敏亮子二
艾氏

一榮連子二
那氏二子出繼

繼太子二
關氏

鴻禧子
關氏

榮起子五
敖氏

一繼福子
張氏

二繼盛子
陶氏

五九

一廣有
吳氏

二廣才
何氏

三廣發
丁氏

一廣福
趙氏

二廣順

廣容

六〇

敏令 子四
艾氏
赫

一榮發 勃利縣
伊氏
二榮秀 子六
伊氏

三繼鳳 子 廣春
敖氏
四繼堯
沈氏
五繼先
沈氏

一繼庸 子 廣清
那氏
二繼貴 子
赫氏
三繼順
四繼純
李氏

敏惠 子三
焦氏

三 榮瑞
黃氏

四 榮頂
王氏

一 榮桂 子二 閑塲住
高氏

二 榮品 子二
艾氏

五 繼成 子
伊氏

廣俊

六 繼武
王氏

狗盛
小俊

一 繼勤
齊氏
吳

二 繼方

六一

鴻恩 子
關氏

鴻儀 子五 長子榮賓少亡
吳氏

三榮升 子 閑場住
艾氏

二榮崐 子三
王氏

二榮奎 子四
赫氏

押群

一繼祥

二繼奎 子
姚氏

三繼財 子
吳氏

一繼高
赫氏

二繼遠
赫氏

三繼恭

四繼寶

廣仁

廣運

六二

鴻興 子四
吳氏
吳

三 榮鐸 子
焦氏
四 榮惠 子四
吳氏
五 榮堂 子二
赫氏
一 榮昌
二 榮恒 子
吳氏

繼昌
沈氏
一 繼祥
一 繼德
吳氏
三 繼書
四 繼勳
二 繼良

六三

三榮科 子二
吳氏

四榮珍 子
單氏

鴻年 子
何氏

榮元 子二
齊氏

得玉 子三
艾氏

一大福 子二
吳氏

一繼會 子
吳氏

二繼春
赫氏

繼善

一繼賢 子
李氏

二繼唐
齊氏

一世龍 子
姜氏

二世鳳 子二
吳氏

廣盛

廣柱

廣順 子 慶國
高氏

一廣太 子 慶文 慶珍
王氏
赫氏

二 留福 子

伊氏

三 恭福 子三

沈氏 三子出繼

世麟 子

姜氏

二 世吉 子

艾氏

三 世有 子四

齊氏

一 廣富 子 變武

張氏

廣發 子 慶

馬氏

廣文 子 石昌

赫氏

一 廣田 子 肇昌

吳氏

二 廣吉

吳氏

三 廣洪

吳氏

四 廣和

耆元芳德堂

聯玉子二
唐氏

一榮兆子一
包氏

一繼周子
關氏

廣厚

二榮福子二 移東興縣
白氏

一繼慶
馬氏

二繼祥
石氏

福玉子繼 鴻玉之二子
那氏

榮德子三
陶氏

一繼福
馬氏

廣安

二繼永

三繼發

鴻玉子五 二子出繼
馬氏

一榮盛子四
齊氏

一繼富 移密山縣平陽鎮住
吳氏
齊氏

六六

三榮財　子二
張氏

四榮山　移勃利縣
關氏

五榮珍　移依蘭縣
謝氏

二虎勝

三繼德
高氏

四久勝

一繼瑞
謝氏

二繼顯

六七

盛恩
馬氏
八十二
關氏
八十五 子二
關氏

一 江玉
赫氏
兆財 子
關氏
世福 子五
關氏

一 廣恩 子 慶章 名
艾氏
二 廣增 子 慶鉢 華
艾氏
三 廣惠 子 慶豐 年
馬氏
四 廣元 子 慶餘
文氏

六八

吉文 子 佟氏

保祥 子二 伊氏

盛文 子 姜氏

兆祥 子三 焦氏

一繼升 子 穆氏

二繼昌 子 伊爾氏

一世昌 子二 張氏

二世俊 子二 何氏

六九

五廣林 子 慶 有 吳氏

居安

廣成

一廣才 焦氏

二廣和 白氏

一廣珍 齊氏

二廣珠

永文 子三
赫氏

一德祥 圉塲
赫氏

二玉慶 子二
吳氏

三世英 子二
楊氏

一世榮 子三
姜氏

二世清 子二
艾氏

七〇

一廣智 子丁柱
馬氏

二廣信
姜氏

一廣山 子慶春
姜氏

二廣祿
代氏

三廣生
吳氏

一廣玉
姜氏

恒文 子
關氏

福安 子二
吳氏

福興 延吉縣
陳氏

三
兆有 移江東
關氏

兆瑞 移西安縣

一
榮亮 繼子
祁氏 榮連二子

二
榮成 繼子
鄂氏 春付三子

繼盛 子二
沈氏

繼富 子
高氏

七一

二
廣德
王氏

一
廣瀛
伊氏

二
廣濱

廣義 子
赫氏

慶林
峯

吉昇 子一 即滿昇
周氏
玉林 子八 移北安省嫩江縣華豐村康末屯
王氏 五子少亡

一世 德 子 廣升
姜賈邊 氏
二世 永 子 廣祥
赫 氏 孟氏
三世 元 子五 一廣田
艾劉 氏 王氏
二廣貞
三廣恒
四廣智

七二

四世 海 子三
杜氏
呂

五世 春 少亡

六世 清
吳氏
王

七世 太
王氏

七三

五 廣山

一 廣春
曾氏

二 廣均

三 廣臣

七四

廣和

八世 昌子

趙氏

此戶於光緒二十年移黑龍江省嫩江縣關家窩堡住

祥無嗣

榮

福雲子

齊氏

六十由光緒二十年移居雙城堡

吉有 子二 即湾屯
馬氏

成禧 子四 石灰窰東溝住
溫氏 三子出繼

一 榮福
吳氏

二 榮祿 子
溫氏

一 福玉 子三
秦氏

二 福秀 子二
溫氏

繼章

一 繼明
沈氏

二 繼堂
秦氏

三 繼德

一 繼延

二 繼武

七五

成祿 子
吳氏

成祥 繼子 成禧三子
王氏

成富 子三
高氏

四 福昌 子二 二子出繼
孫氏

福慶 子
楊氏

福財 繼子 福昌二子
陶卜氏

一 福合 子
吳關氏

二 福春 子二
吳氏

繼升
代氏

繼春
赫氏

繼德
關氏

繼全
關氏

一 繼坤 子二
温氏

一 廣生

二 廣德

七六

恒中慶 繼子 隆中和二子
何氏
恒中年 子二
關氏

三福源 子二
高氏
榮英 子
高氏
一榮陞 子
高氏
二榮貴 子三
關氏

二繼林 子
胡氏
一繼才
吳氏
二繼發
繼亭
關氏
繼倫
一繼祥
黄氏
二繼順

廣學

隆中和 子七
關氏 二子出繼

一榮祥 子三
王氏

三繼恒

一繼成

二繼章

三繼美

三榮興 子二
王氏

一繼賢
姜氏

二繼山

四榮選 子
張氏

繼慶

七八

發中元子
王氏
慶明子四 此十五世保景山長子
周氏四子出繼

五榮林子
關金氏
六榮泉子
赫氏
七榮久子
盧氏
榮清
一保安鳳子三
郎氏

繼嵐
繼洪
一繼雲
二繼令
三繼有

七九

慶雲 景山二子 繼子 慶瑞二子

慶有 景山三子 繼子

關氏 慶明四子

慶瑞 景山四子 子二

温氏 二子出繼

二保安財 子四

李氏 二子出繼

三保安寶 繼子

吳氏 保安財二子

保安貴 繼子 保安富二子

保安德 無子

保安富 子三

赫氏 二子出繼

一繼文

關氏

三繼賢

孫氏

四繼良

關氏

繼祥

康氏

繼忱

一繼連

李氏

八〇

慶茂 景林長子 子三
王
李氏

一榮崑
吳氏

二榮山

三榮峯

三繼山

慶苓 景林二子
永祿 子一
郎氏
楊
吉升 子二
那氏

榮鉅
劉氏

一榮增 子
馬氏

繼峯

八一

吉順　連升 子三 馬氏　德喜 子二 王氏

二榮恩 子三 林氏　一榮春 子 那氏　二榮祥 子四 何氏　三榮順　一榮昌 艾氏　二榮貴 關氏

繼　繼　繼

清　忠　明　安　新忱眼四

八二

吉瑞子二
謝氏

日升
唐氏

十九世

慶堂子二
張氏

慶德子二
吳氏

一鳳林
謝氏

二鳳鳴
吳氏

二十世

一善波

二善亭

義

一善洪

二善有

浦

二十一世

二十二世

慶芳
石氏
慶元
張氏
慶萱

八倫太後裔勒得力一大支派移居古蹟傑瓦房住

十一世 勒得力 子三
王氏

十二世 一得保住 子五
周
吳氏 二四子少亡

十三世 一付凌阿 子
三付增厄 子二
道光年間鑲藍協領
五付珠倫 子五
周
郎氏 四子出繼

十四世 依欽布 繼子固珙
蔡氏 綽伙布三子
一托克托布 子三 固土克坦 老各瑛
關氏
二得克得布 子 固球
陶氏
一吾力滾布 子四 固理 瑞 璉 悅
關氏
二綽伙布 子三 固琳 琅
關氏 三子出繼
三納欽布 子 固聖
韓氏

八五

二鈕合即花郎阿子三
代白氏

三三音住子四
關氏

一六十九繼子付珠倫四子
代氏

一伙隆阿繼子
周氏

三伙隆厄
周氏

一伙隆武子三
周氏

八六

五威合布子二固珍珑
馬氏

依力布子五固依克坦滿奎隆升
高氏

重有琿子二福伸斌
代氏

一阿除琿子吾朱得
王氏

二缺二子固瑾

三花四子二小

二伙什太 子四
王氏

三倭仲太 子四
王氏

八七

一巴彥琿 子三 固金 銀 清
王
劉氏

二莫力琿 子二 固典 壽
艾
吳氏

三西吉力琿 子五 福剛 山 順 臣 寬
代氏

四吉恩琿 子四 福陸 忠
周
李氏

一吉爾他琿 子 吉成
馬氏

二奇奴琿 子 小丁
陶氏

十五世
固琪 子五
馬氏

十六世
一榮昌 子三
穆氏 二子出繼

四敦音太 子四
周氏 二子出繼 拾里勾

十七世
一繼普 子二
馬氏

八八

三撥得琿 子小五
關
夏氏

四重喜琿 子吉德
趙氏

一納木琿 子福義
周氏

三佛力琿 子福春
吳氏

四乾巴 子小三
胡氏

十八世
一廣玉
吳氏

繼續石碑

固珵 子二
馬氏

一榮德 子
王氏

二榮福 子繼 榮珍長子
趙氏

繼賢 子
李
劉氏

廣[illegible]
[illegible]
武
雙

繼明 子
周
王
周氏

廣全

固瑞 子二
關氏

一榮文 子二
關氏

一繼顯 子三 洮南府
馬氏

一廣增

二廣祿

三廣祥

二繼惠
關氏

九五

九六

固璉子三
周氏

二榮武子　繼昌子　廣鎖
傳關氏　傳氏

一榮豐子移磐石縣帽山住　繼祥子　小羣
孫氏　劉氏

二榮安子　繼升
關氏

三榮貴子三　一繼有移鉄驪縣
周氏　王氏

二繼慶子二　一廣忠
趙氏

二廣義

圖悅 子一
關氏

榮珍 子三
關氏 長子出繼

三 繼祿 子二 移輝南縣
赫氏
二 繼春 子六
關氏

小曾
小成
一 廣良
白
關氏
二 廣森
吳氏
三 廣明
吳氏
四 廣成
林氏
五 小五
六 小六

九八

三繼 奎子三 一廣臣
沈氏 康氏
二廣志

[illegible]譜[illegible]吧[illegible]

三廣發

固 琳子 榮 常子繼榮富二子 繼 武子 廣 祥子慶春
周氏 王氏 關氏 王氏
固 琅子二 一榮 富子三 一繼 盛子 廣 增子慶元
孫氏 李氏 二子出繼 關氏 敖氏
三繼 英子二 一廣 勤
孫氏
二廣 儉

固周
固何

聖氏
珍繼子 氏固珧二子

榮赫
發子 氏

榮吳
聚子三 氏

繼
峯

一繼
祿

二繼
德

三繼
連

固傅
珧子二一 氏二子出繼
文周
翰子 氏
繼王
林子三 氏

九九

一廣赫吳
仁氏
二廣唐
義氏

一〇〇

三廣禮

依克坦子一　榮鎖移富錦縣

固滿子二　一榮鐸子二　赫氏　二榮鎮子　曾氏

一世文子　高氏　二世秀子　李氏　三世全子三　李氏

一廣心子慶惠　代氏　二廣信子慶恩　張氏

一廣雲子慶顯　曾氏　二廣合　趙氏　三廣文　關氏

青岡世長山堡

固奎 移富錦縣 子二

一

高氏 子

一世成 子二

馬氏

一廣升

二廣林

二世才

那氏

三世盛

二得蒙厄 移青岡縣 汗名榮財

固隆 海龍縣

固升 青岡縣

一〇一

福仲 子二
韓氏

一 景秦 子
李 周 氏

繼廷
趙氏

廣津

廣盈

二 榮凱 子二
吳氏

一 繼琿 子
陶氏

廣

二 繼明 子
白氏

廣東

福斌 子三
代氏

次 榮剛 子四
姜氏

一 繼紳 子
姜氏

印柱

二 繼範 子
關氏

三 繼蘭
李氏

四 繼緒

一〇二

吾朱得子二

固瑾子二
周氏

榮茂子三
代氏

一成發繼子 成九二子

二成榮
姜氏

一成有子三
艾氏

一萬海子七

二萬久

三萬喜

繼和子
姜氏

一繼發

二繼增子
唐氏

廣福

廣壽

三繼岳

二成九 子二 二子出繼

韓氏

繼昌 子

蔡氏

廣永

固金 子二

關氏

一成倫 子二

李氏

一繼宣

二繼仁

李氏

二榮常 子一

李氏

二繼盛

李氏

繼林

固銀 子三

關氏

一景和 子 無妻

二榮森

白氏

固清 子四

劉氏

一榮謙 子三 二子出繼

孫氏

一繼祥 子

楊氏

廣志

三繼春

姜氏

固[illegible]

固壽子
趙氏

一榮信繼子 榮謙二子
王氏

繼恩
楊氏

三榮俊子
劉氏

繼元
代氏

四榮全子三
夏劉氏

一繼鐸

三繼倫

榮林子三
趙氏

一繼會
陶氏

二繼魁子
李氏

三繼本
代氏

廣

蕃咸惠

一〇五

福剛 子
温氏
福山 子三
王氏 二子出繼

一成棟 繼子
關氏 成貴二子
一成柱 子四
艾氏 三子出繼

繼峯
閻氏
一繼升 子三
馬氏

繼凱 子三 移海龍縣住
包氏

一〇六

一廣令
王氏
二廣玉 子 鎖成 羣成
關氏
三廣容 子 慶萱
韓氏

一廣安

二廣羣

三廣三

福順 子三
那氏

三成公 子二
王代氏

三繼庸 移雙城僅住
艾氏

一繼珠 子
王氏

廣慶
闞氏

二繼書 子二
闞氏

一廣元

二廣輝

一成才 子二
那氏

一繼有 逃走

一繼年

二成貴 子二 二子出繼
溫氏

繼崐 子
闞氏

廣斌 子二 曲成 貴成
傅氏

一〇七

福臣 王氏 子二 長子出繼

三成樑 艾氏 子

一成富 代氏 子二

二成煥 趙氏 子三

繼祥 張氏 遣河

一繼芝 王氏 子

那

繼隆 關氏 子二

一繼連 高氏 子二

二繼陽 何氏 子

廣財

金昌

二喜年

一廣太

二[illegible]生

貴生

一〇八

福寬 子二 馬代氏

一成喜 子二 姜齊氏

二成恩 子二 何氏

三繼芳 子 鮑氏

一繼恒 子三 王氏

二[illegible]繼新 子二 焦氏

繼貴 子 代氏

鳳生

一廣璉 王氏

二廣瑛

三連福

一廣澤

二曲盛

廣清

福陞 子二 周氏

福忠 子 吳氏

一成福 子 周氏

二成美 蔡氏

一成德 繼子 何氏 金氏 成柱三子

二繼忠 子二 姜氏

三繼泰

一繼孔 艾氏

繼堂 子二 王氏

一廣純

二廣喜

一廣文 子二 馬氏

二廣武 石氏

李慶吉 楊慶祥

一一〇

吉成子 成玉

小丁

小五

吉德

福義子五 二子出繼 老堡

周氏

一榮金子 繼有子 廣震子

王氏 白氏 那氏

三榮玉子四 三四子出繼 一繼周子 廣用

周氏 白氏 石氏

二繼安子四 一廣權子

關氏 傅氏

一二一

一一二

二廣衡

三小四

四小羣

四榮奎 子三

李氏

一繼良

二繼堯

三繼維 子

馬氏

來福

五榮堂 繼子一 榮玉三四子

繼峯 子

艾氏

一廣珍

二繼先子二 一連柱
王氏 二羣柱

福春
福三

一十三

蘇得力 福得力 福明阿 阿昌阿 吾凌阿

五大支派永居紅旗屯老堡

兀達納後裔

十一世	十二世	十三世	十四世
蘇得力 領催 子三 王趙關唐氏	一 得清 校致 子 關氏	明臨 子二 車氏	一 英明 子 世忠 王氏
			二 英昌 子 世元 車氏
	二 得秀 子四 王氏	一 明玉 子三 關氏	一 英興 子 世鈞 王氏
			二 英恒 子 世祥 趙氏

二 明崐 子三 趙氏

三 海玉 子四 關氏

三 俊哲 子 留住 關氏

一 成俊 子 世方 王氏

二 成喜 子 世升 高氏

三 成林 子二 吉祥 吉庫 長子出繼 關氏

一 英貴 子二 吉亭 吉榮 王氏

二 鵬志 子三 樂亭 俊亭 奎 唐氏

三 丁亥 子三 雪亭 林亭 椰頭 關氏

一一五

一一六

四靈玉 子五
關氏
穆

三慶秀 子五
一景玉

四柏森 無子
周氏
一英臨 子二 文廣 文成
金氏
二英甚 子 文柱 文富
穆氏
三英鵬 子二 文秉 裕璞 二子出繼
張氏
四英和 繼子文會 英鵬二子
王氏
五英平 女五
栗氏

十五世

世忠 子

赫氏

十六世

吉爾土堪 子二

李氏

二寶玉

三成玉

四林玉

五崐玉

十七世

一繼鳳 子四

關氏 長子少亡

十八世

二廣升 子慶祥

范氏

三廣文

四廣慶

世元子
闞氏
世鈞子
王氏
榮海子三
代氏

一繼瑞
二繼善子
李氏
三繼和

二繼麟子
高氏

一一八

廣琛省

廣玉
代氏

留住
關氏
榮寶子
樂亭子二
何氏
一榮林子
李氏
關繼生
趙繼明子
趙氏
斋山男

俊亭子二
張氏

奎亭

文廣子
敎何氏

二榮鎖

一榮臣子二
高氏

二榮全承祧子

榮蘭

一榮山子五
馬氏

一繼升子二
唐氏

二繼海
關氏

一繼謙子
白氏

二繼讓
唐氏

三繼凱
吳氏

一廣寶

二廣財

廣益

一一九

文成 子
張張氏
文秉 子
戴氏
文會 子二
馬氏 長子少亡
文杜 無子
吳氏
文富 無子
穆氏

榮盛 子
韓氏
榮銘 子
馬氏
榮元 子
王氏

四 繼有
後娶 李氏
五 繼五
繼華
包氏
繼業
文氏
繼祿
文氏

三〇

十一世

福得力 子二 原兵後譜

徐氏
王氏

十二世

得成 子八 長子保得令 三子

代徐吳周氏 本名 三子少亡

十三世

一福克錦布 子四 防禦

唐氏

二鳳祿 子三

徐氏

二二二

十四世

一亮玉 子三 桂林 松林 秀林

關氏

二亮福 子二 公茂 公會

關氏

三亮慶 子 吉成

唐氏

四亮才 子五 公忠 公謙 公山 公祥 四子出繼

周氏

〇金星保 無子

王氏

四鳳禎 子二
周氏

五鳳德福 子三
郎氏

二亮有 子 玉林
徐氏

三亮榮 繼子五和
赫氏 保年二子

一亮吉 子二 玉山 玉樹
關氏

二亮永 子 玉惠 玉升 玉慶
關氏

一亮恩 繼子玉祿
唐氏 亮連二子

二亮奎 子 玉琪 玉珍
王氏

三亮連 子三 玉[illegible] 祿 玉合
那氏 二子出繼

六鳳喜（全） 吳氏 子二

一亮凱 吳氏 子 玉壽 玉志

二亮海 關氏 子 玉魁 玉春

七鳳全（保） 張氏 子三

一保年 張氏 子五 玉森 玉謙 玉坤 二五子出繼

二吉年 代氏 子二 玉恒 玉崑

三成年

八鳳福（[illegible]） 盧氏 子四

一吉崐 盧氏 繼子玉[illegible] 吉同長子

二吉元 盧氏 繼子玉[illegible] 吉同二子

十五世

桂林子三

赫楊氏

得祥無妻嗣

十六世

一惠倫子

徐氏

二惠英無子

唐氏

三惠恩

十七世

喜春

松林子二

康代氏

一榮惠子二

代氏二子出繼[illegible]

繼德子

代王氏

廣清

一二四

三吉同子四 聯玉 聯柱長次子出繼

關氏

四吉升繼子 玉芳 保年五子

周氏

十八世

三榮春子
關氏

繼浦
閻氏

繼波

繼柱

公成子三
趙氏

一榮志子二
温氏

一繼平
代氏

二繼馨
關氏

二榮林

三榮興

公謙子六
趙氏

一和順

一二七

二和慶

三和生

四和珍

五和玉

六小夢

公祥 子

徐氏

秋

玉林 子三

徐氏

榮順 子

徐氏

一榮祥 子

胡氏

繼周

馬氏

玉和 子四

郭氏 四子出家

二榮和 遺走

三榮本

一榮貴

康氏

二榮富

車氏 後婚

三榮君 子

焦氏

一繼鳳

石氏

二繼同

三繼奎

玉山子二 二子出繼
唐氏

榮江子二
蔡氏

玉樹繼子 玉山二子
吳氏

榮起子六
石氏
卜氏

四繼益

一繼安子
包氏
王氏

廣理

二繼太
汪氏

一繼貴
周氏

二繼芳子
石氏

雙龍少亡

三繼芬
代氏

三〇

玉惠 子五

艾氏 四五子出繼

一 貴豐 子二

周氏

二 貴中

三 貴昌 子三

關氏

四 繼嶽

五 繼峯

六 繼財

一 繼恩

吳白氏

二 繼恒

一 繼萱

關氏

一三一

二繼嵐

三繼魯

一繼瑢
玉氏

二繼璠

玉升 繼子 玉惠五子
徐 馬 氏

貴浦 子二
陶氏

玉慶 繼子 玉惠四子
關氏

貴海 子二
關氏

一繼先 子
關氏

二繼志

玉祿 子五
石氏

一榮鎖 子三
沈氏

一繼遠

廣春

二繼綿

三繼高皋

一繼珉

二繼珂

二榮斗 子二

白石氏

三榮辰

白氏

四榮彪 子

李氏

五榮厚 子

唐氏

繼修

玉琪子七
李氏

一榮昌子
黃氏

繼發

二榮海
夏氏

三榮升子二
李氏

繼垚

繼陽

四榮善子二
周氏
曹

繼孟

繼孔

五榮萬
傅氏

一三四

六榮 傅氏 福子

七榮 關氏 謙子二

繼 忠

二雲 龍

三雲 鵬

王㐲 關氏 玉琚 卞氏 林十二

珍女八 氏

一榮 佟氏 義子二

二榮 姜氏 廣子二

一繼 程氏 權

二繼 王氏 衡

一繼 關氏 峴

一三五

二繼庫
關氏
三榮寬子四
一繼謀
秦氏
二繼諧
三繼許
四繼詁
繼盛
一榮邦子
玉合子二
吳氏
張氏
二榮國

一三六

玉志 子四

李氏

一榮森 子二

王氏

一繼勤

二繼寬

二榮鑫 子

艾氏

繼儉

三榮品

焦氏

四榮垚

胡氏

榮璞

玉魁 子一

關氏

一榮琨

玉春 子二

常氏

一三七

玉森子
傅氏
玉謙子
蔡氏
玉坤
石氏
玉恒子
赫氏

二榮珮
榮剛子
趙氏
榮強子三
趙氏
榮鼎子二
王氏

繼唐
一繼德
二繼雲
三繼崇
一繼全
二繼[illegible]

一三八

玉崐子 張氏

聯星子二長子少亡 周氏

玉貴子 胡氏

聯兕劉 聯孫施玉盧

玉 氏 柱 氏 芳子三 氏

榮成子 石氏

榮山 李氏

榮廷子二 周氏

一 榮占 朱氏

繼春

一 繼謙

二 繼鵬

一三九

二榮立

姜氏

三榮吉

十一世

福明阿 子四
關 王 郎 氏

十二世

一 得令 子五 三子出繼
王氏

十三世

一 保才 子二
關氏

明慶 子 興京防禦
吳 王 氏

四 明全 子
石氏

五 常慶 子 領催
關氏

一四一

十四世

一 英柱 子恩玉
張氏

二 吉慶 子三 移砂子岡
王氏

英信 繼子公順
郎氏 亮才三子

特合什布 子恩有
赫氏

富新 子恩佩
唐 姜 氏

二全山 子 四川當兵陣亡

王氏

關

三得壽 子三

王氏

赫

恒慶 子

高氏

一恒祥 子

車氏

二恒倫 子

王氏

三恒祿 子五

赫氏

一四二

英勇 子 恩浩 恩準 恩仲

王氏

成啓 子 俊哥 肥子

高氏

成禮

一成仁

二成義 子 恩多

趙氏

三成智

四成信 子 恩保

趙氏

十五世
恩玉 子三
關氏

十六世
四 得昌 子二
楊氏
趙氏

一 會升 子
關氏
二 榮彰 滿名吉爾哈春
關氏
吳氏
三 榮德 子
關氏

十七世
一 恒金 子 同治八年移八燕蘇
二 恒中 子
高氏
繼鐸 远走
繼璞 子二
高氏

十八世
五 成富 子 恩波
赫氏
英在 子 振江
代氏
英吉 子 振海 振山
楊氏
一 廣生
二 廣田

一四三

恩成 子四 移[illegible]台子 [illegible]家[illegible]
王氏 長三少亡

二榮升 子五
那氏

四榮富 子四
湯氏

一繼新
黃氏

二繼春
王氏

三繼清
那氏

四繼成

五繼文

一繼祥
王氏

二繼盛

一四四

公順 唐氏 子二

一 榮成 唐氏 子五

三 繼貴

四 繼福

一 繼慶 艾氏 子 廣啓

二 繼斌 王氏 子 廣諒

三 繼祿

四 繼祥

五 繼升 姜氏 廣謝

一四五

恩有子
莫氏
恩佩子二
唐氏

榮倫子
周氏
榮慶
石氏
一榮桂子三
艾王氏

繼賢子：
白氏
繼茂
石氏
一繼順子
車氏
二繼儒子三
艾氏
三繼文子二
關氏

一四六 廣訢
廣誌
應甲
一應運
二應選
三應玢
應奎

應志

榮椿 子四 四子少亡
唐周氏

一 繼德
吳氏

二 繼慶 子
唐氏

應連

三 繼武
汪勞氏

恩多 子七
常氏

一 榮壽
關氏

二 榮海

三 榮芳
吳氏

一四七

四榮忠子 繼緒
關氏 繼萬

五榮昌
夏泰氏

六榮維
秋氏

七榮柏
王氏

三榮寶子二 一繼奎
高氏

振海子七
楊氏長子出繼二子少亡

恩波
王氏

一四八

四榮景子一　二繼雙

王氏　繼忱

五榮權子二　一繼賢

時氏　三繼良

六榮發子一　繼田

白氏

七榮亮子一　繼統

吳氏

榮舉

白氏

振山繼子（縱海長子）

王氏

一四九

十一世

阿昌阿 金洲校政 子三 二子即吾凌阿五子
王周氏

十二世

得生 國子監 子
王氏

二得春 勅封承德郎 子五
艾氏

十三世

金保 國子監監員 子
周氏

一臨保 義洲岫岩筆政 子
王氏

二奎保 子三
夏氏

三明惠 領催 子二
劉氏

十四世

亮喜 子紳武 春恒
王氏

多聚 岫岩筆政 子柏壽 鵬壽
傳氏

一連吉 子二 恩福 恩寶
文氏

二連壁 子鴻儒 恩謙 三子出繼
艾氏

三連成

一多申 繼子同壽 連壁三子
張關李氏

四
安保
子五
艾氏

二
多榮
何氏

一
連善
子
春和
貴和
孫氏

二
多文
子
太和
馬氏

三
多吉
子
文芳
王氏

四
多珍
子
文合
文郁
石氏

五
多增
子
恩升
關氏

五
年保
子二
孫氏

一
煥成
子
熙文
敖氏

一五一

二定成 異名多巽
孫氏

一五二

三得海 無子
文氏

十五世

紳武 子
何氏
春恒 繼子 保瓦房福義二子
周包氏

十六世

惠生
關氏
惠元 子四
王氏

十七世

一繼聖 子三
徐氏

十八世

一廣來 子 慶兆 慶蔭 慶惠
周赫氏
二廣隆 子 慶芝 慶維
于氏
三廣善 子 慶奎
石氏

二榮祿子二二子出繼
吳氏
三榮禎子二
赫氏
繼蔭子
關氏
一繼勛
二繼動

文郁子二
黃氏
一榮顯
李氏
二榮良子
何氏
天生

恩升子二
沈氏
一榮瑞子三
趙氏
一繼寶
二繼聰

一五七

三繼雙

一鉄柱

二成順

二榮璉子二

艾氏

繼興

熙文子

齊氏

榮光子

唐馬氏

十一世

吾凌阿 子七

黃氏 五子出繼

十二世

一 福成 朝議大夫 子四

艾關氏

十三世

一 明喜 無子

艾氏

二 明昇 盛京禮部郎中 子二

唐趙劉氏

三 瑟僩 原戶部筆政封朝議大夫 子

蔡何王氏

四 常義 忠憲大夫 子二

關氏

十四世

一 延年 工部主事 子 通格

張闞陳氏 子 連格

二 玉鎖 兵部主事 無子

馬氏

多三 盛京刑部筆政 子 恩海 恩銘 恩浦 恩榮

吳氏

一 庫年 子 恩祥

文氏

○一五九

福順 子
徐氏 何氏

明太 子三 國子監封忠憲大夫
劉氏

三
福海 子 岫岩正紅旗防禦
韓氏 唐氏 張氏

荷恩 子二
何氏

二
庫豐 子 恩祺
孫氏 吳氏

一
崇年 無子
徐氏

二
景年 繼子 吉祥
劉氏 成林長子

三
祥年 無子
何氏

一
壽年 監員 子二 純鋮 純紀
吳氏

二
昌年 子六 純芳 純桂 純鐸 純璞 純陞 純和
張氏

四 得安 敕封修職郎 子四

艾氏

一 明雲 敕封修職郎 子四

付氏 艾

二 紀謙 生員 子一

吳氏

三 承恩 盛京禮部庫史 子二

張氏

一 安年 無子

李氏

二 榮年 子 達仁

黃氏

三 鎖令 子 達申

艾氏

四 拴令 子 聯祥 聯秀 聯禎 聯芳

康氏

鵬漢 子 達恆 鴻恩

唐氏

一 錫令 子 文謙 文凱 文翰

吳氏

二 延令 子 聯玉

汪氏

一六一

一六二一

四常 盧
勅封文林郎
吉 子三 氏
一多 盧
二椿 孫
三九
令 子 達本 氏
令 子 居子 氏
令

六福 黃
七慶 關 張

朝議大夫
明 子 氏
閒汨義廣寧佐領
平 子 氏

常 孫
仞 徐

封政大夫刑部筆帖式
俊 子 氏
修職郎
千 子二 氏

裕 吳
一吉 徐

振 子 桂芳 柏芳 氏
安 子 馨桂 氏

二吉 孫 關
恒 子三 崇賓 崇志 崇奎 氏

十五世	十六世	十七世	十八世
通格 子 盛京工部筆政	善源 子二 字清泉	一慶麟 子	廣岳
白穆氏	趙氏	田氏	
通格 子二	一善浦 子四 字福泉	二貴麟 子	廣太
佟氏	陳氏	鄂氏	
		一英麟 子	廣扣
		趙氏	
		二玉麟 子	
		馬氏	
		三成麟	
		劉氏	
		四寶麟	

恩海（繼子 恩榮長子）

張赫氏

二善潞（字博泉 子）

楊佟氏

榮鈞（字典五 六子）

朴巴氏

小五

穆氏

一繼良

徐巴氏

二繼威（少亡）

三繼剛

黃氏

四繼强

五繼仿

一六四

恩銘兼祧子

關氏

恩浦子四

顧氏

長榮芝子

劉氏

高

次榮琛子一

高氏

三善勛

汪氏

四榮岐子二

赫氏

六繼詩

繼東

繼明

一繼海

二小三

一六五

恩榮 子三 長子出繼
王氏 吳氏

二 榮濬 子 絶嗣 字疏九
王氏 李氏

三 榮濤
白氏

恩祥 子三
姜氏

一 榮世 子 字貴亭
徐氏 何氏

民生

二 榮琪 子
楊氏

武權

三 榮璠 子
關氏

福元

恩祺 子一
文氏

世澤 子五
吳氏

一 克明

一六六

吉祥 子 何氏

志和 子四 趙氏

二 克敏

三 克仁 米氏

四 克庸

五 克中

一 繼忠 現充武職 字繩武 趙氏

二 石頭

三 繼善 字葆辰 子一 馬氏

一 鐵生

一六七

一六八

二鐵錚

三鐵鵬

克堯 現武職 字，廷唐
郝氏 子三

鐵樑

鐵山

鐵棟

純毓 子二
康氏

一崇善 子三 字旌三
黃氏

一鍾琦 子
赫氏

廣慶

二鍾瑞 子四
康氏

一廣大

二廣有
三廣榮
四廣成
三鍾琭 少亡
二榮華 字聚軒 子二
夏氏
一鍾琇 子三
李氏
一廣福 子 慶銘
李氏
二廣宏
三廣運

一六九

二鍾琳子　廣祥
石氏
純紀子　寶善子三字子衍　一鍾珍子　一翼青
傅氏　劉氏　劉氏
二顯青
二鍾璋子　慧青
張氏
張
三鍾璠

純芳子　奎善子　繼元
李氏　高氏　曾氏
純桂子四　一樂善子二移青岡縣　一繼良
盧氏　康氏
金氏

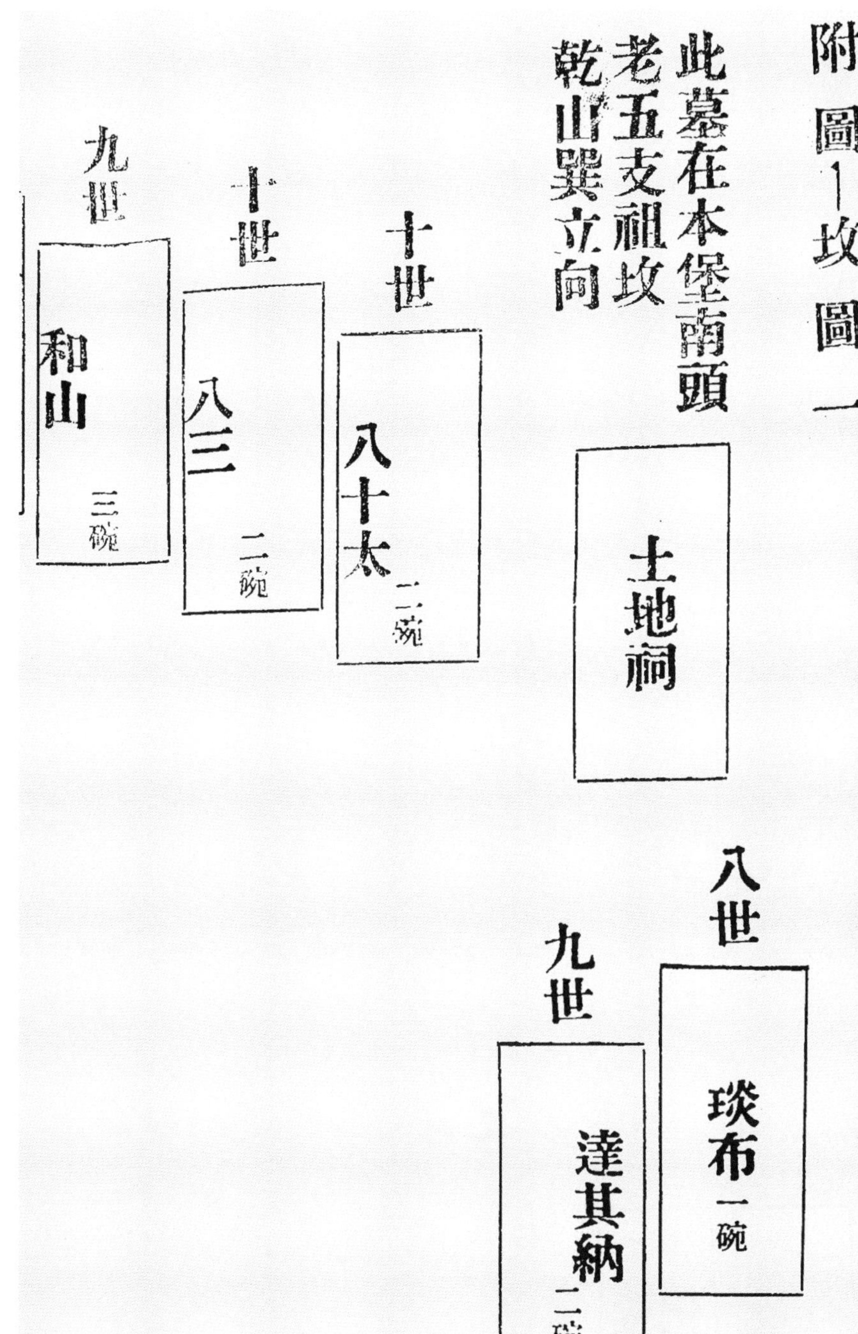
附圖丨坟圖一
此墓在本堡南頭
老五支祖坟
乾山巽立向
土地祠
八世
琰布
一碗
九世
達其納
二碗
十世
八十太
二碗
十世
八三
二碗
九世
和山
三碗

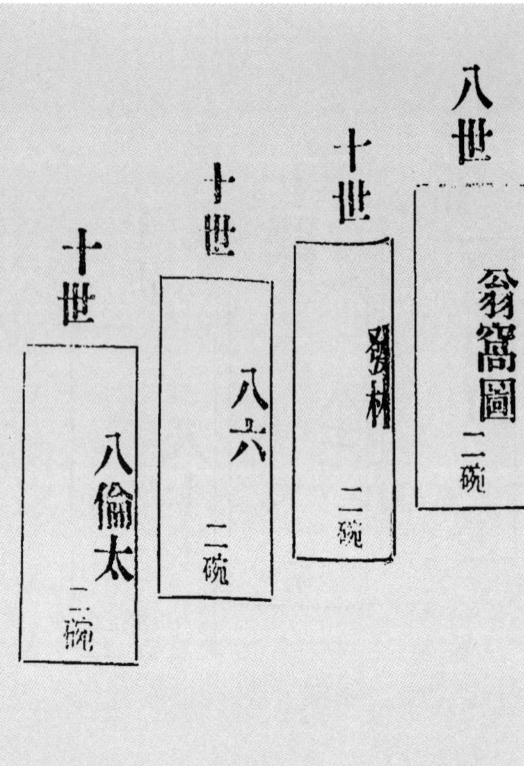

八世

翁窩圖 二碗

十世

發林 二碗

十世

八六 二碗

十世

八倫太 二碗

十一世

阿昌阿
王氏
周氏

[illegible]爺
[illegible]奶奶

[illegible]爺
戀奶奶

附圖—坟圖二

此墓在本堡北白旗溝
乾山巽立向

十二世
艾氏
得安

十二世
張唐韓氏
福海

十二世
徐何氏
福順

十二世
周吳徐代氏
得成

十二世
王氏
得令

十二世
黃氏
吾凌阿

十一世
郎王關氏四碗
福明阿

十一世
唐關趙王蘇四氏五碗
得力

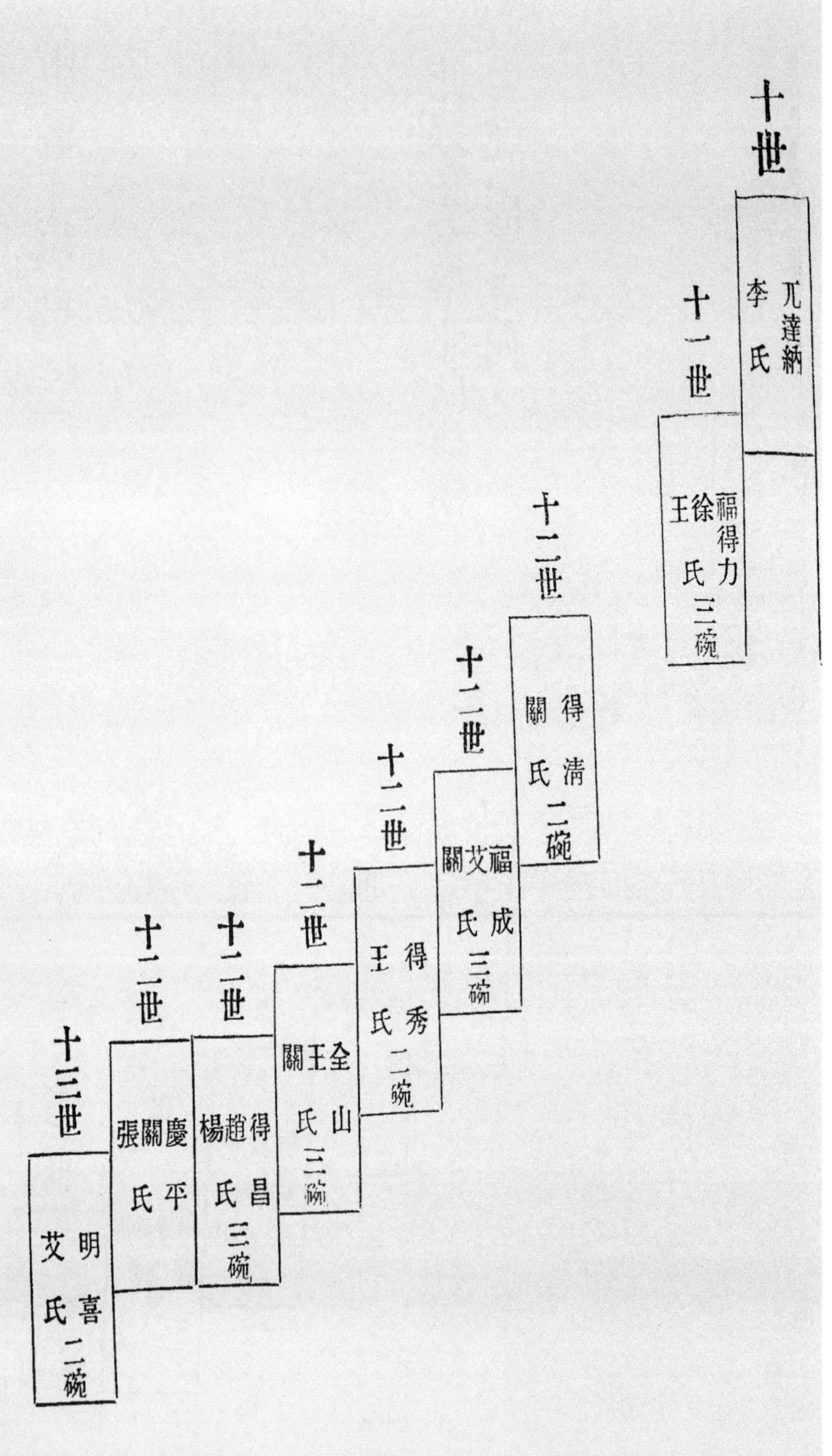

十世
兀達納
李氏

十一世
福得力
徐王氏
三碗

十二世
得清
關氏
二碗

十二世
福成
艾關氏
三碗

十二世
得秀
王氏
二碗

十二世
全山
王關氏
三碗

十二世
得昌
趙楊氏
三碗

十二世
慶平
關張氏

十三世
明喜
艾氏
二碗

附圖丨坟圖三

此坟白旗满老坟前左傍

十四世 高氏 成喜

十四世 王氏 成俊

十四世 王氏 英興

十三世 關氏 明玉

十三世 車氏 明臨

十三世 明崐 趙氏

十三世 穆關鎔 玉 氏

十四世 英明 王氏

十四世 英恆 趙氏

十四世 英昌 車氏

此坟廟後地中心

十五世 李何樂 氏 亭

十四世 關氏 丁亥

十四世 王氏 英貴

十三世 海玉 關氏

十四世 柏森 周氏

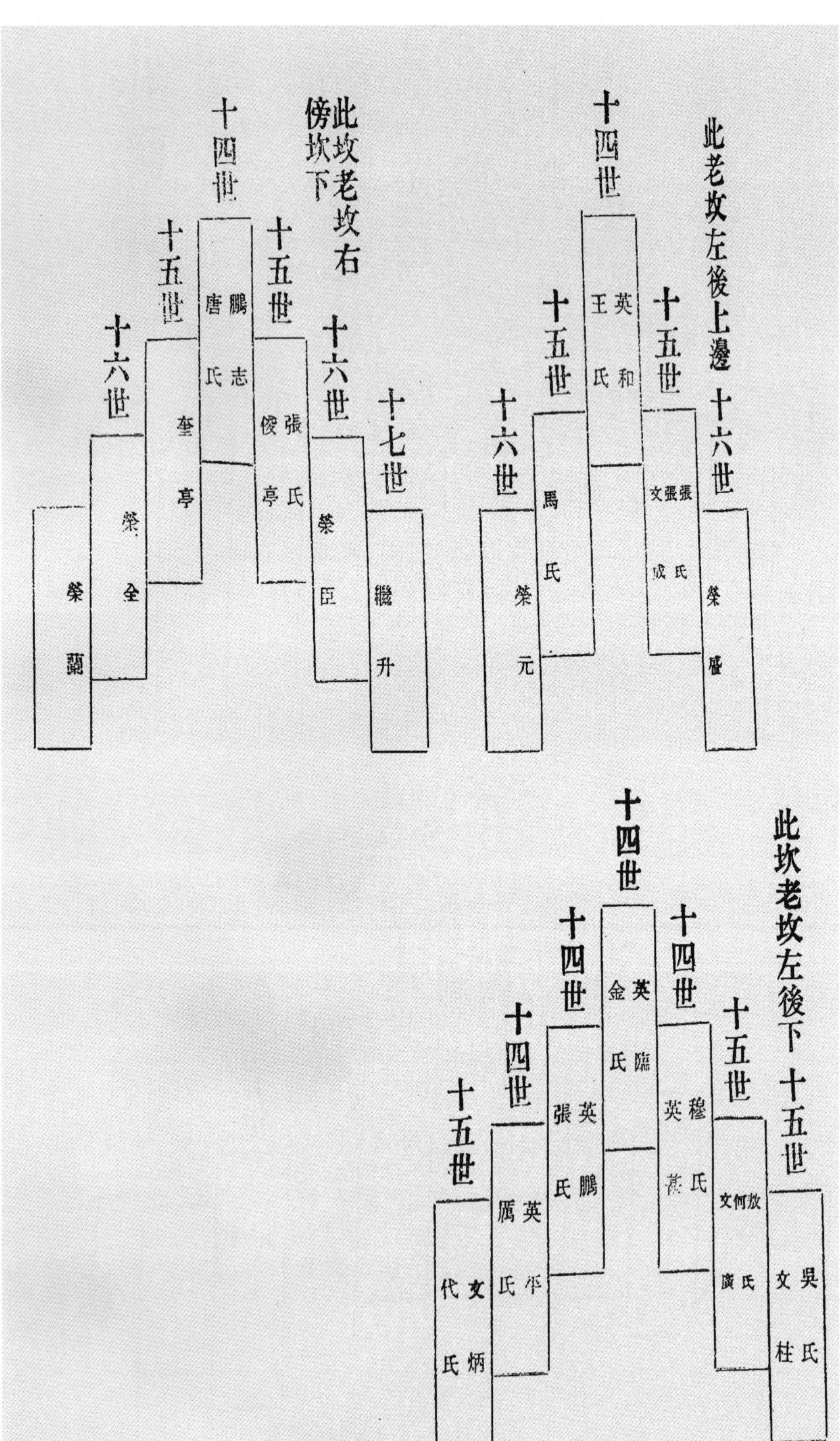
此老坟左後上邊
十四世
英和
王氏
十五世
張氏
張文成
十六世
榮盛
十五世
馬氏
十六世
榮元
此坟老坟右
傍坎下
十四世
鵬志
唐氏
十五世
張氏
傻亭
十六世
榮臣
十七世
繼升
十五世
奎亭
十六世
榮全
榮藹
此坎老坟左後下
十五世
吳氏
文柱
十五世
何氏
文放廣
十四世
穆氏
英𣏌
十四世
英臨
金氏
十四世
英鵬
張氏
十四世
英平
厲氏
十五世
文炳
代氏

附圖—坆圖四

此坆白旗溝濕石溝口

十四世 關氏 亮海

十四世 關氏 亮吉

十四世 吳氏 亮凱

十三世 鳳喜 吳氏

十三世 鳳德 郎氏

十三世 鳳禎 周氏

十三世 鳳全 張氏

十三世 鳳福 盧氏

十四世 亮恩 唐氏

十四世 亮永 關氏

十四世 亮奎 王氏

十四世 亮連 那氏

十四世 吉崐 盧氏

十四世 吉元 盧氏

此坆在白旗溝羊角溝

十六世 榮喜

十六世 王氏

十五世 唐氏 吉成

十五世 楊氏 桂林林

十四世 唐氏 亮慶

十四世 關氏 亮玉

十三世 福克錦布 唐氏

十四世 亮福 關氏

十四世 亮才 周氏

十四世 松林 康氏

十五世 公茂 艾氏

十五世 公會 劉氏

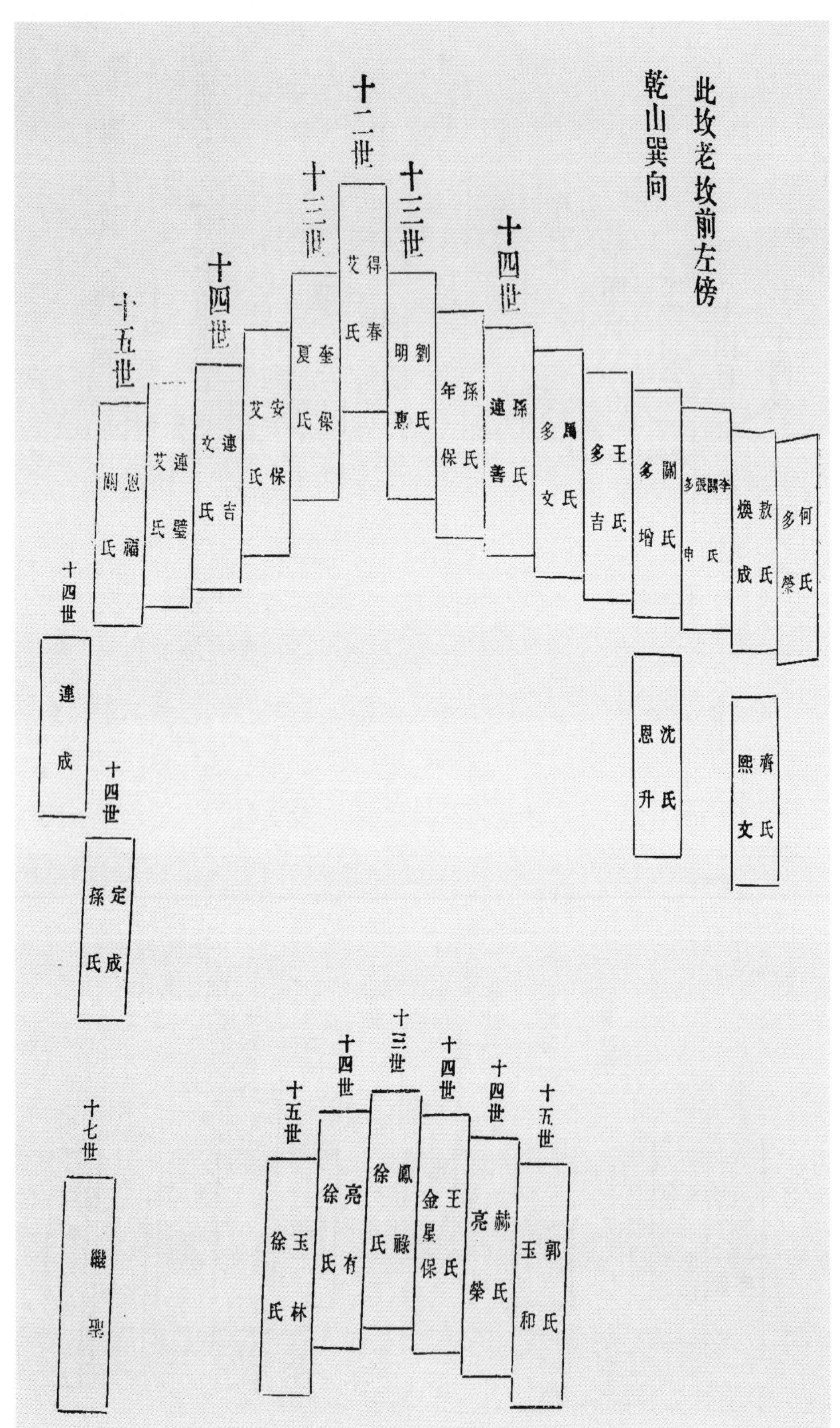
此坆老坆前左傍
乾山巽向
十二世
得春
艾氏
十三世
奎保
夏氏
十三世
劉氏
明惠
孫氏
年保
十四世
孫氏
連善
關氏
多文
王氏
多吉
關氏
多增
李關張多
申氏
敖氏
煥成
何氏
多榮
沈氏
恩升
齊氏
熙文
安保
艾氏
十四世
連吉
文氏
連璧
艾氏
十五世
恩福
關氏
十四世
連成
十四世
定成
孫氏
十七世
繼堃
十五世
玉林
徐氏
十四世
亮有
徐氏
十三世
鳳祿
徐氏
十四世
王氏
金星保
十四世
赫氏
亮榮
十五世
郭氏
玉和

附圖一坟圖五

此坟在房 自地

十二世
得 玉 赫 諾 氏

十三世
恒 倫 王 氏

十三世
車 氏 恒 祥

十三世
赫 恒 恆 祿

十四世
赫 氏 成 富

十四世
成 啓 高 氏

十四世
成 信 趙 氏

十四世
成 仁

十四世
成 智

此坟在向白旗滿和尚勾申山寅向

十三世
保 才 關 氏

十三世
明 全 石 氏

十三世
王 氏 明 慶

十三世
關 氏 常 慶

十四世
英 杜 氏 張

十四世
英 信 郎 氏

十四世
姜 氏 唐 富 新

十四世
赫 氏 特 合 什 布

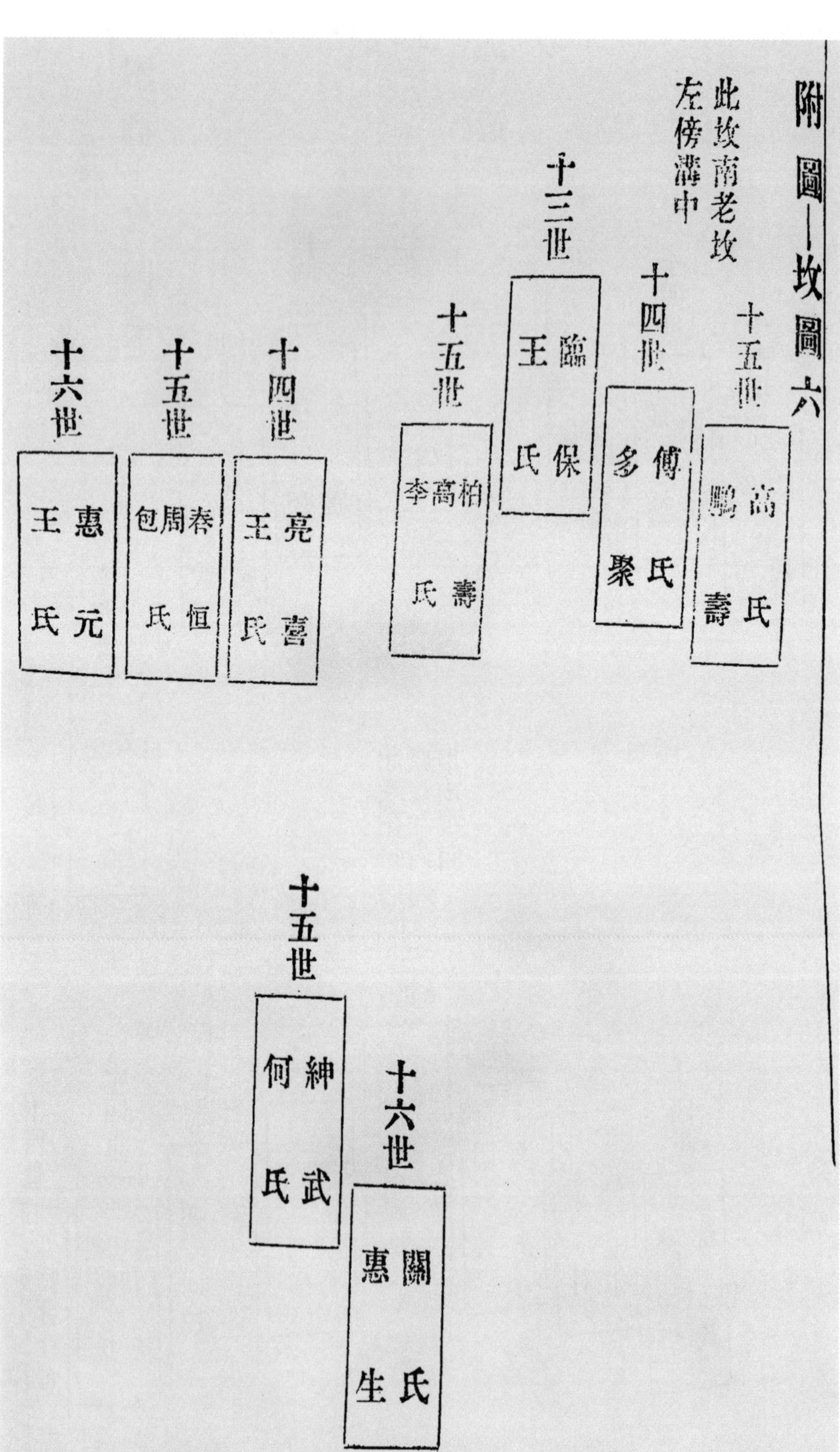
附圖—坟圖六
此坟南老坟
左傍溝中
十三世
臨保
王氏
十四世
傅氏
多聚
十五世
高氏
鵬壽
十五世
柏壽
李高氏
十四世
亮喜
王氏
十五世
春恒
包周氏
十六世
惠元
王氏
十五世
紳武
何氏
十六世
關氏
惠生

此墓老坟前墻外

十五世
王氏
文合

十四世
石氏
多珍

十一世
阿昌阿
王周氏

十八世
廣仁

十七世
繼賢
王吳氏

十三世
周氏
金保

十二世
得生
王氏

十二世
得海
文氏

此坟南老坟前地

十四世
王氏
英勇

十三世
恒慶
高氏

此坟堡南豹子溝崗
庚山甲向

十五世
玉琪

十五世
玉珍
傅關氏

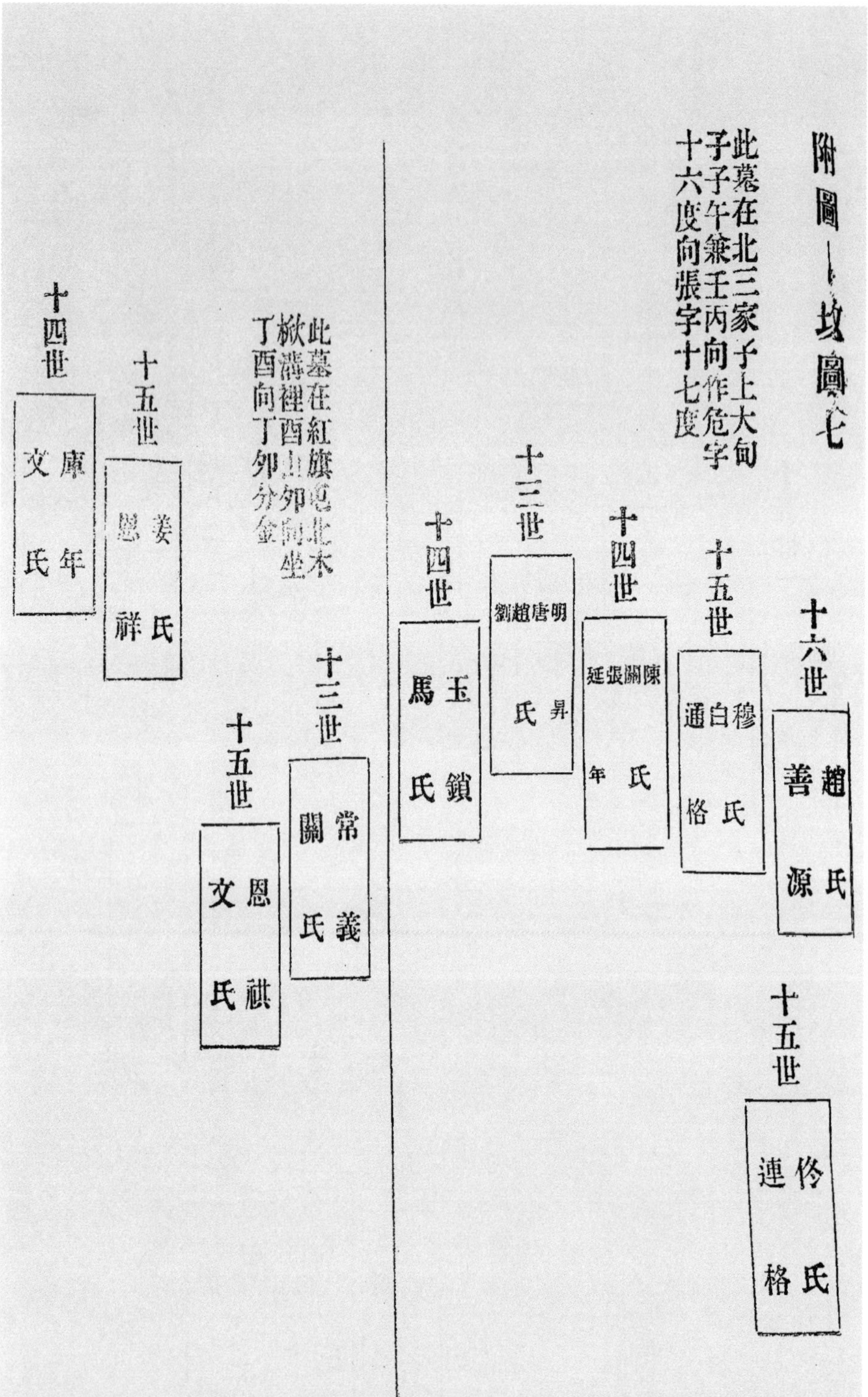
附圖卜坟圖七
此墓在北三家子上大甸
子子午兼壬丙向作危字
十六度向張字十七度
十六世
趙氏
善源
十五世
佟氏
連格
十五世
穆氏
白通格
十四世
陳關張氏
延年
十三世
明昇
唐趙劉氏
十四世
玉鎖
馬氏
此墓在紅旗屯北木
湫溝裡酉山卯向坐
丁酉向丁卯分金
十三世
常義
關氏
十五世
恩祺
文氏
十五世
姜氏
恩祥
十四世
庫年
文氏

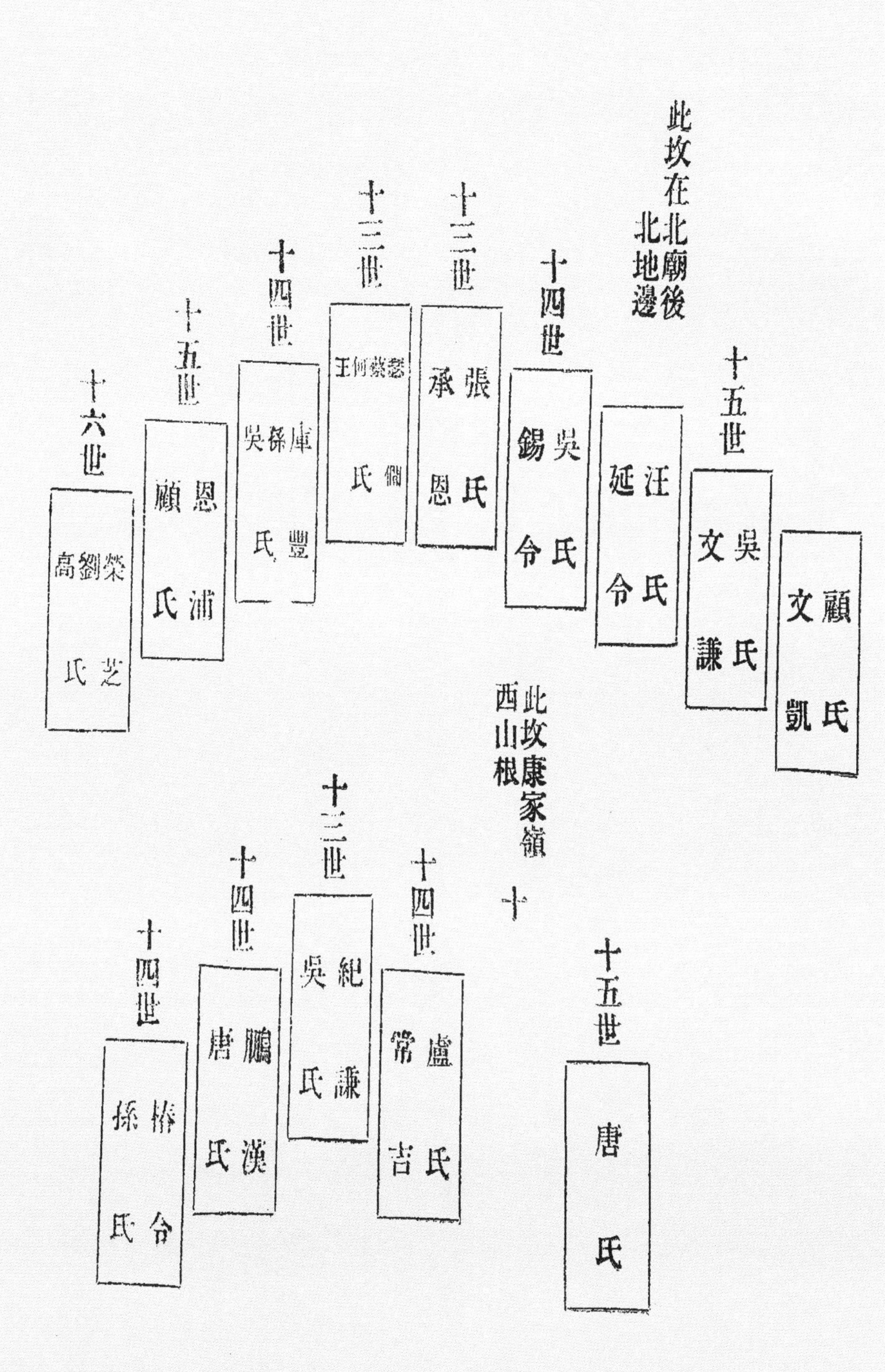
此坟在北廟後北地邊
顧氏文凱
十五世 吳氏文謙
汪氏延令
十四世 吳氏錫令
十三世 張氏承恩
十三世 愻蔡何王 個氏
十四世 庫豐 孫吳氏
十五世 恩浦 顧氏
十六世 榮芝 劉高氏
此坟康家嶺西山根
十
十五世 唐氏
十四世 盧氏 常吉
十三世 紀謙 吳氏
十四世 鵬漢 唐氏
十四世 椿令 孫氏

附圖—坟圖續七

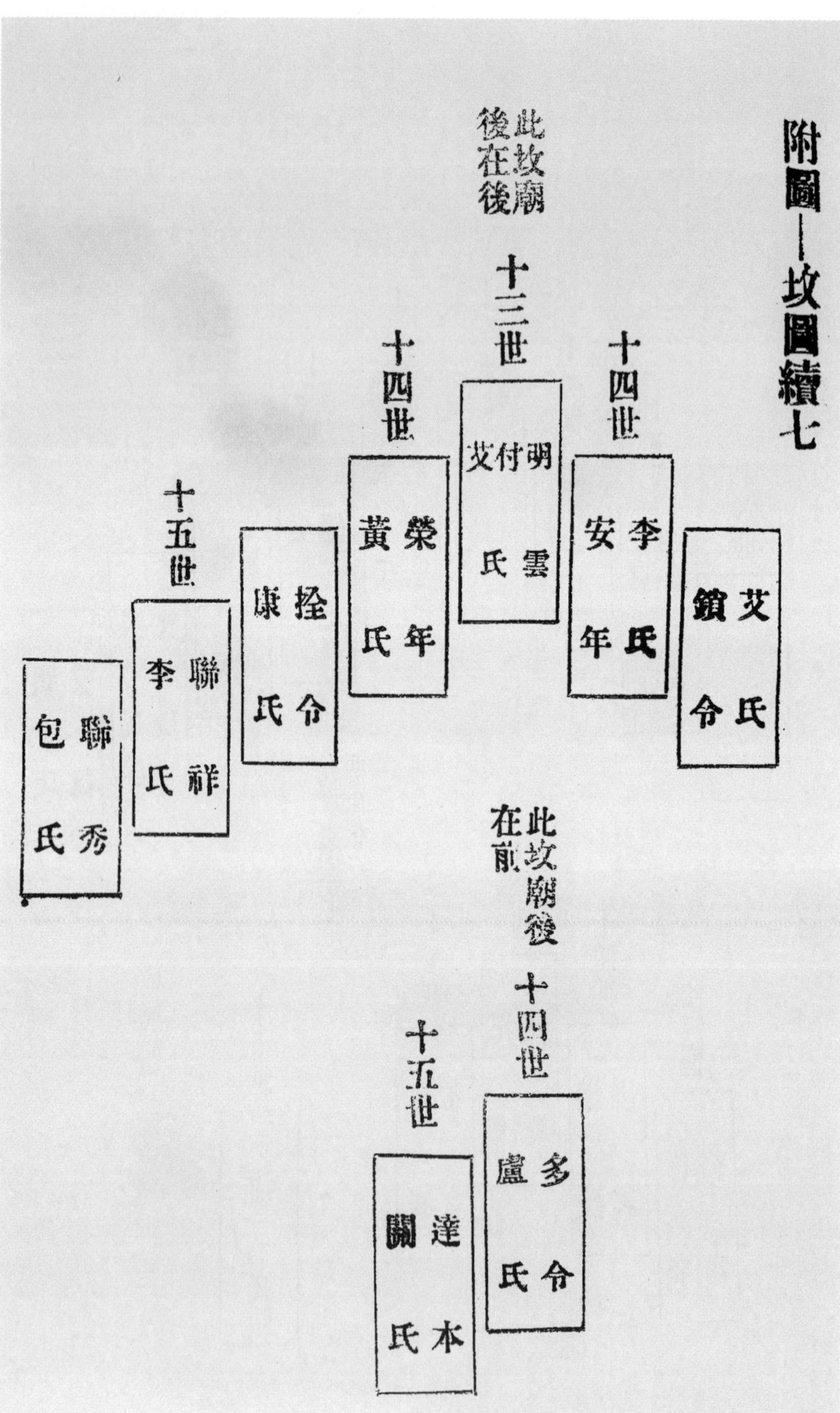
此坟廟後在後
十三世
明付艾
雲氏
十四世
李安
氏年
十四世
榮黄
年氏
艾氏鎖令
栓康
令氏
十五世
聯李
祥氏
聯包
秀氏
此坟廟後在前
十四世
多盧
令氏
十五世
達關
本氏

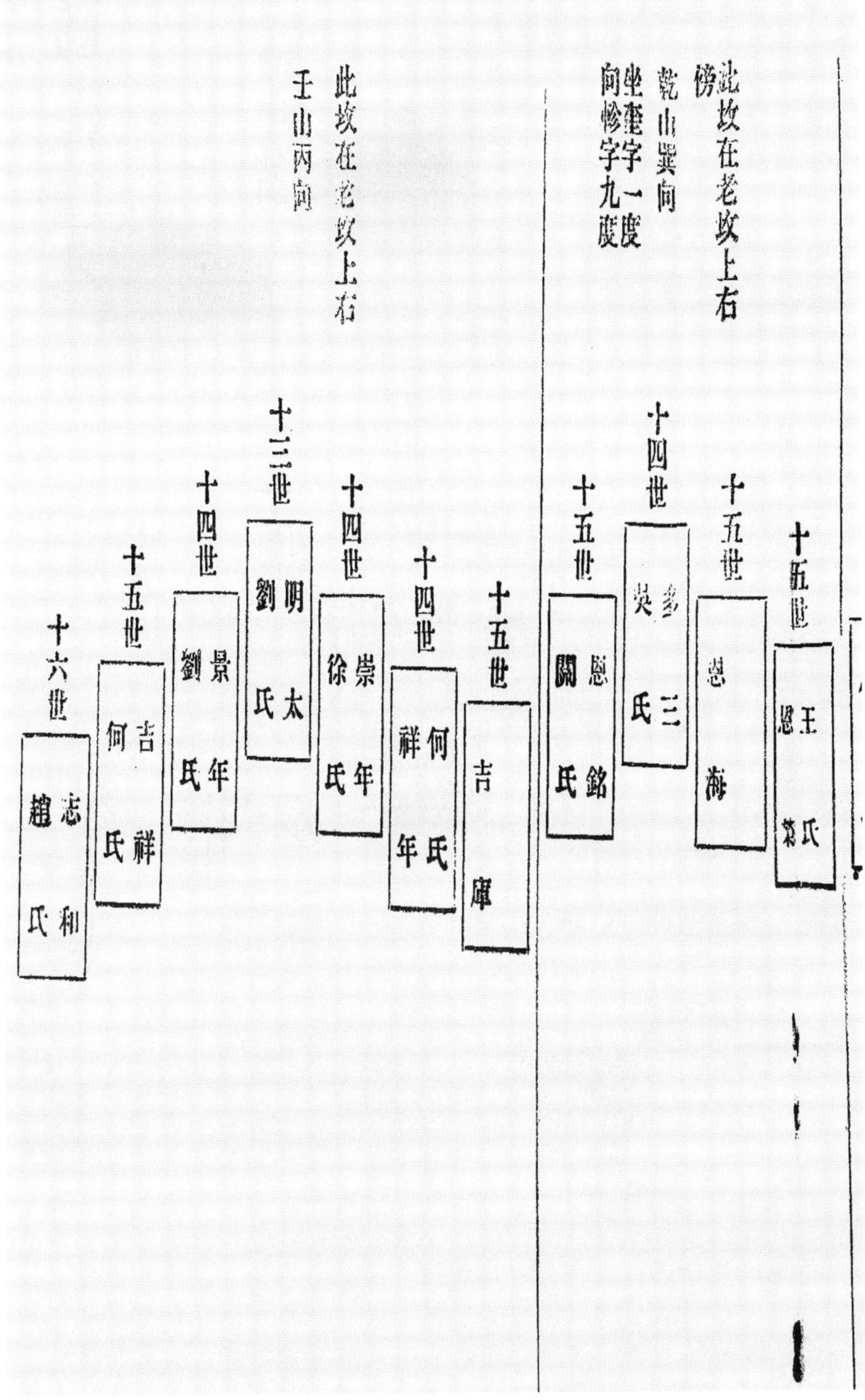
此坟在老坟上右傍
乾山巽向
坐奎字一度
向轸字九度
十五世
王氏
恩荣
十五世
恩海
十四世
多三
吴氏
十五世
恩銘
關氏
此坟在老坟上右
壬山丙向
十五世
吉庫
十四世
何氏
祥年
十四世
崇年
徐氏
十三世
明太
劉氏
十四世
景年
劉氏
十五世
吉祥
何氏
十六世
志和
趙氏

附圖丨坟圖八

辛山乙向

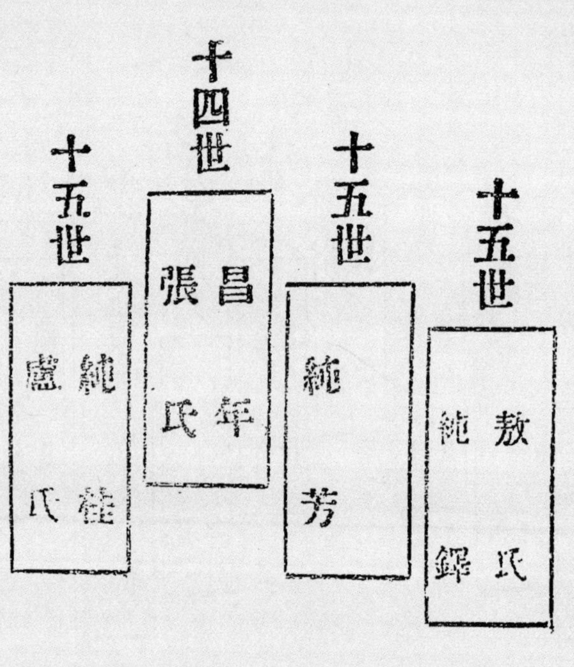

十五世

純和

此墓在廉家嶺前東坡
艮山坤向兼丁丑丁未
坐斗字八度向井字十
三度

十三世
荷恩
何氏

此墓在西平坡
艮山坤向兼辛丑辛
未分金坐斗字十一
度向井字十六度

十四世
壽年
吳氏

十五世
康氏
純毓

十六世
黃氏
崇善

十五世
純紀
傅氏

十六世
夏氏

土地祠

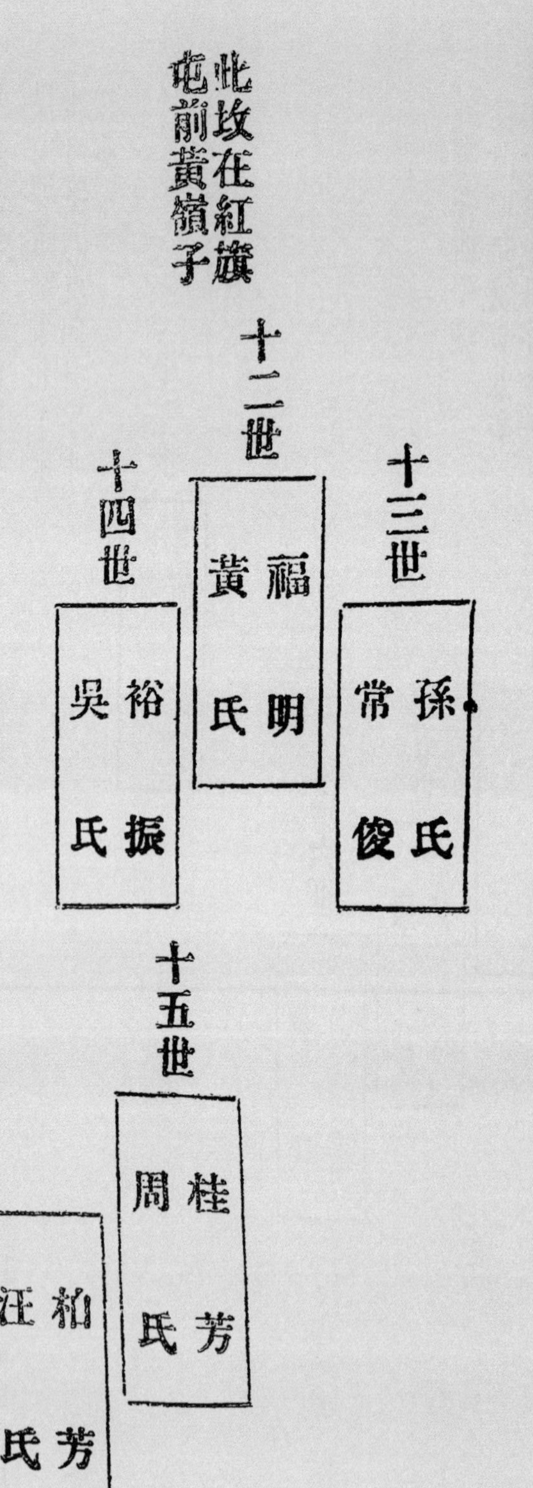
附圖一坟圖九
此坟在紅旗屯前黃嶺子
十二世
福明
黃氏
十三世
孫氏
常俊
十四世
裕振
吳氏
十五世
桂芳
周氏
柏芳
汪氏

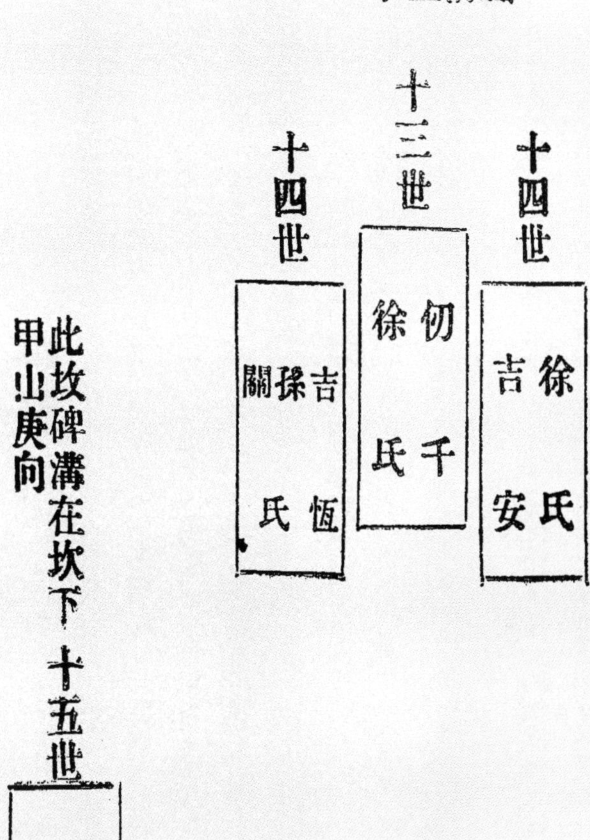
此坟在紅
旗屯碑溝
卯山酉立
兼辛酉辛
卯分金
十四世
徐氏
吉安
十三世
切千
徐氏
十四世
吉恆
孫關氏
此坟碑溝在坎下
甲山庚向
十五世
馨桂
趙氏
十五世
崇賓
唐氏

后记

经过几年的努力,《佛满洲家谱精选》一书终于编辑完稿。本书是我们多年跟踪调查佛满洲家族后人,挖掘抢救而得成果之一。关于本书的定名,编者思考再三,因其涉及本书如何收录满族家谱,即收录满族家谱的取向是什么。编者借鉴以往所出版的各种满族家谱选辑,从收藏地域上看,或是以市、省为界,或是全国范围,谱主包括满蒙汉八旗,亦即『满族』。实际上,满族是当代的民族学概念,而在清代则称为『满洲』,满蒙汉八旗统称之为『旗人』。『满洲』在清代分为『佛满洲』和『新满洲』,『佛满洲』是满族共同体形成的核心,在清代占有统治地位。因此,本书编者认为,专门收录整理佛满洲家谱出版,更有益于研究满族共同体发展变迁。从这一理念出发,以『佛满洲』定名,经过精挑细选,编辑出版这部《佛满洲家谱精选》。

由于满族发源于长白山,明代晚期时分为建州女真、海西女真和东海女真三大部分,清初入关,因八旗驻防而分布全国,但其先祖源流仍然在东北的辽吉黑三省。所以,本书以收藏人所在地为准,仅设置辽、吉、黑三卷,谱主源流包括建州女真、海西女真和东海女真三大部分,收录的家谱基本体现佛满洲代表性。

为了给研究者提供有价值的研究参考资料,本书完整地汇编影印了精选的佛满洲家谱,这里不乏鲜为人知初次面世的家谱,对于了解佛满洲文化乃至整个的满族文化,抢救非物质文化遗产具有一定的现实意义。

在这里,我们真诚地感谢佛满洲家族后人无私奉献积极配合,为我们传承保留下来如此完整的原本家谱,感谢满学专家们特别是家谱研究专家给予的指导和帮助。感谢辽、吉、黑三省及相关市县民委给予的支持和关照,感谢三省图书馆给予的帮助和支撑。

感谢张林、王出航、孙利、芦洋、曹昊哲、马贝贝等好友给予的支持和协助。感谢长春师范大学将此研究立项并给以资金支持，使得成果及时出版。同时，更要感谢人民出版社为出版此书所付出的辛苦。

由于我们水平有限，书中难免有一些疏漏和遗憾之处，恳请诸位专家学者给予斧正。

吕　萍

2016年12月